絶対内定2027
エントリーシート・面接

我究館創業者 杉村太郎
キャリアデザインスクール 我究館

ダイヤモンド社

まえがき

「いくら素晴らしいものをつくっても、伝えなければ、ないのと同じ」

これは、アップルの共同創業者であるスティーブ・ジョブズがスピーチで語った言葉だ。

就職活動を通して自己分析（我究）をおこない、まるで自分自身をスキャンするかのように深く探究したきみたちは今、自分の人生の舵を取り、どう生きるかを決めることができる。我究で導き出した方向性は、人生の灯台のような存在になる。ビジネスの世界でいう「True North（真北）」だ。

しかし、いくら深い我究ができていても、企業との最初の接点であるエントリーシートや、面接の場で伝えることができなければ、その思いはないのと同じ。

企業に思いを伝えるには第1に、我究によって「自分がしたいこと」が明確になっていること。第2に、それがどこで実現できるのかを探す、企業研究（社究）が尽くされていること。そして最後に、その2つを企業に伝える技術が磨《みが》かれていることが必要だ。

我究館では、これまで1万人以上の受講生が第一志望の内定を獲得してきた。本書には、きみたちのアツイ思いをエントリーシートにまとめ、面接の場で100パーセント伝えるための技術が詰め込まれている。

「自分の分身」とも言えるエントリーシートは、必ず選ばせるものとして書いてほしい。渾身《こんしん》の力を込めた一枚として、どこに出しても恥ずかしくない、悔いのないかたちにしなくてはならない。

そして面接では、「志望度」を企業に伝えることだ。どれだけ書類選考を通過しても、何度面接をくぐりぬけても、企業の軸と自分の軸が合致した説得力のある志望動機を示せなければ、決して内定を得ることはできない。自分は今までどのような生き方をして、どんな能力や目標を持っているのか。そして、その企業のミッションやパーパスを実現するために何ができるのかを、「自分の言葉」で伝えるのだ。


だが、きみたちの最終目的地は「内定」ではない。

その先にある、入社した企業での活躍や、自分らしいキャリアの実現。そして、幸福な人生を追求することにある。

その第一歩として、本書が役に立てることを願う。


キャリアデザインスクール・我究館館長　杉村貴子

就職活動の全体像（2027年卒のスケジュール）

この図を見れば、1年中「面接（選考）」があることが分かるはずだ！
さっそく今から準備をしよう

編集部注:2025年3月現在のモデルケースです。
スケジュールについては随時変更される可能性があります

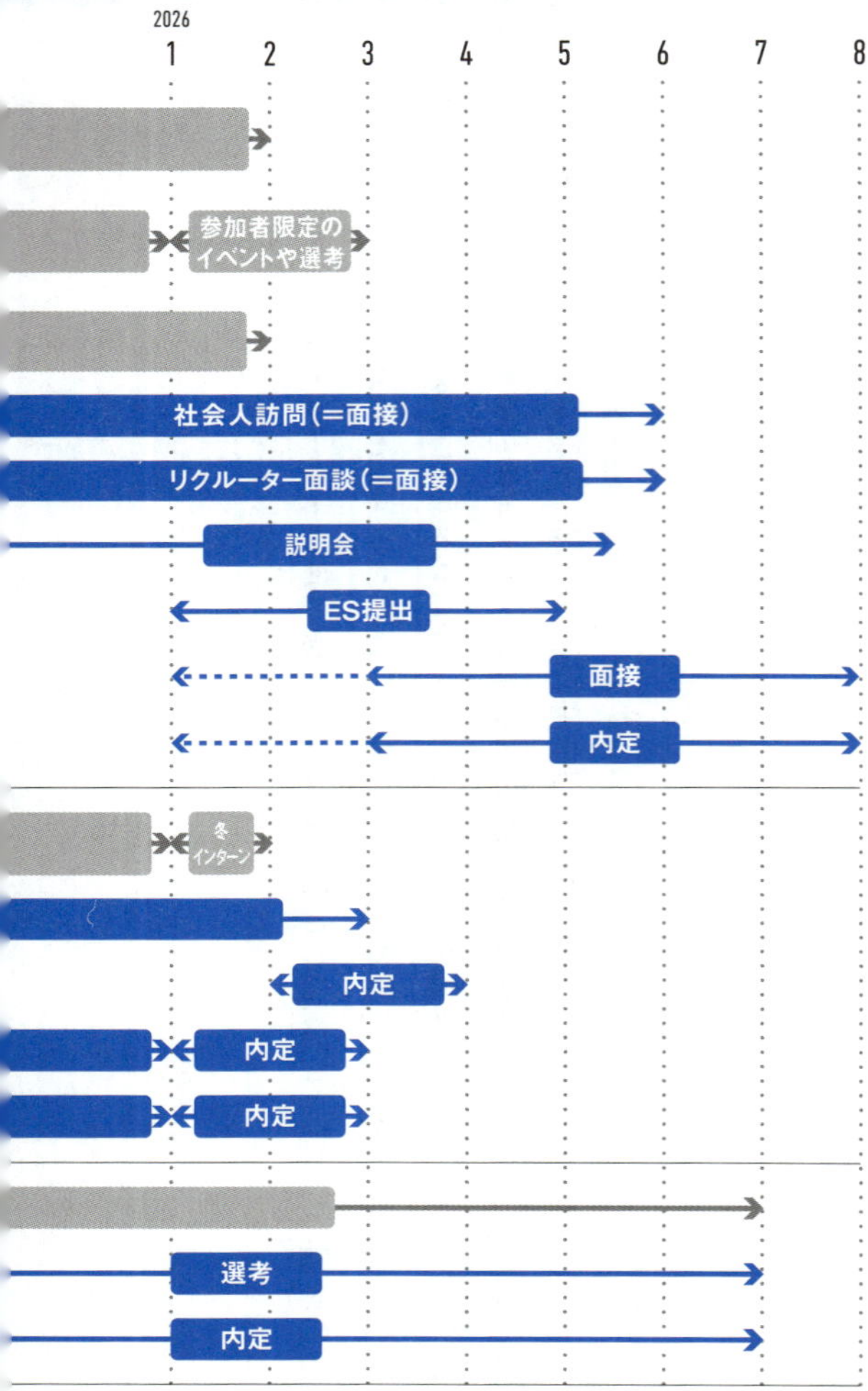

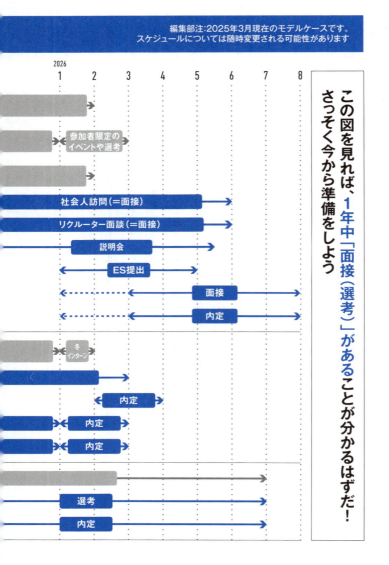

就職活動の全体像（2027年卒のスケジュール）

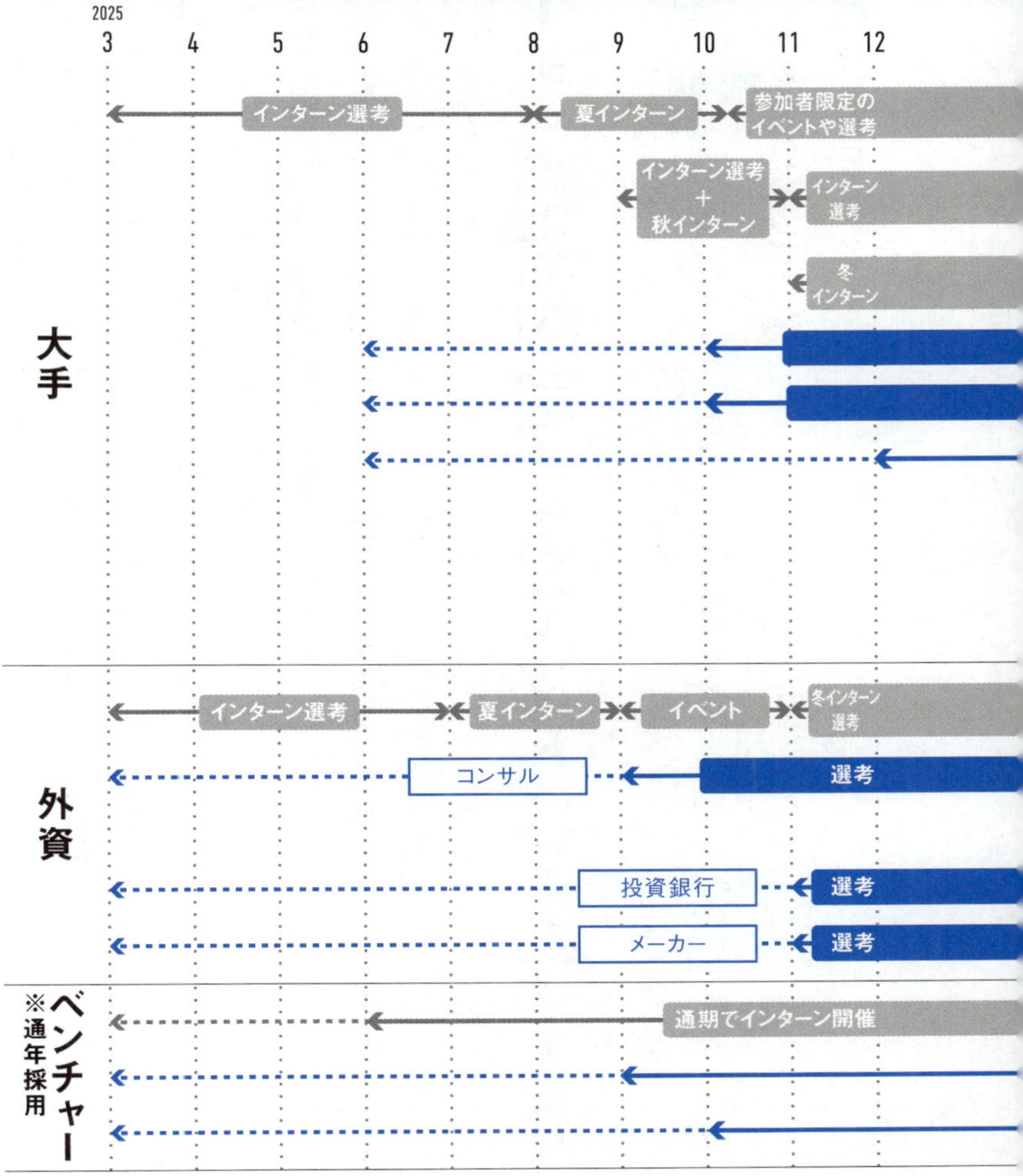

第1部 絶対内定するエントリーシート

Chapter 1 ES完成までの4つのステップ

Chapter 2　提出直前でも大丈夫。1時間で書けるES

Chapter 3

採用担当者に評価される自己PRのつくり方

Chapter 4
ちょっとの「違い」でアピール度が2倍に。ES・6つの技術

Chapter 5
強い志望動機に磨き上げるための9つのアドバイス

Chapter 6

頭ひとつ抜きん出るESにする9つのチェックポイント

第2部 絶対内定する面接

Chapter 7 「面接」の全体像を把握する

Chapter 8 絶対内定する「面接」戦略

Chapter 9

「自己PR」と「学生時代に力を入れたこと」対策

Chapter 10
志望動機対策

Chapter 11

最終突破のために必ず乗り越えるべきカベ

スペックについて

話す内容について

Chapter 12 グループディスカッション（GD）対策

Chapter 13 社会人訪問&リクルーター面談対策

Chapter 14

絶対に押さえたい面接の質問46

1次面接で聞かれやすい質問

学生時代の経験についての質問

就職後についての質問

Chapter 16

内定者はみんなつくっている「面接ライブノート」

2026年卒はどんな人が内定したのか

次の5点を押さえていた就活生は結果を出していた。

1. **「自己分析」**を早期におこない、志望業界を決定し、**2**~**4**の行動を多く実行できた人
2. **「インターンシップ」**に積極的に参加し、志望企業にアピールできた人
3. **「社会人訪問」**を精力的におこない、志望企業の研究と自分のアピールができた人
4. **「面接」**(早期選考・本選考)で、**1**~**3**で得た知識や経験をもとに、自分をアピールできた人
5. **オンライン選考、動画選考**でも、誰に何をどうアピールしたいのかを定められていた人

近年の就職活動では**インターンシップ、社会人訪問など、企業と接点をもつ機会が事実上の「面接」になっている**。

そのため、志望している企業の面接の場に一回でも多く足を運び、自分をアピールできた人が有利に就職活動を進めることができた。逆に、志望業界が曖昧《あいまい》で、自分のことを語れない学生は、動き出しが遅く、行動量も少ない。このため、成果を出すことができなかった。

また、志望する企業が明確な人は、その企業で求められる人物像を早い時点で研究できるため、企業に自分の能力を効果的にアピールできる。

２０２６年卒の面接で見られたのは、まず**「主体性」**。大きな時代の変化の最中、すべての企業は挑戦している。だからこそ、社員一人ひとりの行動力と成長幅が重視されており就職活動の開始時期が遅くとも、積極的に行動を起こす学生は結果を出している。

もう１つ重要なのは、自己分析や企業分析をおこなった結果を的確に伝えることだ。**面接官に媚《こ》びるような発言をした学生は、驚くほど面接でふるい落とされている。**業界の垣根を越え変化している企業は、「おとなしい子」「いい子」のような受け身のタイプではなく、自ら考え、意見を持ち、積極的に行動する人材を欲している。

就職活動に必要なステップは４つ。**１．自分を知ること　２．社会を知ること　３．自らを高めること　４．自分を伝えること。**就職活動はこれらを通した自己成長の機会だ。「夢（＝仕事を通じて実現したいこと）」を具体的かつ論理的に説明できる学生は必ず評価される。内定はゴールではない。その先の夢の実現を目指す気持ちを忘れないでほしい。

ちなみに本書では、エントリーシートの書き方とともに、**３**～**５**の場で何を語り、どのように振る舞えばいいのかを解説していく（**１**は『絶対内定２０２７　自己分析とキャリアデザインの描き方』、**２**は『絶対内定２０２５－２０２７　インターンシップ』を参考にしてほしい）。それではさっそく、内定者の自己ＰＲから見ていこう。

内定者の「自己PR」4つの特徴

2026年卒で企業から評価の高かった人の自己PRには次の4点のどれか、または複数が含まれていた。**グローバル対応ができている学生や、厳しい環境下でも粘り強く努力する性質を持った学生**が、企業から望まれている人材であることが分かる。

1．納得いくまでやり切って結果を出した経験

体育会の学生が再評価されている。以前から安定して人気があるが、近年はさらに評価が高い。理由は、「地道な努力を重ね、結果が出るまでやり切る」習慣が身についているから。新入社員は雑用も多い。また、しばらくの間は下積みのような心身ともにタフな仕事をさせられることもある。こうした地道な経験は、活躍するために必要だったりするのだが、途中で腐ってしまい、早期離職する新入社員が増えているという。これは本人にも企業にとっても大きな損失だ。

きみはやりたくないことや苦しい状況下でも、結果に向けて努力を続けることができるか。体育会に限らずすべての学生に対して、この点を面接官は見ている。

2．多様な価値観をまとめ上げる経験

これからの社会では、同僚や部下、上司が外国人というケースが増えていく。異なる価値観を

持った人と働く時に、きみが周囲と力を合わせて結果を出せるかどうかを見ている。意見の衝突や価値観の違いからすれ違うことがあったとしても、1つの結論を導いたりプロジェクトを完遂したりすることができるか。同質性の高い仲よしサークルの友人だけでなく、いろいろな世代や様々な考えを持つ人たちと協力し、何かを成し遂げたことがあるか。そこを見られている。

3．学業に徹底的に取り組んだ経験

近年は、学業について聞いてくる企業が多い。

「そもそもなぜその学部を選んだのか」といった入学前からの関心事や「ゼミはどこに入ったのか」「卒論のテーマは何か」、さらには「成績はどうか」と、さまざまな角度から聞いてくる。

入学前からの関心事に始まり、その後の一貫性、努力量、思考の深さなどを見ている。企業は不確実な未来を生き抜くために、思考力があり、勤勉で確実に努力を積み重ねることができる学生を求めている。これを読んで「まずい」と思ったら、今からでも勉強を始めよう。

4．課題設定から解決までを主体的に実行した経験

これまでは与えられた課題に対して、最短距離で最適解を見つける能力が必要とされた。それがまったく不要とは言わないが、主体的に自ら課題を見つけ、試行錯誤しながらそれに対するソリューションを見出し、実際にそれを行動に移せるかどうかこそが問われている。AIに尋ねれば何でも解決方法が見つかる時代だ。自ら課題設定ができ、考え、行動できることを示さなければならない。

内定者の「志望動機」4つのポイント

近年は多くの企業において、採用意欲は旺盛。しかし人気企業の倍率の高さは相変わらずだ。狭き門を突破するために必要なことは**自己分析（我究）**と**企業研究（社究）**だ。きみがしっかり、我究と社究をおこない、信念を持って志望動機を語ることができたら、周囲の学生と比べて評価が高くなる。

志望動機作成に向けて重要なのは次の4点である。

1. 我究による企業選びの「軸」の明確化
2. 社究の徹底
3. 社会人訪問による理想と現実のギャップ把握
4. インターンシップ参加による企業理解や仕事理解

まずはしっかりと我究できていることが基本だ。

やりたいことが明確になっていなければ、志望動機を言葉にすることはできない。

しかし、実際には企業名や年収、さらには「なんとなく」という感覚でとりあえず動いてしまっている人が多い。曖昧な思いでは、面接官に見抜かれ、落とされてしまう。

やっかいなのは、1次、2次面接はどうにか通過して、もっとも志望動機が重視される最終面接で落とされるというパターン。そうなると、また一から就職活動をやり直すことになる。あまりに効率が悪い。

我究をした上で社究をする。そして最終的な仕上げとして社会人訪問がある。

社会人訪問による「理想と現実のギャップ把握」と書いたのには理由がある。

就職活動は「やりたいこと」をもとに志望企業を探す。しかし、やりたいことは入社後即できるわけではないという現実を知ってほしいのだ。どれくらいの下積み期間が必要なのか、どれくらいの結果を出した人に挑戦する権利が与えられるのか。社会人訪問を通して確認しよう。それを理解した上で、志望動機を語る学生には迫力がある。

加えて、複数日程のインターンシップに参加することが大きな差になる。仕事の現場を疑似体験すれば、自分の職務適性をより正確に見極められる。

「最初からできるとは思っていませんが……」と、やりたいことをかなえるための努力をいとわない、「強い覚悟」を伝えることができる。当然、こういう学生は評価も高く、内定している。

就職活動の9割は、ESで勝負がついている

就活生の多くが、選考で一番大切なのは「面接」だと思っている。

「ESは足切りの道具、面接でがんばればいい」という考え方だ。

これは大きな誤解だ。それでは内定は難しい。

今まで1万人以上の就職活動を指導してきて確信していることがある。

それは自己分析をもとに**「ESを徹底的に準備することこそ、内定への近道である」**ということだ。

面接では、面接官の手元にESがあり、そこに書いてあることをもとに選考が進む。もし、きみが締め切りに間に合わせるために、ES添削サービスを使ったり、いいかげんなESを書いたりしたとしよう。その内容をもとにされる質問に、面接でちゃんと答えられるだろうか。「当社で実現したいことは具体的に何か」「なぜ競合他社ではないのか」「自分のどんな強みが活かせると思うか」など、30分以上の深掘りに、採用担当者を納得させられるだけの回答ができるだろうか。

一度提出してしまったESの内容は、当然ながら修正できない。最終面接まで、ずっとついて回る。面接でのいかなる質問にも答えられるよう、本音で書き上げたESを完成させてほしい。

敗因の９割は、面接ではなく いいかげんなESにある！

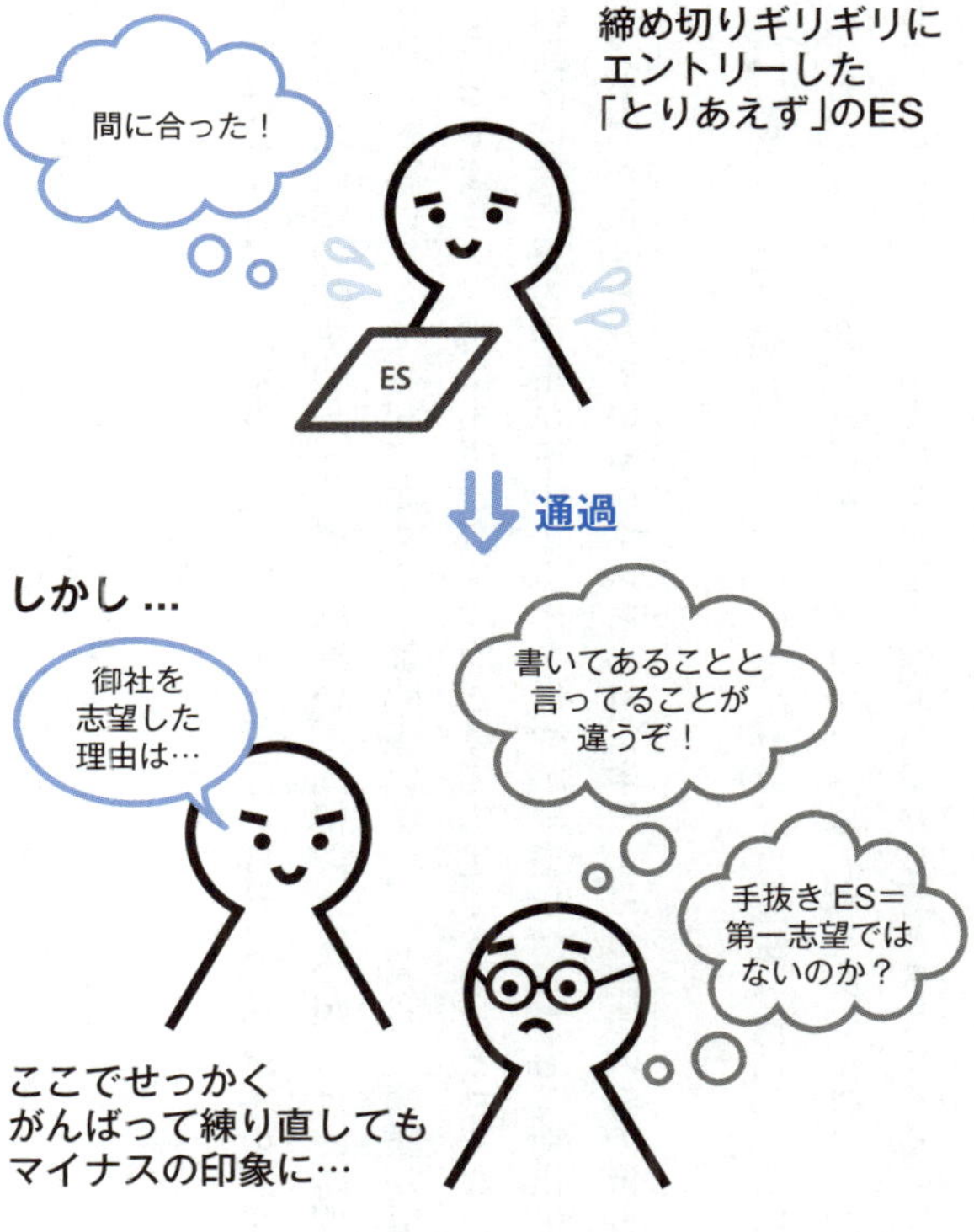

だから、考え抜かれたESを書くことは重要なのだ！

学歴の高い人が陥る落とし穴。ESの通過率と、内定数に関係はない！

上位の私立大学や名門国公立大学の人に多い失敗例がある。それは**ESの通過率の高さに、油断する人たち**だ。確かに、有名大学の学生のES通過率は高い。面接以上に、限られた時間で判断される書類選考だ。スペックが高いことで有利に働くことは間違いない。しかし、**学歴が通用するのは「書類選考まで」**と思ってほしい。特に人気企業は学歴だけで内定できるほど甘くない。

実際に、人気企業の面接は高学歴の学生が集中する。もはや、早慶レベルでも差別化にはならない。さらに面接では、大学名が伏せられているケースもあり、学歴よりも語る内容のほうがはるかに重視される。

この事実に気づかずに、ESが「通過しているだけ」で油断をする学生が多い。「これだけ持ち駒があればどこか内定するでしょ」と楽観的になる。そういう人は、深く突っ込まれる面接の終盤で、あっさり落ちてしまうことが多い。ある程度選考が通過してから落とされまくるのは実につらい。この本を読んでいるきみたちには、絶対にそうなってほしくない。

「面接で深掘りされてもこわくないES」をゴールにしよう。

ESは「絶対内定」するために書く！

ESはとりあえず通過すればいい

↓

✕

学校名で通過したとしても
「中身のないES」を出した学生は、
「一次面接で落とす候補」になってしまう…

御社を
志望した‥
やっぱり
ダメだ
ESと言って
いることが
違うぞ

⇩

ふりだしに戻る

**「通過しただけのES」は、面接であっさり
落とされる可能性大！
「面接で深掘りされてもこわくないES」を書こう**

2026年卒 こういうESを書いた学生は通過した

極言すれば、**ESに書かれている内容はその人が内定する理由**である。そこまで突き詰めて書けているかどうかが問われるのだ。

インターンシップに参加した就活生は仕事内容の理解を深めた上で志望動機が書けていた。このことからも、インターンシップには極力参加すべきだ。ただし、3年生の夏休みに夢を追いかけてビッグチャレンジをすることで、ESが充実したものになり、他者と差別化できる可能性があるのも事実。インターンシップとは別の体験でも、自分が主体的に何かをして、成長できた実感を得られたかどうかが重要だ。

近年の企業は、成功したか失敗したかにかかわらず、難しいことに挑戦した経験や、成功だけでなく失敗から学んだことを価値あるものと認識している。要はどんな人で、何をしたくて、なぜその企業を受けるのかを言語化することが重要なのだ。

大手商社では、入社までに日商簿記検定2級とTOEIC®900点を課すところもある。1、2年生のうちにスコアを上げておくのはよいが、**大手企業で意味を持つスコアは730点以上。**それ未満で点数を聞かれた時は「いつまでに800点を目指している」など、具体的な目標を伝えるといい。

なお、インターンシップのESは本選考のESとは異なり、志望度の高さはさほど求められていない。入社したいという思いを熱く書きすぎたり、インターンシップに参加しなくても収集できるような情報を知りたいという内容を書いたりすると、企業が聞きたいこと（確認したいこと）とずれることもある。聞かれたことに正確に答えよう。

2026年卒で顕著だったのが、特に商社では、自分史を書かせるなど、自己理解の深さ、具体的な経験に基づくロジカルな説得力、そして企業との本質的なマッチングを示す能力を問う設問が増えていたことだ。

子ども時代のエピソードを語らせることで、応募者の本質的な自己分析力を試すとともに、本当にその企業を志望していることが伝わる記述が求められている。いわば企業がすくう**「網の目が細かくなった」**印象だ。これは表面的な自己分析では対応できない。

ただし、特殊なことを要求されているわけではなく、やるべきことはこれまでと変わらない。自己分析の深さと、企業分析の深さを徹底し、どのような夢や志を持っていて、これまで培《つちか》ってきた能力をどのように活かして、企業の中でそれを実現したいのか、面接官が納得できるようにロジカルに仕上げていこう。

面接では「存在感のある学生」と「社会人慣れした学生」が内定する

面接の場では「存在感のある学生」と「社会人慣れした学生」が内定する傾向にあった。

ここは伝えるのが非常に難しいが、重要なので説明していこう。

□存在感のある学生

我究ができている自信に満ちた学生のことだ。

やりたいことが完全に明確になっている学生は存在感がある。

目標に向けて集中している状態なので、目つきや顔つきが違う。感情がぶれていない。するべき努力を淡々としている人には、〝覚悟を決めた状態〟になっている人が持つ独特のオーラがある。

部活でも勉強でも、その境地にまで至ったことのある人ならイメージできるはずだ。

それ以外には、就職活動を通して自分の至らない点と向き合っている人。

自分が「今まさに成長している」という実感を持っている人は、自然と存在感がある。

就職活動中は、自分の至らない点や、弱さと向き合う必要が生じてくる。その苦しみから逃げてしまう人が多いが、そういった人は目つき顔つきで面接官にも伝わってしまう。逆に、「弱さから目をそらしていない人」は、表情や話し方、立ち居振る舞いすべてにいい影響が出る。

□社会人慣れした学生

社会人慣れしている学生は、「社会人が求めるもの」に対する感度が高く、感性が磨かれている。そのため、受け答えも的確だ。**「今、何を聞きたがっているのか」を理解しながら会話することができる。**結果として「一緒に働きたい」と思われ、ことごとく第一志望に内定していく。

社会人慣れするためには、どれだけ多くの社会人たちと、どれだけの時間、どれだけ深いコミュニケーションをとったかが大切になってくる。年齢や役職によって考えていることや感じることは違う。それを知ることが大事だ。どの年齢の、どんな役職の人は、どのようなことに興味を持ち、どのようなことを話せば、彼らと心を通わすことができるのかを知るのだ。きみたちも、小中高大とそれぞれの時期で、興味や喜びの対象、悩みや迷いの対象は違っていたと思う。それぞれの時期で、おもしろいと思う話もまったく違ったはずだ。それと同じことだ。

面接とは一問一答の場ではない。大人と大人が顔を合わせ、心を通わす場だ。

自分が何を話すかだけでなく、相手が何に興味を持っているのかを知ることが大切だ。

そのためにも、インターンシップ、社会人訪問などを通して、社会人との接点を多く持とう。

面接解禁日前に動いていた学生が内定した

就職活動の解禁は3月1日、面接の解禁は6月1日と政府は経済団体等へ要請している。しかし、面接の解禁日である6月1日や、それよりもっと前に企業から内定が大量に出されることをご存じだろうか。本来この日は1次面接がおこなわれる日であり、そこで内定が出るのは、選考期間が短すぎると感じるかもしれない。たった1日でどうやって学生を評価しているのか疑問に思うだろう。しかし、実は、事前にかなり念入りに学生を評価しているのだ。

評価の場は「面接」以外にある。

この本でも説明する「社会人訪問」「リクルーター面談」が非公式の面接の場となっている。社会人訪問の場合、多い学生は1社あたり10人以上と会う。リクルーター面談についても、企業によっては10人近くのリクルーター社員と会う場を提供する。これらのすべての場が事実上の面接になっていて、人事に評価が報告されている。評価がとりわけ高い学生は、面接解禁日の「1次面接」が実質の最終面接となり、内定をもらう。

これ以外にも、「インターンシップ」や「会社説明会」「セミナー」への参加状況を評価の対象にする企業もある。中には、採用ページのログイン回数をカウントしていた企業もあるほどだ。つまり、すべての場が選考対象になっているので、早期の動き出しがカギになる。

面接解禁日に
内定を出す企業がある

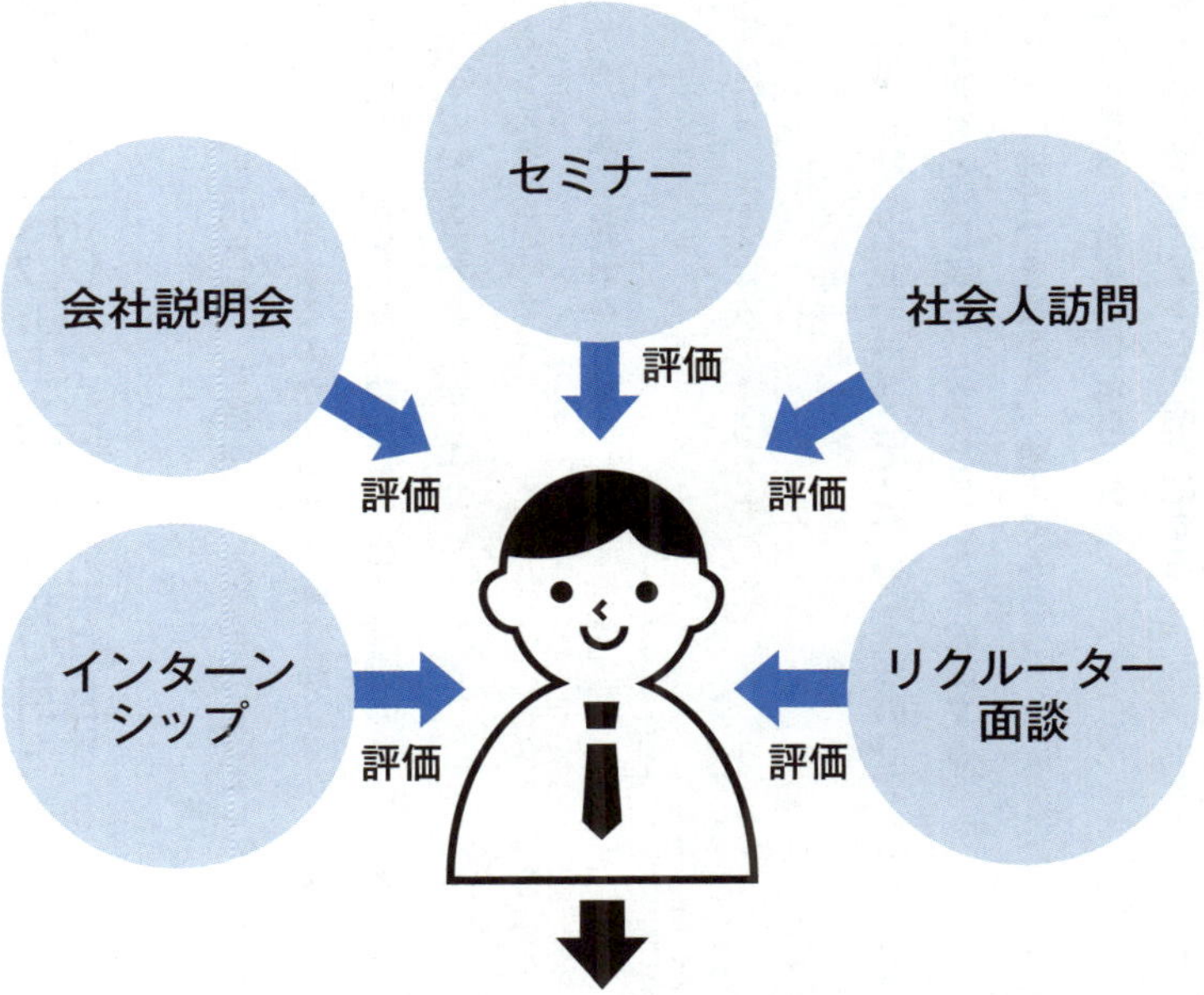

解禁日内定

解禁日前から積極的に動き、
自分をアピールできた学生は、内定をもらえた！

内定する学生の社会人訪問

社会人訪問をする際に、「目的意識」を持っていた学生は内定していた。

きみは何のために社会人訪問をするのか、目的意識を持っているだろうか。

次のような動機で動いているとしたら要注意。目的意識のない学生の典型だ。

「先輩から行ったほうがいいと言われたから」

「行けば何か教えてもらえると思って」

「社会人と話してみたかった、憧れの企業の社員と会ってみたかった」


社会人訪問をする目的は、例えば次のようなものだ。

- □**ホームページや本、会社説明会では見えてこない「企業のリアル」を知る**
- □**企業で働く人の雰囲気を感じ取る。自分と合うかを確認する**
- □**自分のやりたいことに挑戦できるのか、教えてもらう**
- □**働く人の喜怒哀楽を聞き、仕事の醍醐《だいご》味《み》を知る**
- □**自分がその企業で活躍するイメージを明確にする**

何となく会話をしても得られるものは少ない。何を知りたいのかを明確にしてから人と会う。**目的意識を持ったコミュニケーションをとるのだ。**そうすると、知れることや感じられることが増える。当然、面接で語れる内容も濃くなる。

社会人訪問は「人数」も重要だ。

我究館では毎年、志望業界だけで100人に社会人訪問をする学生がいる。

例えば5社で100人の場合、1社につき20人程度だ。

商社志望で100人訪問した我究館のR君は次のように語っていた。

「自分が本当に働きたい企業はどこかを知るためには、一定数以上会わなければ確信に至ることができない。しかも、複数の部署、様々な役職、幅広い年齢層の人に会おうとすると、必然的に人数が増えていった。社会人訪問が100人になった頃には、自分にはどこの会社が一番向いていて、その会社の中で何を実現したいのかについて、自信を持って語れるようになっていた」

当然だが、R君は第一志望に内定していった。

また、近年は社会人訪問を受けた社員が、人事に学生の評価を報告するケースが増えている。

社会人訪問を重ねると徐々に考えがまとまっていく。社会人訪問でする質問や発言内容も鋭くなるため、社会人からの評価が高くなる。本選考を有利な状態でスタートできるため、当然余裕をもって会話を進めることができるのだ。

第1部

絶対内定する エントリーシート

Chapter 1

ES完成までの４つのステップ

ESは、いきなり書き始めてはいけない。
次の４つのステップで、「全体像」を描いてからだ。
内定者に共通するやり方なので、急がば回れでチェックしよう。

ES完成までの4つのステップ

今まで1万人以上を指導してきて、**内定者のESには共通点がある**ことが分かった。

左の図のステップを踏みながら、ESを書き進めていることだ。

まず我究（自己分析）をして、自分の「やりたいこと」と「強み・弱み」など、自分の価値観や能力を一つひとつ言語化していく。「これだな」と、自分が心から納得できる結論を出していく。

それをもとに、ESを書き始める。書きながら、提出先の企業について疑問や不明なことが見えてくる。

そこから、社究（業界・企業研究）を深めていく。

あとは、文章を磨く。どう書けば、採用担当者に伝わるのか工夫をする。一行目のインパクトや、文章構成力、エピソードの具体性など、その会社の一員となってどうしたいかが伝わるように文章を磨いていくのだ。

この本は、順に読んでいくと、この4ステップが自然とできるようになる。早速始めよう。

ES完成までの４つのステップ

ステップ1

我究（自己分析）をする

やりたいこと、できること、
自分の軸を知る

⇩

ステップ2

とにかく書き始める

実際に書いてみると
分かっていない点や
知りたい点が見えてくる

⇩

ステップ3

社究（業界・企業研究）をする

業界・企業のことを知り
企業の軸を調べる
志望動機と自己PRを再考し、
自分の軸と企業の軸が
合っているか確認する

⇩

ステップ4

文章を磨く

文章作成スキルを磨く

ステップ1

我究（自己分析）をする

「自己PR」も「志望動機」も我究なしには書けない。本心から出てきた言葉で書かなければ、すべてが「なんとなく」になってしまう。

きみが今回の就職活動を心から納得したものにしたいのであれば、**「なんとなく」のループからいち早く抜け出すべきだ。**

「現段階での本音」を最優先しながら、自分が心からやりたいことを明確にする。効率・成果を優先するのであれば、むしろこれが近道だ。心からやりたいことを明確にするための詳しい方法は、『絶対内定2027 自己分析とキャリアデザインの描き方』に書いてある。

左の図をよく見てほしい。我究はただ就職するためだけや、ESを書くためだけの手段ではない。選考が進んでいる間も、入社先を決めるタイミングにおいても、社会に出たあとも、何度も繰り返す。自分の本音を把握し、行動と成果につなげることは人生において重要だからだ。

我究しながら、自分の理想を実現するための本気・本音のESを書いていこう。

自分の本音を把握し、心からやりたいことを明確にする

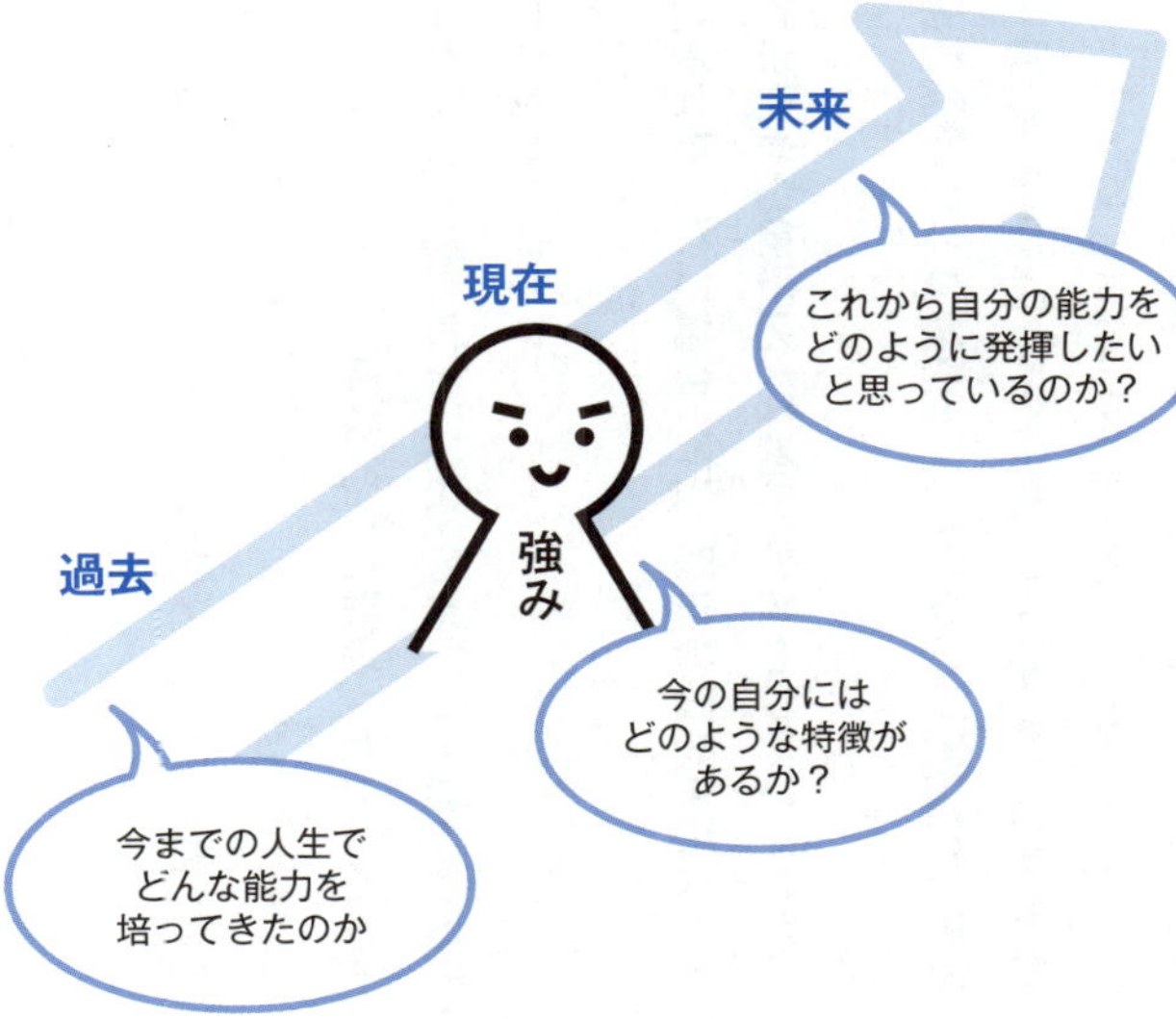

等身大の自分と向き合い、過去、現在、未来における自分の「軸」を探そう

ステップ2

とにかく書き始める

考えを深めるためにも、まず書き出してみよう。書きながら、自分が曖昧にしている部分に気づく。調べられていない点に気づく。考えが浅い部分や、書いてることの矛盾に気づくことができる。感覚的なことが少しずつ言葉になっていき、最終的には整理されていくだろう。

我究も社究も、**実際に手を動かし、書くことによって見えていなかった点に気づくことがほとんど。**書くことのパワーをぜひ体感してほしい。

まだ志望企業のESが公開されていない場合には、昨年の設問を調べて書いてみよう。書きながら不明点を明確にして、業界研究や企業研究、社会人訪問をしていくのだ。

大事なのは、**ある程度我究に納得がいったら、そこからESに落とし込んでしまう**ことだ。

頭の中で考えただけでは、「何が見えていないのか」が分からないままのことも多い。「まだ整っていない」「まだ明確に見えていない」と書き出せずにいる人もいる。

「だからこそ、書いてみよ」と言いたいのだ。

第一志望から内定をもらった先輩たちの取り組み

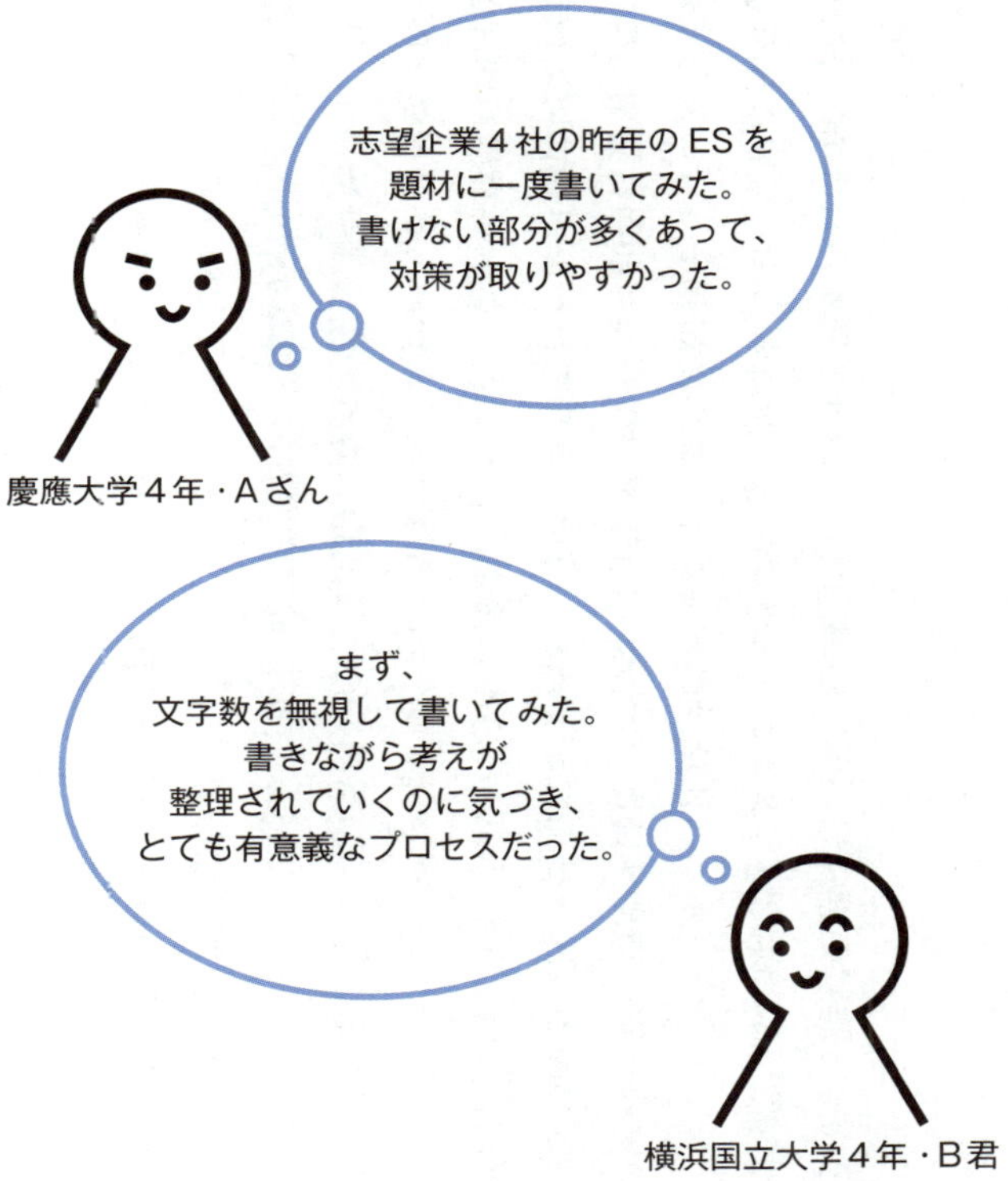
志望企業４社の昨年のESを
題材に一度書いてみた。
書けない部分が多くあって、
対策が取りやすかった。
慶應大学４年・Aさん
まず、
文字数を無視して書いてみた。
書きながら考えが
整理されていくのに気づき、
とても有意義なプロセスだった。
横浜国立大学４年・B君

とにかく書くことで、不明点が見えてくる！

ステップ3

社究(業界・企業研究)をする

通常であれば、ステップ2でするべき社究（業界・企業研究）を、あえてステップ3にした。なぜなら、このステップにはかなり時間がかかるため、**「書きながら」**研究を進めてほしいからだ。**「研究がすべて終わってからES作成」では提出に間に合わない。**

左下の図に書いたが、大まかな**業界研究や企業研究はすぐにできる。**ネットや新聞、業界地図などを通して理解することができる。これはみんながやっているレベルだ。

しかし、企業が内定者に期待するレベルはもっと複雑なものになる。その企業の「どの事業部」で「どの職種」で「どんな仕事」をしたいのか、また、なぜきみはそれをできると思うのかを聞いてくる。このためには、実際に商品やサービスを使ってみたり、社会人訪問を通して生の声を聞いたり、進みたい事業部のマーケット環境を分析したりする必要が出てくる。

また、分析だけでは足りない。その事業部への提案も求められる。**「あなたは、当社でどんなことに挑戦したいですか」**とESでよく聞かれる。この回答で、きみの情報収集能力やその仕事への熱意がチェックされるのだ。

きみの強みは、その企業で活かせるか？

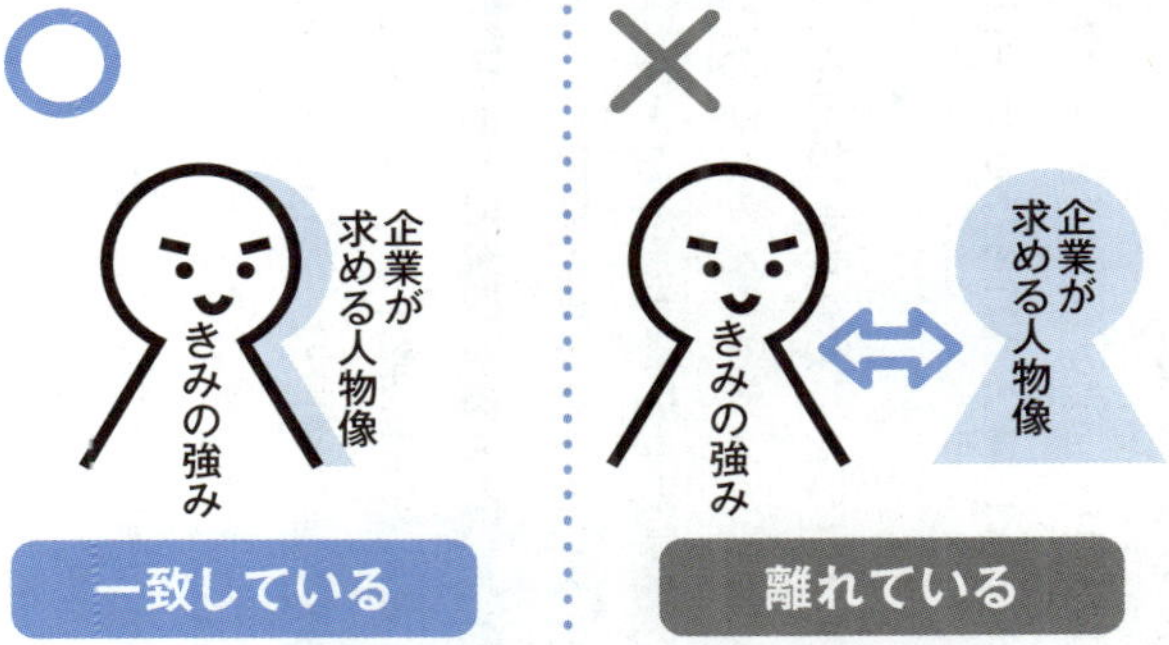

やりたいことはその企業で実現するのか？

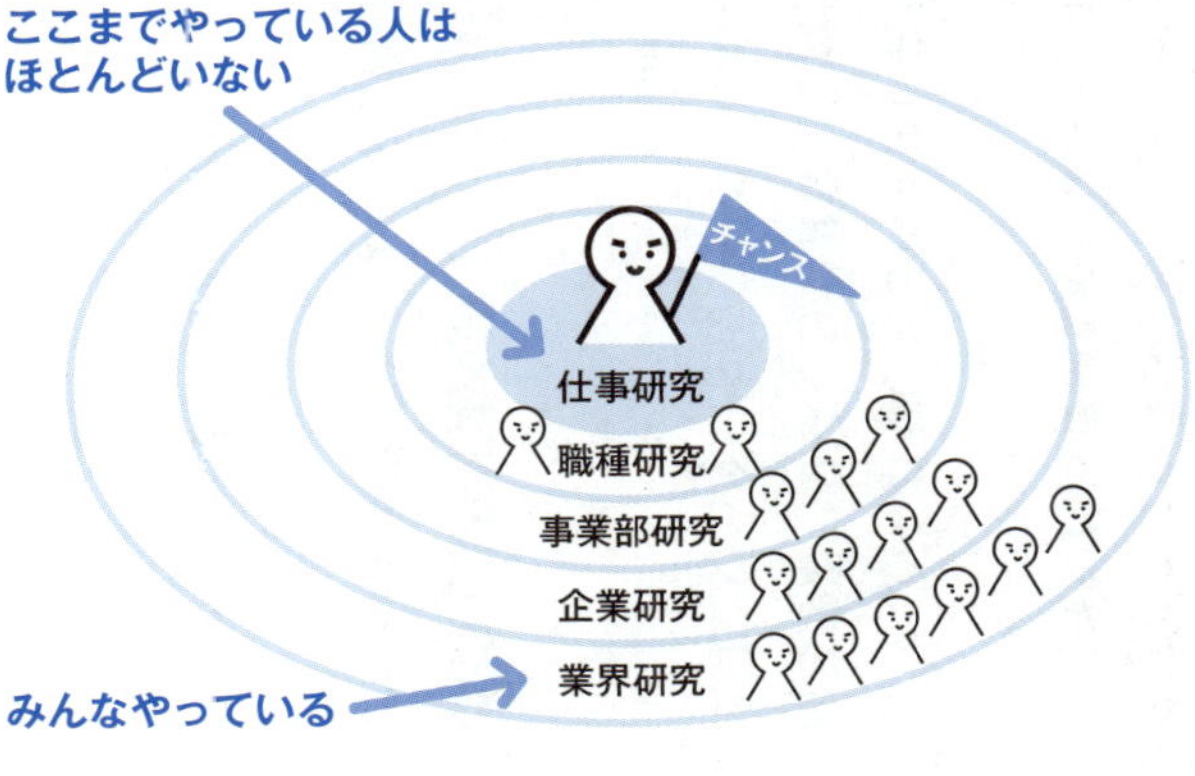

ステップ4
文章を磨く

優秀だとしても、「優秀さが伝わる文章」でなければ落とされてしまう。当たり前のことを書いているようだが、実は多くの学生が理解をしていない。

今まで、学生団体の代表や、学園祭の実行委員長、サークルの代表、アルバイト先の責任者など、それなりに力を発揮している大学生を多く見てきた。それにもかかわらず、**伝え方を間違えてしまったために、就職活動に失敗する人がいるのだ。**

同様に、素晴らしい経験があるからといって選考に通るわけではない。**その経験のどのシーンを見せるのが効果的か**を理解していなければいけない。リーダーシップを発揮したシーンなのか、みんなを支えたシーンなのか。ひとつの経験には複数のシーン、複数の切り口があるのだ。採用担当者が知りたいことを理解し、それを的確に伝える力が必要になる。

伝える力を手に入れるためにすべきこと。それは、相手の心に残るように**文章を磨くこと**だ。

本書にも、主要な技術をまとめた。ここに書かれていることはすべて、「知っている」ではなく「できる」レベルになるよう、習得してみよう。

ESだって伝え方で9割決まる!

Before(やや客観性に欠ける)

知り合いの経営者から参加の依頼があり、学生時代に、ビジネスプランコンテストに参加しました。内容は「アミューズメント施設の集客施策」のプランを競うものでした。私は、施設の魅力を知る機会がないことと、最近よく見る「ゆるキャラ」のようなアイコンがないことに課題を感じていました。そのため、キャラクターをつくることを通して親しみやすさや、施設の楽しさを伝えることを提案しました。知人にもデザインの案などを出してもらい、当日はポスターにして配布をしました。結果的に、優勝することができました。また、実際にその施策が採用され、集客に貢献することができています。

せっかく採用された話なのに
もったいない!

⇩

After(数字を入れ、客観的な表現に)

「ビジネスプランコンテストで100人の頂点に」

アミューズメント施設の集客施策を競う、ビジネスプランコンテストに参加しました。参加者は100名、3次選抜、審査員30名の大掛かりなものでした。私は、施設が持つ魅力を伝えきれていない理由を「アイコン的なキャラクターの不在と魅力の説明不足」としました。美術大学に通う友人3人に力を借り、30種類のキャラクターを準備。施設の魅力も短い文章にまとめ、キャラクターと一緒にポスターに掲載し、当日、審査員に配布しました。結果、実現性の高さを評価され最優秀賞を受賞。実際に、そのポスターは現在も使われ、集客増に貢献しています。

タイトルをつけ、数字や結果を
明確にすることで「伝わる」内容に!

Column

書くことがまったく思いつかない、きみへ

ES完成までの4つのステップの、ステップ1に「我究（自己分析）をする」と書いた。しかし、現時点で、自分が何をやりたいのか分からない、ESに何を書いていいのか分からないという人は多いと思う。

そんな時は、先にも書いたが、『絶対内定2027 自己分析とキャリアデザインの描き方』のワークシートをすべてやってみてほしい（やり直してみてほしい）。

1枚10分で書き、94枚、1日3時間かければ1週間ほどで終わる量だ。

一見、遠回りに見えるかもしれないし、不安を感じることもあるかもしれない。でも、この「本気の1週間」がその後の就職活動を決める。

最後のワークシートの記入が終わる頃には、志望企業への自己PRや志望動機が見えてくるようになっているはずだ。

我究ができている学生にとってESを書くことは、考えや思いを書き出す作業のようなものだ。スラスラと書けてしまう。自分でも驚くほどだ。

書類の準備は何かとあせってしまいがちだが、あせりや不安を感じているときこそ、自分と向き合うためにいったん立ち止まる勇気も持ってほしい。

Chapter 2

提出直前でも大丈夫。1時間で書けるES

ESの提出まで時間がない！
そんな時こそ、このChapterから読んでほしい。
1時間で仕上げるためのポイントを伝授する。

まずは「学生時代に力を入れたこと（＝ガクチカ）」と「志望動機」から！

さあ、いよいよESを書いてみよう。

「まだ書けるか自信がない」「もう少し考えをまとめたい」などと、不安な声が聞こえてきそうだが大丈夫。最初からクオリティの高いESを書ける人は一人もいない。例外なく最初はメチャクチャな文章に仕上がる。だからきみも心配することはない。まずは「書くこと」に挑戦してみよう。書くことで見えてくるものが必ずある。

「学生時代に力を入れたこと」

「志望動機」

まずはこの2つ。

ほとんどの企業が、この2つをメインに聞いてくる。

裏を返せば、この2つさえ納得のいくものが準備できたら、ES作成は一気に楽になる。

企業によって文字数が異なる（200～600文字）が、そこは微調整を加えるだけで対応できる。

さっそく次のページからスタートだ。1時間で書き上げてみよう。

ESはこの2つを最初に準備しよう

1 **学生時代に力を入れたこと**

＋

2 **志望動機**

ほとんどの企業がこの2つをメインに聞いてくる

ガクチカは、「主体性」を聞いている

企業は、ガクチカを通して、**きみの「主体性」を見ている**。

主体性とは、自分の意志や判断で行動しようとする力のことである。

つまり、受け身でない状態。誰かに言われたからやるのではない。自分で目的や目標を決め、プロセスを考え、実行することだ。社会人にはこれらが求められている。言われたことは当然やる。

これからの時代はますます必須となる力だ。

それに加えて、付加価値を生み出す仕事が期待される。既存の業務をさらに発展させてくれる人、課題を見つけ、それを解決してくれる人。いずれにしても、会社を発展させてくれる人を求めている。

それができるのが主体性のある人だ。

左の質問例は、実際に企業から出されたものだ。言葉は変わっているが、「ガクチカ」を聞いている。そして、**明確に「主体性」を確認している**ことが分かる。

実際に出された質問例を見てみよう。

□自ら考え、学び、行動した経験を教えて下さい。（三井住友海上）
□あなたがグループの中でリーダーシップをとって、方向性を示し、グループメンバーから協力を得て優れた結果を出した経験について、説明して下さい。（P&G）
□より高い目標に向かってあなたが率先してほかの人を巻き込み、チームで目標を達成した経験について述べて下さい。（ユニリーバ・ジャパン）

「自分に主体性なんてない」「自分なりにがんばってきたけど、どのように表現したらいいか分からない」と思っている人もいるだろうが、心配はいらない。

規模の大きさや結果の成否など無視してもいい。「自分の意志をもって行動」をした経験は誰にでもある。

サークルの雰囲気をよくしようと努力した話、アルバイト先の顧客満足度の改善に力を入れた話、勉強をコツコツ努力した話、弱かった自分を変えようとした話、勝てないチームを鼓舞《こぶ》して、みんなで乗り越えた話、苦手な人とのコミュニケーションをがんばった話……きっと何かあるはずだ。

さあ、それでは次のページにあるフレームに当てはめて書いてみよう。

ガクチカは4つのフレームで考える

1．行動事実

何をがんばったのか。結論を書いてみよう。「○○をしたこと」や「○○への挑戦」など。具体的に何をしたのかが、一読して分かるように。

2．価値観やコア

なぜそれに取り組もうと思ったのか、動機を書いてみよう。「○○が悔しかったから」「○○な性格なので」「○○という思いから」など。自分の価値観や信念が伝わるように書くといい。

3．PRポイント

中でも特に力を入れたシーンや事実を書く。何人で取り組んだのか。どれくらいの時間をがんばったのか。どれくらい困難だったのか。数値化できるものは具体的な数も入れよう。読み手がカラーの映像を思い浮かべられるように書く。

4．結果

結果が出ていなくてもいい。その過程から学んだこと、今活かせていること、反省点や、今後の抱負などを書いていく。

ガクチカは 4つのフレームに当てはめて書こう

私が学生時代に力を入れたことは…

1	**行動事実** 主体性をもって取り組んだこと 〈100文字〉

＋

2	**価値観やコア** それに取り組んだ背景や動機 〈100文字〉

＋

3	**PRポイント** 取り組みの中で特にがんばったこと 〈100文字〉

＋

4	**結　果** 実績、得たもの、学び、今後の抱負 〈100文字〉

1～4、それぞれ100文字。合計400文字を目安に書いてみよう

実際のESサンプル（学生はこう書いた）

左のサンプルを見て、1～4の書き方を参考にしてみよう。

1．行動事実

コンパクトに結果が書かれている。一読して何をしたのかが分かる。（1）

2．価値観やコア

「ただの一員ではなく、部のキーパーソンとして」という点に、強いこだわりを感じる。「やるなら徹底的にやる」という性格が伝わってくる。（2）

3．PRポイント

「50時間」「毎朝7時」「練習ノート」という具体的な記述により、努力した姿が想像できる。努力量も工夫も、ともに素晴らしい。（3）

4．結果

4年時に全国3位。素晴らしい。

「たとえ0からのスタートであっても、努力の継続がのちに大きな成果を生み、自信につながることを実感できた」という記述から、ひとつの経験を次に活かせる人物であることが伝わる。（4）

ユニリーバ・ジャパンの実際の設問と学生の回答

より高い目標に向かってあなたが率先してほかの人を巻き込み、チームで目標を達成した経験について述べて下さい。〈400文字〉

1
「目標達成能力」
全国大会常連の体育会系創作ダンス部内で、3人の初心者男子と小チームをつくり、「我々が部のキーパーソンになる」という目標を定め、達成した。

2
私は大学時代、ダンス経験 0 から日本一を目指す創作ダンス部に入部、同じ未経験者の同期3人と意気投合した。そこで私は、「ただの一員ではなく、部のキーパーソンとして日本一を目指そう」という目標を発起し、彼らと4人でチームを結成した。

3
入部当初、先輩や経験者用のメニューに参加できず、毎日悔しい思いをしたが、週50時間の練習に加え、毎朝7時から自主練習をこなした。先輩方の表現力や技術から学び吸収したことを4人で共有し合ったことや、人によっては感性や表現方法が異なるので、各自練習ノートに整理してまとめたことも、上達につながったと思っている。

4
結果として、3年時には定期公演の一作品を4人で任されるまで成長することができ、部としても 4 年時には全国3位の結果を手にすることができた。このように、たとえ0からのスタートであっても、努力の継続が後に大きな成果を生み、自信につながることを実感できたので、この経験はまたとないチャレンジングなものであったと考えている。

さあ、ここまでの内容を参考にし、
「ガクチカ」を書いてみよう。
制限時間は30分。最初は粗くても大丈夫。
スマホでも構わない。「今すぐ」書き出そう

志望動機は「社会に与えたい影響」を明確に

企業が志望動機で知りたがっているのは、きみの未来、そして**「社会に与えたい影響（Giving）」**についてだ。つまり、その組織を通してきみが社会にどんな価値を提供しようとしているか、ということだ。**自分が手に入れたいことや、経験したいことではない。**

例えば、「（海外に）駐在したい」「優秀な人に囲まれて成長したい」「充実した研修制度が魅力」などは、正直企業にとってほとんど興味のない話だ。社会に出ることは給料をもらって価値を提供することだ。きみが何を得られるかではなく、きみが何を提供したいのかを問われている。

社会に与えたい影響とは、きみが社会にどんな貢献をしたいのか、ということ。

「世界の格差をなくしたい」「日本の技術力を世界に届けたい」「日本の中小企業を元気にしたい」「老人が笑顔で暮らせる社会をつくりたい」「日本のプレゼンスを世界で高めたい」などだ。

きみの「社会に与えたい影響」（自分の軸）と「企業の事業内容」（企業の軸）が一致していれば、採用される可能性はグッと高くなる。この思いは、強ければ強いほどよい。採用担当者はきみの活躍を予感するだろう。

具体的な書き方は次のとおりだ。

志望動機作成のための5つの質問

1. 社会に与えたい影響は何ですか？
2. それが実現できる業界や企業はどこですか？
3. その業界や企業は現在どのような状況ですか？
4. 入社後、具体的にやりたいことは何ですか？
5. そのために学生時代にどんなことを身につけてきましたか？

これら5つの質問の答えが、志望動機につながっていく。

1と**2**は我究の成果になる。**3**と**4**は社究、**5**は自己ＰＲが関係してくる。

なお、我究に関しては『絶対内定２０２７ 自己分析とキャリアデザインの描き方』のワークシートに挑戦してみてほしい。

作成前の準備としてこれらのすべての質問に5～10分程度で答え、紙に書き出してみよう。

文字数や誤字脱字はひとまず気にせず、思うがままに書いてみる。

そこからスタートしよう。

志望動機作成4つのフレーム

まず、次の4つのフレームに当てはめて書こう。

1. 社会に与えたい影響

社会のどの部分へ向けて（誰のために、何のために）働きたいと思っているのか。

2. 価値観やコア

そのように思うのはなぜか。

どんな生い立ちや、人生経験から、その思いが生まれたのか。

3. 自己PR・強み

「自分にできる」と思っている理由は何か。どんな「強み」や「経験」をもって、志望企業に貢献できると思っているのだろうか。

4. その企業でやりたいこと

具体的に挑戦したいことは何か。どんな事業で、どんな職種で、どんな仕事で、その思いをかなえようと思っているのだろうか。文字数によっては、具体的に書くことに限界があるかもしれない。その場合でも、面接では語れるようにしておこう。この準備の差が内定獲得を左右する。

「志望動機」も 4つのフレームに当てはめて書こう

私が貴社を志望する理由は…

1	**社会に与えたい影響** 何のために働きたいか？ 〈100文字〉

＋

2	**価値観やコア** それをやりたい理由と思い 〈100文字〉

＋

3	**自己PR・強み** それができると思っている理由 〈100文字〉

＋

4	**その企業でやりたいこと** やりたい仕事、部署 〈100文字〉

1～4、それぞれ100文字。合計400文字を目安に書いてみよう

実際のESサンプル(学生はこう書いた)

左のサンプルを見て、1〜4の書き方を参考にしてみよう。

1．社会に与えたい影響

設問に対してシンプルに回答しており、とても分かりやすい(1)。

2．価値観やコア

留学経験からその思いを育んだのが分かる。また、ES作成時のマーケット状況を踏まえて書かれている。旅行の際に自分の肌で感じている点も評価できる(2)。

3．自己PR・強み＋4．その企業でやりたいこと

「英語の勉強」「海外インターン」の2つのアクションがとてもよい(3)。その後に続く「海外での営業やマーケティング」という言葉も違和感なく読める(4)。文字数の関係で、やりたい仕事の具体的な説明は、ここまでに留まっている。300文字以内の場合はこれが限界だろう。

パナソニックの実際の設問と学生の回答

パナソニックで仕事を通じてどんな夢を成し遂げたいか、その理由と、夢を成し遂げるために取り組んでいる、もしくは取り組もうと思っていることをお書き下さい。〈300字以内〉

1 〈世界における、貴社商品のシェアを拡大したい〉

2 イギリスに留学中、各国のイメージを語り合うことがあった。その際に、日本は世界に、技術力や製品の品質において認められていることをあらためて認識した。しかし近年、日本のメーカーは、韓国を代表とする海外の競合に、その両方を押されていることを、海外を旅行するたびに感じる。

3 その状況下で、日本を代表する企業の、日本人代表として海外での営業やマーケティングをしたいと思い、英語の勉強はもちろんのこと、海外でのインターンに挑戦してきた。

4 幼少期からの海外経験や、大学生活で学んだビジネス経験を通して貴社で活躍したいと考えている。

**ターゲット企業を1つ決めて、
志望動機を書いてみよう。書き始めると、
知らないことや曖昧なことが見えてくる。
最初はそれでいい。
そこからステップ3の社究（業界・企業研究）が始まるのだ**

Column

自分を「普通の大学生」だと思っている、きみへ

「普通じゃない」大学生などいない。

僕の知る限り99％以上の大学生は「普通」である。学生同士の語り合いの中では「スゴイ」と言われていても社会人からしたら、失礼ながら大したことはない。

例えば規模の大小の話。大きいほどスゴイという価値観がある。だが、「10人のサークル」も「200人のサークル」も同じ。

大切なのは規模よりも、その中できみがどんな役割や影響を持ったのかだ。

学生団体の立ち上げも長期留学も、インターンシップでの実績も、中身を聞いてみないと分からない。

たった4人のサークルで活躍して総合商社に入ったU君も、ケガのリハビリをコツコツ続けてキー局に内定したM君も、家庭教師で1人の生徒を合格させて国家公務員総合職に内定したI君も、一見するとごく普通のエピソードしか持たない大学生だった。

安心してほしい。自分なりに「学生時代がんばったこと」があるのであれば、ESは書ける。面接も突破できる。

本書に書いてあるやり方で書き始めれば、「自分にも語れることがある」ことに気づけるはずだ。

Chapter 3

採用担当者に評価される自己PRのつくり方

これまで自分が経験したことを、この Chapter にある「6つの力」に照らし合わせて自己 PR をつくることで、採用される ES が完成する。

ESが通過した学生に共通する6つの力

このChapterではESが通過した学生に共通する6つの力（左図）について説明しよう。

人の能力や魅力を6つに分類するのは大胆かもしれないが、採用担当者から聞く情報や、実際に通過した学生のESを見ると、これらの能力に集約される。「自己PR」や「ガクチカ」などを書く際の目安になるだろう。

次のページから、それぞれの能力について説明する。各ページの最後には、それらの力が備わっているか確認するための質問も記した。

これまでの経験や自身の強みは、6つの力のうちどれをアピールすることにつながるのか、つなげていけるのか、をチェックするのだ。

6つの力すべてを備えている必要はない。コンサルや商社、金融など業界によって求められる力は異なる。大切なのは、**「志望業界で求められている力をきみが持っている」**ということを、ESでしっかりと伝えられるかどうかだ。

ESが通過した学生に共通する6つの力

1. 自己変革力
自分の至らない点を自覚し、変化させる力

2. 人間関係力
人との接し方を工夫することにより、
良好な人間関係を築く力

3. コミットメント力
目標や成果に対して、徹底的に努力する力

4. 創造力
0 から 1 を生み出す力。
新しい価値を生み出す力

5. 課題解決力
組織の課題に対して、解決策を提案し、
実行する力

6. チームワーク力
仲間と協力し、失敗や困難を乗り越える力。
一人では成し遂げられないことを実現する力

きみはどの力を持っているだろうか。
ESでしっかり伝えられるよう、チェックしておこう

1 自己変革力

自分の至らない点を自覚し、変化させる力

こんな経験をした人が書ける。

□**挫折や失敗を乗り越え、結果を出したことがある人**（人間関係、スポーツ、受験など）

□**新しい環境に適応するために、自分を変化させたことがある人**（留学、ゼミ、アルバイトなど）

□**目標を達成するために、自分を成長させたことがある人**（TOEIC®、資格取得、スポーツなど）

新入社員は、失敗や挫折を多く経験する。入社時の人間性のままで通用する人はいない。自分を変化させる必要がある。自己変革力があることを伝えることができれば、採用担当者にも、入社後どんな壁にぶつかっても、変化・成長し続けられる人物であると、印象づけることができる。

今現在優秀であるよりも、**今後の成長を感じさせられることのほうが重要なのだ。**

「自己変革力」を見極める切り口

①できないことを克服して成長し、成果を出した経験はあるか

②自らの至らなさを突き付けられた時に、どう感じ、行動することが多いか。その理由は？

自己変革力とは
変化・成長し続ける力

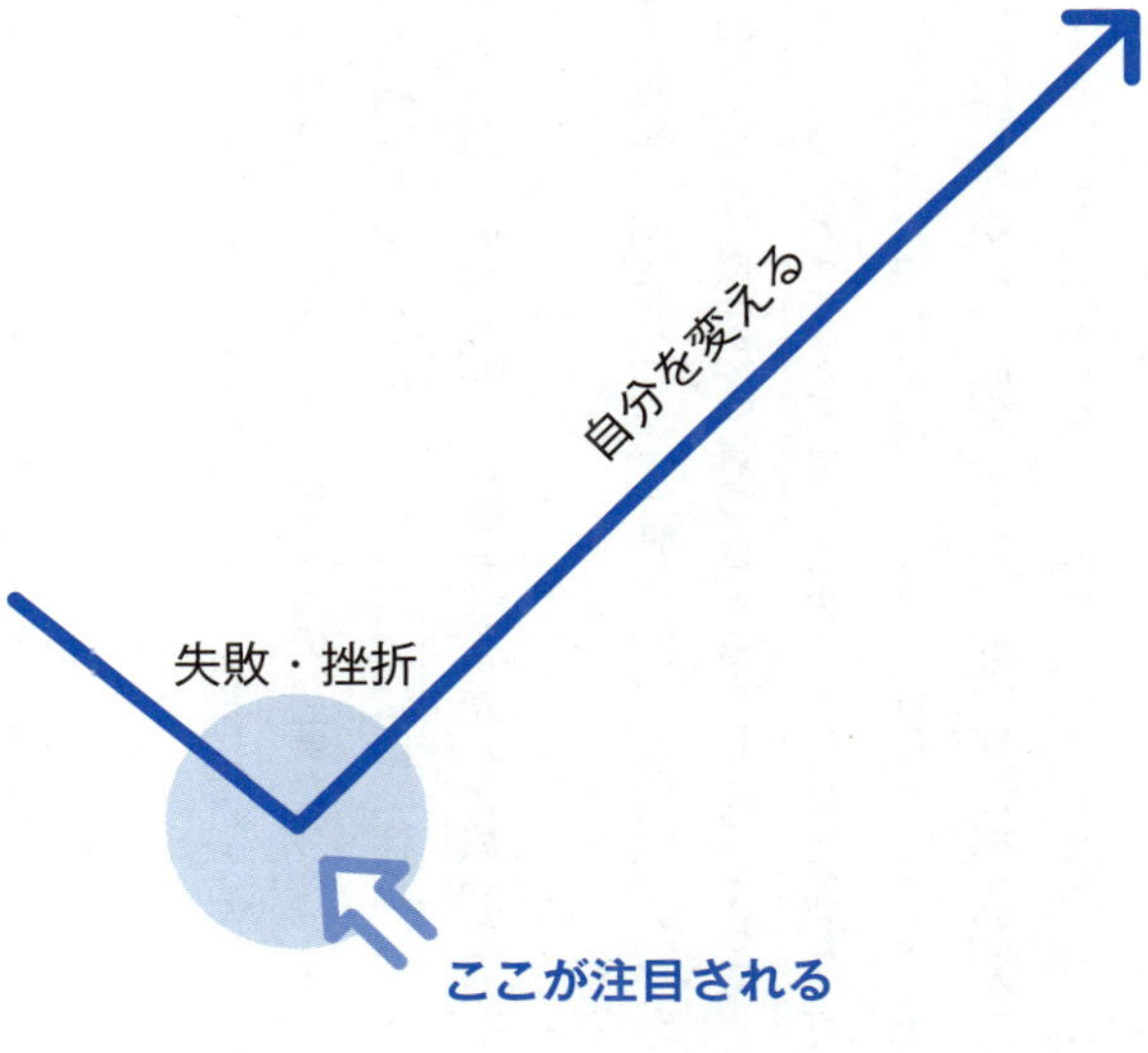

[キーワード]

柔軟性、成長力、学び続ける力など

こんな学生がいた 自己変革力

リーダーとしてのあり方を変えたT君

音楽サークルの代表を務めていたT君。音楽の才能も、細部にこだわるプロ意識も、練習量も、サークル内でダントツだった。彼は、全国大会に出場するのが夢だった。そのため、全メンバーに、自分と同じレベルのがんばりを期待した。しかし、メンバーには「押しつけ」に感じられてしまった。その結果、同時期に主要メンバーのほとんどが退会。よかれと思ってやっていた分、ショックは大きかった。

それ以降、自分の至らなさと真剣に向き合った。「仲間の声を聞けなかったこと」「成長の仕方には多様性があること」「自分の中のごう慢さ」に気づき猛省をした。そして、退会したメンバー全員に自分の至らなさを謝った。どう変わろうとしているのかを行動を通して証明した。そのためにも、全員に戻ってきてほしいと話した。その結果、メンバーは戻ってきてくれた。それからは、メンバーがやりがいを感じることに耳を傾け、成長シナリオを一緒に描きながら運営を進めた。変わりゆくT君を見て、みんなはT君のことを信じるようになった。そして、ついてくるようになった。最終的には全国大会に出ることができたのだ。

T君が実際に書いた「学生時代に力を入れたこと」

【リーダー失格の烙印と、サークルの再建】

「俺たちサークル辞めるね」サークルの幹部全員から退会の報告。音楽サークルの代表をしている私にとって、「リーダー失格」を突きつけられた瞬間だった。「自分に問題がある」そう思った私は、メンバー30人、一人ひとりに自分の課題を聞いた。すると「何でも一人で決めすぎ」「自分のストイックさを周囲にも押しつけすぎ」と率直な意見をくれた。自分のやり方を押しつける、ごう慢な自分に気づいた。そこから、退会をした幹部に謝罪をし、戻って来てもらった。練習の方針や全体の意思決定も、まずは仲間の声を聞いてから最終決定をすることにした。その後は退会者が出てない。この経験から、自分を変えることで、組織に貢献できることを学ぶことができた。（326文字）

コメント

T君が、メンバー全員からのヒアリングを通して、自分の至らなさと向き合ったことが伝わる。そして、自分を変えることによって、まったく違うリーダーに育っている。

2 人間関係力

人との接し方を工夫することにより、良好な人間関係を築く力

こんな経験をした人が書ける。

□**組織の中で、対立意見を調整したことがある人**（ゼミ、サークル、アルバイト、学生団体など）

□**立場の違う人たちとの間に立ち、利害関係を調整したことがある人**

（社員とアルバイト、教授とゼミ生、学祭実行委員とサークルなど）

□**国籍や文化の違う人と、人間関係を構築した経験がある人**（留学、旅行、インターンシップなど）

仕事とは、人と人とが関わり合いながら進めていくものだ。**苦手な人や、価値観が違う人、立場を超えて人間関係を構築する力があるか。**自分の力によって、それを調整できるか。また、発展させることができるか。それらが見られている。

「人間関係力」を見極める切り口

①自分と異なる意見の人とともに、成功体験を味わったことがあるか

②良好な人間関係を築くために大切にしていることは何か。それはなぜか

人間関係力は、周囲と良好な関係を築く力

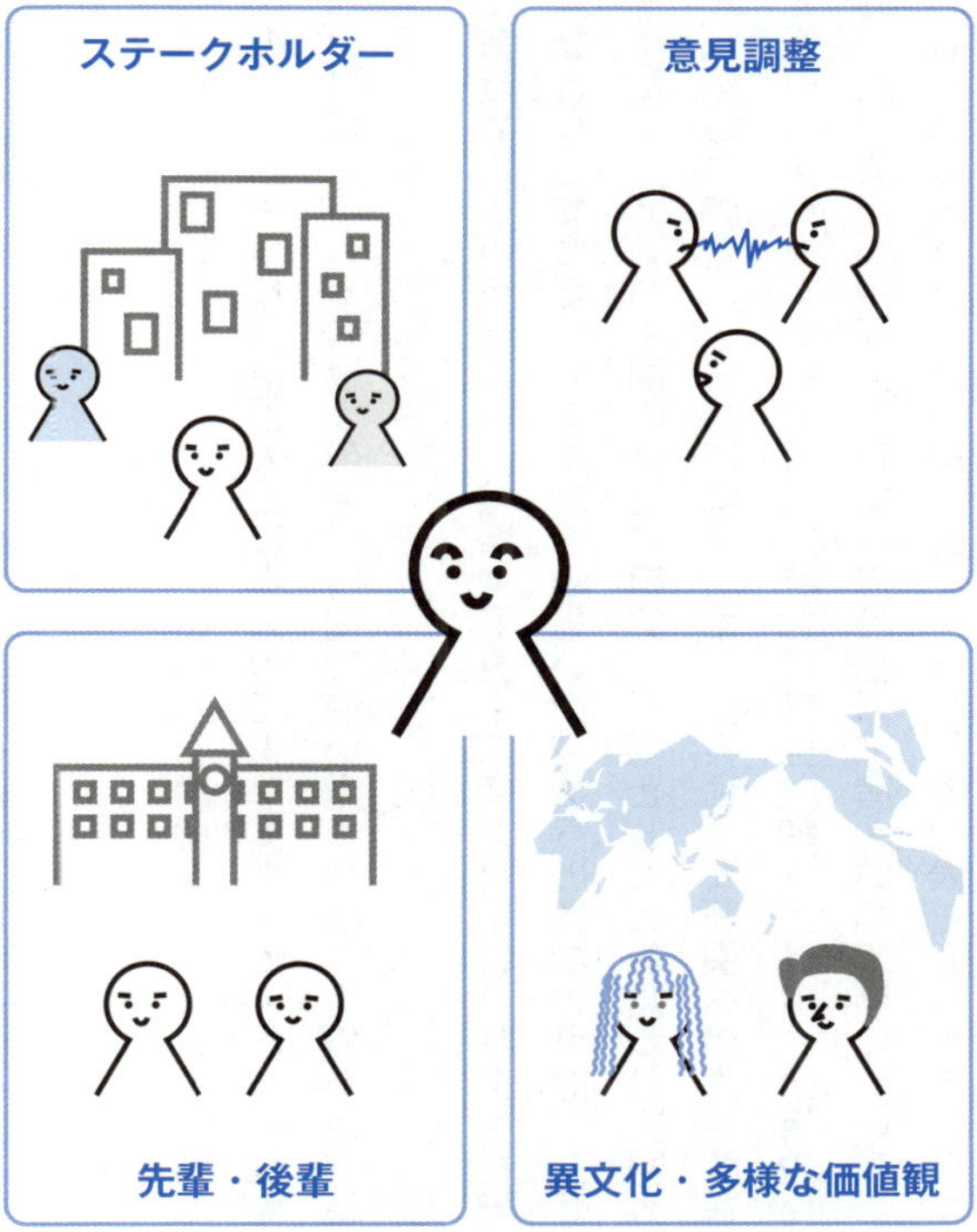

［キーワード］
調整力、傾聴力、協調性など

こんな学生がいた

人間関係力　中国留学中に、日本舞踊サークルをつくったZ君

「日本のいいものを世界に広めたい」という強い思いから中国留学中に日本舞踊サークルをつくったZ君。積極的な広報活動もあり、中国人と日本人の30人が集まってくれた。しかし、運営は困難の連続。学生生活の目標がそれぞれ違うので、時間の使い方も多様。そのため、練習に人がほとんど集まらなくなった。

取り組みへの本気度もバラバラなため、喧嘩や意見の衝突が日常に。状況を打破するためにZ君は、メンバー一人ひとりと話した。サークルへの思いや、彼らの留学の目的、なぜサークルに参加できないのかを。そして、メンバー間の意見の衝突は、落としどころ見つけ説得して回った。また、サークル「参加の障壁」を一緒に解決した。例えば、英語圏への大学院進学を考えているメンバーには、イギリス人の友人を紹介した。英語の勉強効率を上げて、余裕の出た時間でサークルに参加してもらった。また、中国人と日本人の価値観や考え方の違いについて、お互いが理解できるよう何度も話し合いの場を設けた。結果的に、学園祭で発表できるまでにクオリティを高めることができた。発表後、メンバー全員で歓喜したことは今でも大切な思い出になっているそうだ。

Z君が実際に書いた「学生時代に力を入れたこと」

【北京大学での日本舞踊サークルの設立】

留学先の北京大学で、中国人と日本人の計30名で、日本舞踊サークルを設立しました。日本のいいものを世界に広めたいとの思いからです。練習過程では中国人学生が練習に来なくなるという問題が発生しました。離脱者を出したくないという思いから、彼らと話す場を設けました。理由を聞く中で、1. 海外の大学院進学に向けて英語に力を入れて勉強している2. 大学の宿題が多い、という2点からサークルに参加する時間がないことが分かりました。私はこの問題に対し、1. 英語圏から留学に来ていた友人を紹介し、2. 彼らの宿題を手伝うようにする、ということで対処しました。この結果、練習に参加できるようになり、無事に文化祭で発表することができました。私はこの経験から相手に一方的にこちらの要望を伝えるのではなく、まずは相手の問題を考え、対処することで信頼関係を築くことを学びました。（390文字）

コメント

サークルを運営する中で、Z君が多様な考え方や課題に対処していく姿が見て取れる。Z君は「日本のいいものを世界に広めたい」と言っているようにグローバルに活躍したいと思っている。それだけに、多様な人たちの中でリーダーシップをとっているこのエピソードがあると、説得力が増す。

3 コミットメントカ

目標や成果に対して、徹底的に努力する力

こんな経験をした人が書ける。

□**組織の中で、自分に与えられた目標を、徹底して追いかけた経験がある人**（ゼミ、サークル、アルバイト、学生団体、インターンシップなど）

□**自分の決めた目標に対して、結果が出るまで努力し続けた経験がある人**（留学、TOEIC®のスコア、資格取得、スポーツ、研究活動、論文作成など）

すべての仕事には目標がある。それに対して、どれだけ執着し、結果を出せるか。それが社会人として求められる（もちろんそれだけではないが）。学生時代にこの能力を発揮している人は、社会に出ても同様に努力する可能性が高い。**コミットメント力がある人は評価が高いのだ。**

「コミットメント力」を見極める切り口

①自分で目標を設定し、達成した経験はあるか

②目標達成した時の共通点はあるか。目標に向けてがんばれる理由は何か

やり遂げる力、最後まであきらめずがんばる力

[キーワード]
目標設定力、継続力、行動力など

こんな学生がいた

コミットメント力

講義形式のゼミをディスカッション形式のゼミへと変革したKさん

Kさんは落胆していた。経済学部でも人気の高いゼミにやっと入れたにもかかわらず、ゼミの内容は教授による一方的な講義形式だった。優秀な学生が多く集まっていたので、時々教授に不満の声を上げるのだが、教授から厳しく叱責されるなど、ゼミを変えることは困難を極めた。

Kさんもゼミの変革を求めて教授に直談判した一人だが、あっけなく玉砕。それでも、Kさんは諦めなかった。とにかく、ゼミ終了後に教授に張りつき、質問攻めにしたのだ。最初は質問のレベルの低さに怒られ、相手にしてもらえないこともあった。しかし、勉強を怠《おこた》らず、質問の精度を上げる努力を続け、数カ月後にはすっかり「質問する学生」の地位を得た。

さらには、友人と一緒に質問に行き、少しずつ教授と学生で「ディスカッション」ができるように仕向けていく。気がつけば、ゼミのあとは教授と学生が集まり、「皆でディスカッションする時間」が習慣になった。時間が許す限りゼミ生たちは教授に食らいつくようになった。徐々に教授の態度も軟化し、ゼミが始まって半年過ぎる頃には、ゼミの後半に30分間のディスカッションの時間を設けることに。ディスカッションは、内容の濃い刺激的な時間になった。

Kさんが実際に書いた「学生時代に力を入れたこと」

【教授と仲間を巻き込んだゼミの変革】

ゼミ生から不満の多かった講義形式を、ディスカッション形式に変えた。学部内でも人気の高いゼミに入ったが、教授からの一方的な講義形式のゼミに不満を持つ生徒が多かった。私もその一人だった。直談判をしたが、聞く耳を持ってもらえなかった。「なぜなのか」を考えた。ただやりたいという「想い」だけを押し通していた自分に気づいた。そこから私は「姿勢」を見てもらおうと、まずはゼミ後に教授に張りつき、質問攻めにした。教授が受け入れてくれるようになると、徐々に人数を増やし、仲間と2、3人で質問した。継続するうちに、ゼミ終了後は教授への質問タイムとなり、自然とディスカッションに発展するようになった。半年が過ぎた頃、ゼミの後半に30分のディスカッションタイムを設けることが正式に決まった。役職についてなくとも、組織のために何ができるか。考え、徹底的に行動することの意義を学んだ。（397文字）

コメント

Kさんが、自分と相手の納得がいくまで努力をし続ける人であることが伝わる。周囲や権力者の圧迫に流されることなく、目標に向けて徹底的に努力をしている。

4 創造力

0から1を生み出す力。新しい価値を生み出す力

こんな経験をした人が書ける。

□**自分で考えたアイデアをもとに、組織やイベントを立ち上げた経験がある人**
（学生団体、イベント開催、コンテンツ制作など）

□**新規事業を企画した経験がある人**（インターンシップ、NPO法人、起業など）

どの業界でも、**新しい価値を生み出す力**が求められている。アイデアや事業を生み出すことで、ビジネスが成立する。それだけに、どれだけ新しい価値を生み出す人材を確保できるかが、組織の命運を分ける。規模は小さくても、学生時代にそのような経験を積んでいる人は評価される。

「創造力」を見極める切り口

①自分のアイデアをカタチにした経験はあるか。その成果物は今も残っているか

②アイデアをカタチにする上で大事なことは何か。また、その理由

「まだない」もの(0)から、新しい価値(1)を生み出す力

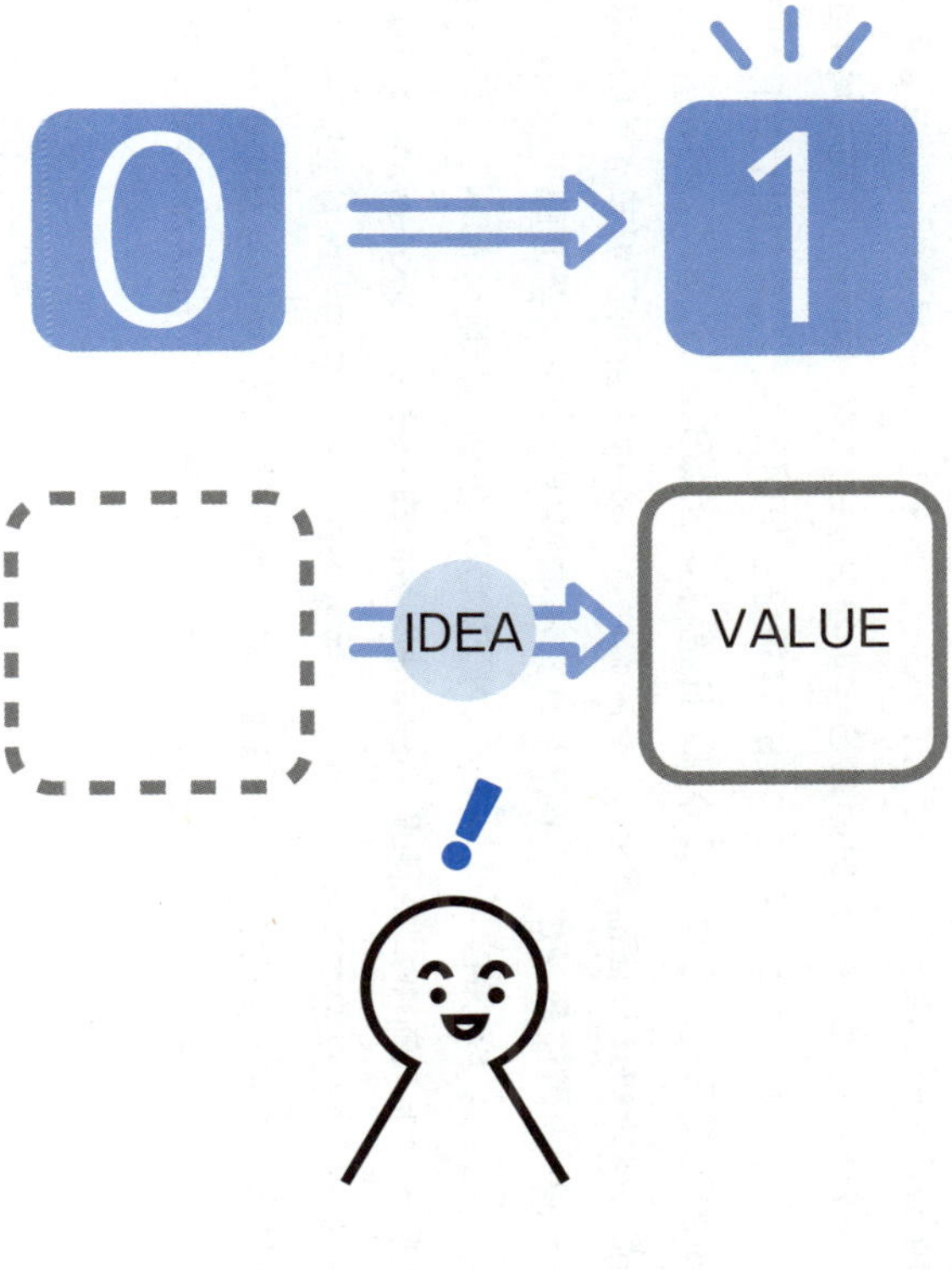

[キーワード]
企画力、実行力、発想力など

こんな学生がいた

創造力 起業体験をしたK君

学生時代は挫折の連続だったK君。学生団体に入り渉外担当となるも、まったく結果が出せなかった。例年協賛してくる企業からも、続々辞退された。結局、居心地が悪くなり、辞めることに。その後も、ボランティア活動など、思いつくことを始めてみるが、やはり結果を出すことができなかった。「自分は本当にダメなヤツだ」と半年ほどふさぎ込み、時間だけを持て余していた。「このままじゃダメだ」そう思ったK君。「最後に1回だけ挑戦してみよう」と決めた。

彼が選んだのは、今まで一番興味があったが逃げていた「起業」。日本の伝統工芸品をつくる友人に連絡。彼の製品を日本や世界に流通させることを考えた。「次は結果が出るまで、絶対に逃げない」そう決心した。今までの反動だったのだろう。相当な気合いで動いた。広報活動も、世界中の30を超えるメディアに対しおこない、4カ国5つの媒体に取り上げてもらった。

やがて海外からも注文が取れるようになり、国内の一部の量販店にも流通できるようになった。K君は、契約書の作成や交渉、販路開拓のすべてを一人でこなした。このビジネスは現在も継続している。売上規模こそ大きくはないが、K君は新たなマーケットを開拓することができた。

K君が実際に書いた「学生時代に力を入れたこと」

【日本の伝統工芸品を世界に。0からの事業スタート】

「日本には世界に通用する素晴らしいものがある」

幼少期を能登半島で過ごした。衣食住のすべてに歴史と伝統があり、そこに住む人はそれらに誇りを持っていた。しかし、近年、すべての産業が衰退してくのを肌で感じて育った。日本の伝統工芸の衰退。そこに問題意識を持ちながら大学生になった。そんな中、伝統工芸の職人になった友人から、「これを世界に広めたい」と相談をもらった。自分の思いを果たすチャンスだと思い、全面協力をした。世界の30を超えるメディアに広報活動をし、4カ国5つのメディアに取り上げられた。海外からも発注があった。英文契約書の作成、各国の弁護士とのやり取り、交渉、販路開拓、すべてを担った。最終的には日本国内の量販店にも流通した。決して大きなビジネスとは言えないが、ビジネスを立ち上げ、価値あるモノを人に届けることの楽しさと意義を感じることができた。(399文字)

コメント

K君が、「自ら0から1を生み出す力」を持っていることが伝わる。日本の伝統工芸で、まだ知られていないものを、地道な努力で世界中に広めている。学生ながら、手探りで販路開拓とビジネスモデル構築をしたところに、彼の事業を生み出す「創造力」が感じられる。

5 課題解決力

組織の課題に対して、解決策を提案し、実行する力

こんな経験をした人が書ける。

□所属している組織で、自分の担当業務の課題を発見し、解決した人

□所属している組織の、仕組みやルールを改善し、課題を解決した人

（ゼミ、サークル、アルバイト、学生団体、インターンシップなど）

課題や問題を抱えていない組織は存在しない。それに対して立ち向かえる人が常に求められている。いわゆる**PDCA（Plan 計画→Do 実行→Check 検証→Action 改善）サイクルを回せる人材のこと**だ。学生時代から、これを繰り返している人は、思考力や実行力を鍛えられている可能性が高い。よって評価されるのだ。

「課題解決力」を見極める切り口

①チームや組織の課題を発見し、解決した経験はあるか。その際、誰かと協力したか

②組織の課題を解決するのに大事だと思うことは何か。また、その理由

課題解決ができる人は、実行力のある人

× **問題点を指摘するだけの批評家**

「ここが悪い」
「こうすべきだ」
「いかがなものか」

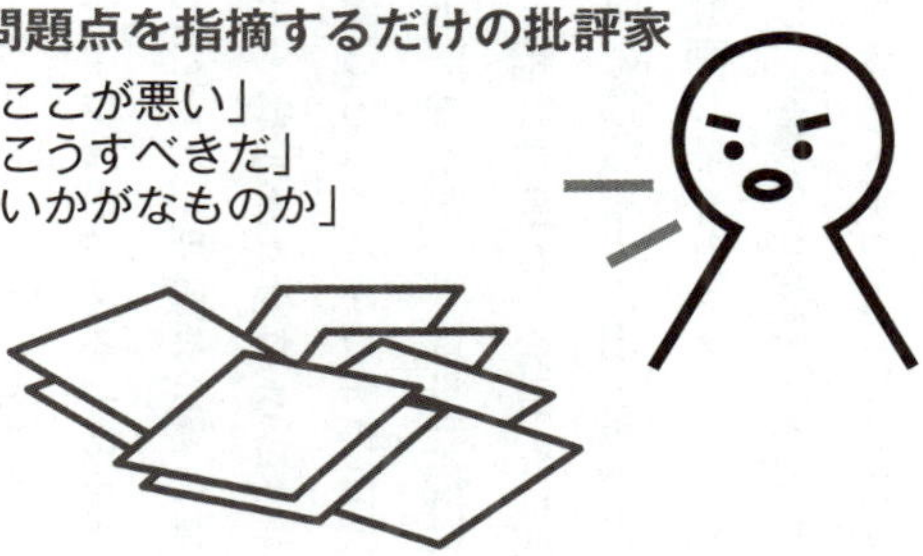

○ **自ら考え、自ら動く（人を動かす）**

「だったらこうしよう」

「こうしませんか？」

［キーワード］
ロジカルシンキング、論点抽出力、分析力など

こんな学生がいた

課題解決力　歴史あるスキーサークルで会計係を務めたYさん

100名超のサークルメンバーの会費や合宿運営費、大会参加費などの会計を後輩と2人で担っていたYさんは、サークルが抱える「ある課題」に悩まされていた。それは、歴代の会計係の仕事がいい加減であったこと。不明瞭な会費の使い道にたびたびメンバーからクレームが入った。

一番の問題として、幹部たちの打ち合わせの食事代を会費から出すなどの悪しき慣習があった。前任の先輩に相談するも「これがウチの伝統だから」と嫌な顔で一蹴された。最初は「伝統なら仕方がない」と引き下がったが、やはり我慢ができなくなった。

Yさんは、後輩と相談を重ね、会計の仕組みを抜本的に見直すことにした。やったことは2つ。第1に、物品購入時に領収書の提出と内容の確認を徹底した。最初はメンバーも面倒くさがり文句が出たが、次第に賛同してくれるメンバーが増えた。次に、幹部たちの打ち合わせを食事の場でおこなうことを廃止し、会費から食事代を出すことをやめた。これには幹部から相当な反発を受けた。まずは穏健な幹部から一人ずつ説得して回り、最終的には全員からの合意を取りつけた。これらの取り組みによりお金の流れが明確になり、クレームがなくなったという。

Yさんが実際に書いた「学生時代に力を入れたこと」

【伝統に屈せず現状を改善】

50年の歴史を持つスキーサークルで会計係を務めた。仕事をする中でサークルのずさんな会計事情が見えてきた。使途不明な領収書だけでなく、幹部の打ち合わせの食事代を会費で賄っている状態にも、違和感を覚えた。「これがウチの伝統だから」と、相談した前任の言葉に納得がいかず、後輩と2人で会計の仕組みの見直しを図った。①領収書と内容の確認を徹底すること。②幹部の打ち合わせを食事の場でおこなうことを廃止すること。の2点に取り組んだ。最初はメンバーや幹部から反発され、伝統に口を出すなと非難された。しかし、間違った伝統に屈してはならないと思い、幹部一人ひとりを説得して回ることで、最終的には全員の合意を得られることができた。「サークルにとって一番何がいいか」を考え行動できた経験である。（349文字）

コメント

Yさんが、組織をよりよくするために尽力したことが伝わってくる。場合によっては、自分の立場が悪くなる行動にもかかわらず、組織にとって意義あることを優先し、粘り強く行動できたところが素晴らしい。派手さはないが、所属している組織に確実に貢献しようとする姿勢が見てとれる。

6 チームワーク力

仲間と協力し、失敗や困難を乗り越える力。一人ではできないことを実現する力

こんな経験をした人が書ける。

□**チームで、失敗や困難を乗り越えた経験がある人**

□**個人では実現できないことを、仲間と協力しながら成し遂げた経験がある人**

（ゼミ、サークル、アルバイト、学生団体、インターンシップなど）

企業に入ることは、チームに入ることだ。お互いの能力を掛け合わせて、一人では実現できないことを実現するのが、組織のよさであり強みでもある。日本の組織では、チームプレーが求められる。ゆえに、協力する力、協働する力が重視される。学生時代に、**チームワーク力を発揮した経験がある人は、組織の戦力になることが期待できる**のだ。

「チームワーク力」を見極める切り口

①チームをまとめた経験はあるか

②仲間との接し方で意識していることは何か。また、その理由

一人ではなく、仲間と協力し、何かを成し遂げる力

[キーワード]
リーダーシップ、人を巻き込む力、マネジメント力など

こんな学生がいた

チームワーク力

不可能と言われたイベントを、チームで実現したT君

二浪して大学に入ったT君。時間をかけて大学生になった分、学生生活に対して強い憧れがあった。大学生は、誰もが何かに夢中になって取り組んでいるのだろうと。しかし、実際は予想していたものとは逆の世界が広がっていた。やる気のない友人が多く、がんばっている人をバカにする風潮すらあった。そのことに憤慨し、大学の友人5名を集めて「学生の心に火をつける」イベントを提案し、動き出した。

500人の集客を目指し、大規模な会場を探した。実績のない学生。人が来るのかどうかも分からないイベント。T君を信じてくれる会場担当者は誰もいなかった。ことごとく門前払いだった。あったのは熱意と仲間だけ。5人の仲間と、毎日徹夜でミーティングをおこなった。企画書も20回以上書き直した。集客戦略も考え抜き「500人はいける」と思えるところまで描いた。友人の多いメンバーに頼み、集客の手伝いをしてもらった。会場には10回以上足を運んだ。イベント会場に頭を下げ、企画内容、集客戦略、収支について、6人全員でプレゼンし許可をもらえた。

結果、当日は800人を集客することができた。

T君が実際に書いた「学生時代に力を入れたこと」

【800人に届けた仲間との思い】

「学生生活をもっと全力で過ごしてほしい」との思いから、友人5名とイベントを企画した。時間がある一方で、持て余している学生が多いと感じていたからだ。一人でも多くの人に来てほしいと、500人を収容できる会場を探したが、実績もなく集客力に心配のある私たちを信頼してくれる会場は皆無。10カ所に問い合わせるも、すべて門前払い。「このままでは開催できない」と思った。それから、思いつくことはすべておこなった。企画書は20回以上書き直した。集客戦略を何度も立て直し、500人集められるイメージも持てた。10回以上会場に足を運び、イベントの開催意義と集客ができる理由を繰り返し説明した。最終的に「ここまでやるとは思わなかった。やってみるか」とある会場担当者に言っていただき、無事開催できた。当日は800名が集まり、参加者から「やる気になった」「がんばろうと思った」と言ってもらえた。(400文字)

コメント

開催自体が危ぶまれる中、仲間と力を合わせて乗り越えたことが伝わってくる。

このように仲間と目標に向かって、課題を一つひとつ乗り越えていく力は、どのような業界でも求められる。

Column

「がんばったこと」がないと思っている、きみへ

もし、きみが本当に学生時代にがんばったことがないとしたら、解決策はひとつ。「今から始める」ことだ。

「今からでも間に合いますか」と聞かれそうだが、大丈夫。間に合う。いや、間に合わせるためにがんばろう。

行動した量と成長の幅は比例する。

これから、全力で挑めばいい。

採用担当者はESで、きみの「今の実力」だけを見ているわけではない。

これからの「成長幅」を見ている。

実績を残しているが、天狗になっているA君。実績はないが、今、全力で努力して成長しているB君。A君のほうが現時点では実力がある。どちらが採用されるだろうか。意外にも、いや当然ながらB君である。

採用担当者は、入社後のきみを見ている。であるならば、今の成長曲線上にいる「未来のきみ」を見る。

きみが今、「しまった!」と反省しているのならチャンスだ。本気のインターンでも、サークルへの貢献でも、アルバイトの改革でも、ゼミの発表でも、1週間の旅でも、なんでもいい。この先、絶対後悔しないよう、自分がほしいものを手に入れるために全力で始めよう。

Chapter 4

ちょっとの「違い」で アピール度が２倍に。ES・６つの技術

通るESの要諦は①一行目でどんな人物かが分かる
②経験を数値化して具体的に説明する
③企業が必要としている能力を盛り込む。
この３点を踏まえていれば、「会ってみたい学生」のESに進化する。

技術1

「ガクチカ」は一行目が勝負

学生時代に力を入れたことの設問に、2人の学生が答えたとしよう。

A君は「学生時代に力を入れたことはサークルです」と書き出した。

B君は「サークル『全員』で勝ち取った初勝利」と書き出した。

どちらの書き出しのほうが、続きを読みたくなるだろうか。そう、B君だ。

採用担当者は、1日に数百枚のESを読む。**1枚にかける時間は、たった数分**だそうだ。精神的にも、肉体的にもヘトヘトな状況だ。書き出しで、いかに惹きつけられるかが勝負。読んでもらえなければ、当然落とされる。少しでも**続きを読みたくなるES**を書こう。

では、どう工夫すればいいのか。僕が指導してきたESの中で、書き出しが工夫されているものを次のページに記載しておく。参考にしてみてほしい。

一行目で読ませるESの書き出し

1.力を入れたことの「全体像」を伝える

「母校の水泳部のコーチとして、30名の指導に当たった」
「スノーボードサークルの環境改善をおこなった」
「人事コンサルティング会社で6カ月間の法人営業」

2.出した「結果」から伝える

「全員で勝ち取った100バンドの頂点」
「観客の半数が泣いてくれた学生最後の舞台」

3.組織の中の「役割」から伝える

「サークルの合宿責任者として企画と運営をおこなう。満足度が過去最高に」

「学生団体の渉外担当として、営業システムの構築と効率化を実施」

4.「前提」から書いて難易度を伝える

「未経験からのスタート、競技ダンスで全国大会出場へ」
「水恐怖症克服に向け、カヌー部で過ごした2年間」

技術2

とにかく「数値化」で、数倍伝わるエピソードに

自己PRのエピソードでは、**なるべく数字で表現するように工夫**しよう。なぜ数値化が必要なのか。それは、数値化すると読み手がイメージしやすく、説得力が増すからだ。

「参加人数が大幅に増えました」という抽象的な言い方より、「参加人数を100人から1000人に増やしました」と書いたほうが、リアリティを持ち、読み手にそのインパクトが伝わる。

つまり理解しやすいのだ。

数字とともに、具体的な描写も重要だ。例えばサークル活動で、定期的におこなうイベントでの集客を100人から1000人にするという目標を立てた場合。「次回、友達を連れてくると、ドリンク一杯無料」のクーポンを発行したなど、増えた人数を維持する仕組みをつくり、それがキープできているというところまで説明できるといい。

数字という定量的な指標に、具体的な工夫のエピソード、つまり定性的な内容を加えるのだ。

効果的な数字の入れ方

×イマイチな例

学生団体を設立してイベントを開催した
・想像以上に集客できて会場が満杯になった
・組織を大きくすることにも成功した
・やる気のある大学生を多数集めた

よくいる大学生に見える。
何をどれくらいがんばったのか伝わらない

⇓

○修正後

「一度きりの大学生活を全力で過ごす」をコンセプトに学生NPO法人の設立
・年に一度横浜の赤レンガ倉庫で開催、700名以上が来場した
（5年間続いている）
・6名だったスタッフも1年で60名になり、代々続く組織になった
・このイベントには都内で似た活動をする40団体にも声をかけた。これをきっかけに、後日、40団体の交流会も実現できた

これなら、読み手が疲れていても、頭の中にすっと入り、自然とイメージできる。

一度に何十、何百ものESを読んでいる採用担当者の気持ちになってみよう。数字が入ることで、規模のイメージがわく。

技術3

数値化できない場合は「切り口」を工夫する

では数値化できないような性質の行動やエピソードはどのように表現すればよいだろうか。がんばったことの成果を順位や売り上げなどの数字にしづらい場合がある。

その場合は「切り口」を工夫することで、印象的なエピソードにすることができる。

次のように書いてあったら読み手はどう思うだろう。「この成功は、自分の力によるものと自負している」。ごう慢な印象を受ける。チームで手にした成功を、「自分の力によるもの」と手柄を独り占めしている。一方、「メンバー全員に『この成功はお前の力がなければ絶対に無理だった』と言ってもらえた」。と書いてあったらどうか。内容は同じでも、違いは、「自己評価」なのか「他者評価」なのか、もっと言えば、主観的に「自分の力」と言っているのか、客観的な意見として言われているのかにある。**客観的な評価として書かれた内容は読み手にとって受け入れられやすい。**それは数値化と同じ効果をもたらすからだ。

このように、切り口を変えるだけで読み手の印象がまったく変わる。ほかの切り口も次のページに挙げた。参考にしてほしい。

切り口を工夫して伝えよう

・他者からの評価

例 | 部長に「きみがいたから成功できた」と言ってもらえた

・過去との比較

例 | サークル創設〇〇年以来、初めて改革に取り組んだ

・希少性

例 | 〇〇人の中でも1人しか選ばれない～

・巻き込んだ影響範囲

例 | 年齢、国籍、職業、所属大学など

・期間を区切る

例 | その年の上半期で一番

・場所で区切る

例 | 地区大会で最優秀、〇〇区エリアの7店舗で最高の成果

技術4

「名詞」の「中身」を確認する

「人事が学生に求める能力」の常に上位にある「コミュニケーション力」。

ここで考えてほしいことがある。

そもそも「コミュニケーション力」とは何だろうか。

複数の解釈ができる。次のすべてがコミュニケーション力だ。

1．サークルの交流会を「楽しめる力」
2．インターンシップで法人営業を担当し、クライアントから「信頼を勝ち取る力」
3．海外の名門大学への留学で、40カ国200人と寮生活を送った「絆を育む力」

どれもコミュニケーション力だが、発揮している能力の中身が違う。

採用担当者は、2と3は**評価する**。残念ながら、1は**評価されにくい**。広義に解釈できるからこそ、うっかり的外れな能力をアピールしないためにも名詞はその中身を確認しよう。

志望企業で求められている能力と一致しているかどうかを確認するのだ。

そして、そもそも自分がアピールしたい能力とその名詞が合っているかも忘れずに確認しておこう。

「リーダーシップ」という言葉にもいろいろな要素が含まれる

例えば「リーダーシップ」と一口に言っても、広範囲にわたる解釈がある。

1．コンセプトを打ち出して、みんなを引っ張っていくタイプ（強いリーダー）
2．仕組みづくりが得意で、環境を整えるのが好きなタイプ（縁の下のリーダー）
3．意見を集約して、同じ方向をみんなで向くのが得意なタイプ（調整型リーダー）

など

「リーダーシップ」「忍耐力」「継続力」「思いやり」「粘り強さ」多くの大学生が使う言葉だ。これらは定義づけてから、文章を書き始めよう

技術5 アピール度の高い行動を、優先的に伝える

行動の種類によってアピール度の序列がある。

塾の先生など「サポート的な立場での行動」をアピールする学生は多い。もちろんそれらの経験が悪いわけではない。しかし、人を支援するのもよいけれど、「自分が当事者としてがんばった経験はどうなのか。きみは当事者としてがんばれる人なのか」と思っている採用担当者も多い。

コンサル、金融、ITなど、一見サポート的な仕事や職種の業界であればあるほど、**サポート経験ではなく当事者としてがんばってきた実績のある人を求めている。**

例えば、戦略コンサル。当事者としての経験やリーダー経験がない人には、クライアントである事業会社の人たちの気持ちが分からないだろう。クライアントの立場に立ち、心を通わせることは難しいだろう。

サポートする側が本気であれば当事者側に近づけるが、それでも違いはある。机上の空論では通用しない現実の中で、言われたとおりのことだけ真面目にこなしてきた人よりも、**当事者として主体的に戦ってきた経験がある人**を求めているのだ。

行動の種類別に、アピール度の序列がある

よりアピール度の高い行動はこちら ↓

表面的な行動	<	自分のコアに直結した行動
受動的な行動	<	能動的な行動
1人でがんばる行動	<	みんなを巻き込む行動
メンバーの1人	<	実質的なリーダー
ただのまとめ役	<	何らかのアイデアの発案者兼まとめ役
サポートする立場	<	当事者としての活動
既定路線の創意工夫	<	コンセプトレベルでの発案者兼まとめ役
単発イベント	<	継続的な活動
多くの人がやっていそうなこと	<	コンセプトがユニークなこと
みんなと同じような工夫	<	独創的な工夫
すんなりうまくいったこと	<	困難を乗り越えたこと
対症療法的な変化	<	後々まで影響する構造的変化
そこそこレベル	<	突出したレベル
勉強系、あるいは肉体系オンリー	<	勉強系と肉体系の両方
マイナスから±0	<	結果としてプラスの話
結果で語る	<	過程と結果のバランスがとれた話

技術6

ESは全体戦略でバランスをとる

すべての項目を記入した時にどんな人物が浮き上がってくるか、各設問に記入する**内容のバランスを意識しよう。**

例えば、

□「個人プレー」のエピソードだけでなく「チームプレー」についても書かれているか
□「行動した」話だけでなくその動機も書かれているか
□「成功体験」だけでなく「失敗体験（と、それを乗り越えた経験）」も書かれているか

「学生時代に力を入れたこと」が個人プレーの人は、ほかの設問ではチームプレーをしたエピソードを書くなど、各項目のバランスをとるのだ。

特にがんばったことが「個人プレー」の人は注意しよう。

勉強、資格取得、研究、個人競技のスポーツをしていた人でも、過去を振り返れば、チームプレー経験はあるはずだ。勉強会や、合同練習、練習メニューの相談や、研究の助け合いなどはなかったか。思い出してみよう。ES全体で自分のことを最大限伝える戦略が必要なのだ。

バランスを意識して ESを書こう

個人プレー（マラソン）	⇔	チームプレー（バレーボール）
成功体験	⇔	失敗体験
勉強（ゼミ、研究）	⇔	課外活動（ボランティア、留学）
インドア（読書）	⇔	アウトドア（登山）
リーダー（とりまとめ役）	⇔	フォロワー（サポート役）

特に「個人プレー」のエピソードばかりに偏らないように注意

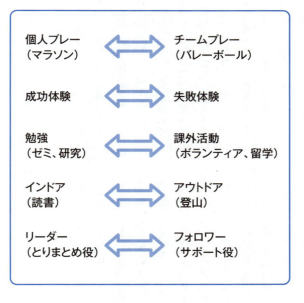

Column

書くべきか悩んでいる項目がある、きみへ

自信のないことは書きたくない。つい自分に都合のいいことだけを書きたくなってしまうのが、ES。みんな同じ気持ちだ。

だが、気をつけてほしい。採用担当者は、ESに「書かれていないこと」にも注目している。例えば、TOEIC®スコアが書かれていないケース。グローバル展開に力を入れている企業では、スコアが書かれていないと、「自信がないから書かなかった学生」と思われる可能性がある。この場合、面接で英語力について確認されると思っていい。

だからといって正直に「500点」と書かれていれば、「中途半端ながんばりしかできないのか」という印象を与えてしまう。

TOEIC®については、今からでも遅くはない。必死になって勉強し、面接で堂々と「今現在の具体的な努力」について語れるようにしよう。もしくは、「800点を目指している」と回答するのも手だ。

ほかにも、学生時代にがんばったことの欄に、うまくいったこと「のみ」書かれているケース。採用担当者は「その程度の難易度だったのか」や「残された課題から目をそらしているのではないか」と考える。

「採用担当者は、何を読み取るか」を想像しながら、書き進めよう。

Chapter 5

強い志望動機に磨き上げるための9つのアドバイス

目指すのは「書類通過」ではなく、「トップ内定」。
「ぜひ当社に来てほしい」と言われる、
誰でもできる志望動機の磨き上げの方法を大公開！

書類通過ではなく会ってみたくなる志望動機を書こう

内定の有無を決めるのは、ESに書かれた「志望動機」である。

志望動機はESのどの項目よりも注目されている。能力以前に志望度を見ている。人気企業ほどこの傾向がある。左のような設問からも、その真剣さが伝わってくる。

「具体的」に聞くことで、意欲を見る企業

□ソニーで何を実現したいか、自分自身の経験をどのように活かしたいかを踏まえ、上記職種を選んだ理由を記述して下さい。自分自身のことだけでなく、周りにどのような影響を与えていくのか、またソニーを選んだ理由が分かるように記述して下さい。（ソニー）

□あなたが三菱商事で挑戦したいこと、実現したい夢について教えてください。その際、特に興味のある分野や職種があれば、具体的に触れていただいても構いません。（三菱商事）

「複数の設問」で志望度を見る企業

□自社採用サイトの何に共感したか、志望理由（三井住友銀行、オリエンタルランド）

□グループを志望する理由、希望コースの志望理由（みずほフィナンシャルグループ）

「未来の企業や事業の姿」を聞きながら、志望度を確認する企業

□2024年、あなたはアマゾンの商品とサービスを統括している責任者です。今回、あなたは新しい商品とサービスをアマゾンで始めることにしました。あなたは何を始めますか？（アマゾン）

□今後、インターネットまたはオンライン広告はどう変わっていくと思いますか？（Google）

□10年後の電通で何をしていると思いますか？（電通）

自社を志望する学生の志望動機を、何百、何千と読む採用担当者だ。

本気の志望動機と、間に合わせの志望動機の違いは、すぐに見分けがつく。

「志望動機を読めば、2秒で落とすか・通すかの判断ができる」という採用担当者もいた。

では、どうすれば企業が「会ってみたくなる志望動機」を書けるのか。

特に重要な9つのアドバイスを、これからお伝えする。

このアドバイスをもとに、多くの我究館生が人気企業に内定している。

慣れない考え方や、すぐには理解できない部分があるかもしれない。

それでも、読み返すにつれ、自分に実力がついていくことに気づくはずだ。

さあ、さっそく読み進めよう。

志望動機を磨くための9つのアドバイス

ここで紹介するアドバイスを参考にすれば、一段高いレベルの志望動機が完成する。

逆に言えば、多くの学生がこの点を見過ごして、**完成度の低い志望動機**を書いている。

ここまで読み進めることができたきみなら、そんなに難しい内容ではない。

左の項目を見て「弱いな」と思うページからでいい。読み進めてみよう。

1. 企業選びの「軸」を明確に持つ
2. 企業選びの「軸」が生まれた背景を言語化する
3. 自分の「軸」と「企業」のつながりを考える
4. 他人と違った業界・企業研究をする
5. 企業のミッションを理解する
6. 激動する世界の動きを理解する
7. 志望企業の10年後をイメージする
8. 志望企業の課題を語れるようにする
9. 志望企業への提案（挑戦したいこと）を語れるようにする

志望動機を磨く 9つのアドバイス

1. 企業選びの「軸」を明確に持つ
2. 企業選びの「軸」が生まれた背景を言語化する
3. 自分の「軸」と「企業」のつながりを考える
4. 他人と違った業界・企業研究をする
5. 企業のミッションを理解する
6. 激動する世界の動きを理解する
7. 志望企業の10年後をイメージする
8. 志望企業の課題を語れるようにする
9. 志望企業への提案（挑戦したいこと）を語れるようにする

9つのアドバイスを1つずつ実践してみよう。
レベルの高い志望動機が完成する

9つのアドバイスを活かした文章のフレーム

9つのアドバイスを活かして、次ページのような文章を完成させよう。
まずは1社、**第一志望の企業の志望動機を完成させたい。**
採用担当者が思わず会ってみたくなるような、高い完成度に仕上げよう。

企業によっては、文字数の制約があるため、すべてを書けないかもしれない。
しかし、この9つの要素を意識した文章を完成しておくと、志望動機が書きやすくなる。

絶対に伝えたい部分だけ、ESに残す。
面接で伝えればいい部分はESには書かず、メモとしてとっておこう。

9つそれぞれは短い文章になる。それだけに重要だ。短い文章で表現するためには、多少コツがいる。そのコツを、次のページから詳しく説明していきたい。

志望動機は、この9つで構成されている

私は○○○○な社会を実現しようと思っている。そう
1. 企業選びの軸
思う背景は、私の幼少期の○○○○な体験からくる。
2. 軸が生まれた背景
貴社は○○○○な事業をおこなっているため、その思い
3. 軸と企業のつながり
が実現できると思い、志望に至った。

私は学生時代に○○な活動を通し、○○○○な力を身に
(自己PR・強み)
つけてきた。その能力と経験を生かし、貴社の○○事業

部の法人営業として○○のビジネスに携わりたい。
4. 5. 業界・企業研究、ミッションの理解による分析の成果
アジア経済が成長し、○○業界のマーケットも変化して
6. 世界の動き
いる。今後、貴社は○○な成長が期待できると考えてい
7. 10年後
る。その点において、私は○○が課題になるのではない
8. 企業の課題
かと考えている。

上記を解決し、私の思いを実現するためにも○○○○な

ことを貴社で新たに挑戦したいと考える。
9. 企業への提案

アドバイス 1

企業選びの「軸」を明確に持つ

「企業選びの軸は何か」

志望動機を作成する前にこれを明確にする。

採用担当者は、まずこれを確認する。

「しっかりと意志（軸）をもって就職活動をしている人」なのか。それとも、その場しのぎの就活生なのか。

では、「企業選びの軸」はどうすれば見えてくるか。

「社会に与えたい影響（Giving）」を明確にすることだ。

言い換えるなら、きみが「誰のために」「何のために」この人生を使おうとしているのか。

それを言葉にするのだ。

例えば「人の心を動かす仕事がしたい」と考え、軸にしている人の志望企業はどうなるか。

広告、テレビ、ネット業界の企業が候補になるだろう。

「広告の力で、人に感動を提供したい」

「テレビ番組で、人を元気にしたい」

「新しいネットサービスを通して、人の日常を明るくしたい」など。

手段は違うが、すべて「人の心を動かす」ことを仕事にしている。

もうひとつ例を。

「世界の格差をなくしたい」という思いを軸にしている人。

ゼネコン、インフラ、メーカーが志望企業になるだろう。

「途上国に、道や建物をつくり、経済成長の一助になりたい」

「水や電気を安定させ、国の安定成長に寄与したい」

「現地に工場をつくり、雇用を生み出したい」

先ほどと同様に、手段は違うがどの業界でも思いが実現するのが分かる。

軸は、一行目の文章にもなる。

「『途上国の発展に貢献したい』これが私の夢だ……」という具合に。

受ける企業の志望動機をすべて「軸」で書き出す人もいる。これも有効だ。

企業が違うだけで、同じ夢を追いかけるのだから。

アドバイス2

企業選びの「軸」が生まれた背景を言語化する

社会に与えたい影響は、いつ頃から育まれたのか。それが分かると志望動機に説得力が増す。経験上、きみの過去を3つの環境から分析すると見えてくることが多い。

1. 家庭環境

親や兄弟はどのような性格だったか。それをどう感じていたか。厳しい親だったのか。甘い親だったのか。

2. 地域環境

都会で育ったのか、田舎で育ったのか。海外に住んでいたことはあるか。そこに住みながら感じたこと、考えたことはどのようなものだったか。

3. 教育環境

学校の校風はどうだったか。共学か、男子校か、女子校か。自由な校風か。厳しかったか。

いくつか具体例を出そう。

・温泉街で生まれ育ったKさん

Kさんの生まれ育った街は温泉街だった。幼少期はとても栄えていた。しかし、月日が経つにつれ、競合となる観光地が増え、Kさんの街は閑古鳥が鳴いてしまった。「空間が力をなくすと、そこにいる人まで元気を失ってしまう」と幼心にいつも感じていた。このことからKさんは**「空間を通して人を元気にする」という軸**をもとに就職活動をおこなった。志望業界はデベロッパーや空間デザイン、アミューズメントパークなど。

・多国籍の学生寮で暮らしてきたY君

大学時代を、地方で過ごしたY君。留学生が多く通う大学だった。大学には寮があり、ほとんどの留学生はそこで過ごしていた。入学以来、その寮で30を超える国から来た200人以上の学生と毎日のように語り合った。彼らと心を通わせながら様々なことに挑戦した大学生活は、何よりも楽しい時間だった。Y君はこの経験から**「世界中の人と心を通わせ、価値を創造したい」という軸**をもった。志望業界は、商社、エネルギー、メーカーなどだ。

実際のESには、すべては書けない。しかし、一文でもこのような背景が添えられていると、説得力がぐんと増す。

アドバイス3

自分の「軸」と「企業」のつながりを考える

志望動機の中に書く**自分の「軸」と「企業」のつながり**を言葉にしよう。

軸をもとにして、志望企業を決める。そして、それらの企業をなぜ志望しているのか。どんなことをしている企業だから志望しているのか。「軸」と「志望企業」を**一本の線でつなぐ**のだ。

時々、自分の「軸」とは関係ない企業も受ける人がいるが、おすすめしない。なぜなら、その企業を受ける明確な動機がないことが多いからだ。そのため、（書くことが思いつかず）志望動機作成に時間がかかる。そうなると、軸に沿った本命企業である「第一志望」のES作成時間までもが奪われてしまう。これでは本末転倒だ。

これを読んでいるきみは、すでに軸が明確になっているだろうか。それが不安なままでは企業は選べない。当然、志望動機も書けない。不安が残る人は、いったん手を止めて我究に戻ろう（『絶対内定2027　自己分析とキャリアデザインの描き方』のワークシートに挑戦してみよう）。

自分の「軸」と「企業」のつながりを考える

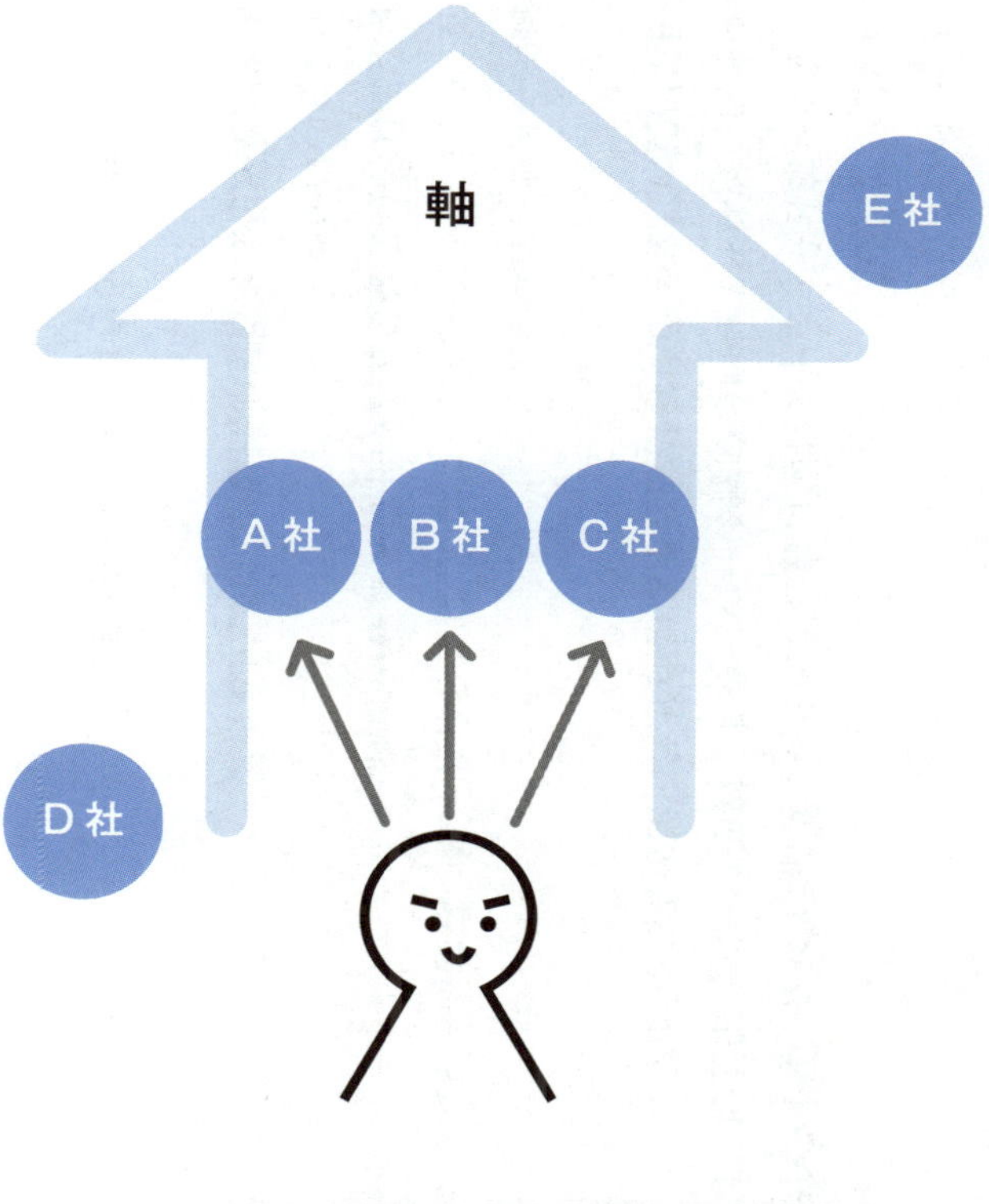

A社～C社は自分の「軸」に当てはまる。
D社、E社は当てはまらない。
となると、受けるべきなのはA社～C社だ

アドバイス 4

他人と違う業界・企業研究をする

志望動機のクオリティを決めるのは、業界・企業研究だ。

第一原則は、インプットの質と量にこだわる、ということ。

こだわるとはどういうことか。

ほかの学生がアクセスしていない情報を手に入れることだ。

アウトプットは、インプットによりつくられる。ほかの学生と違う情報をインプットしなければ、アウトプットで差別化することは難しい。

ほとんどの学生は、同じ媒体から集めた情報を組み合わせて志望動機を書く。

マイナビやリクナビ、就活ナビなどの企業ページ、企業の採用ページ、説明会、セミナーなど。限定的だ。学生が興味を持つポイントも非常に類似している。**結果として、ほとんどの学生が同じような志望動機を書いてしまう。**

まったく差別化できていないのだ。

それでは、ほかの人がアクセスしない情報とはどんなものか。

少し工夫すれば出てくる。参考までにいくつか挙げておこう。

・社会人訪問に力を入れる

年齢、部署、役職など、幅広い立場の人に会いにいくこと。「気楽だから」という理由だけで若手だけと会っている人がいるが、多面的に話を聞くように心がけよう。

・IR情報をチェックする

企業が株主向けに公開している情報だ。経営戦略や経営課題なども知ることができる。

・商品やサービスを使う（B to Cメーカーは特に）

なじみのない商品も使ってみる。家電などで高価な場合もお店に行って触ってみる。

・現地に足を運ぶ（デベロッパー、ゼネコンや商社は特に）

見て自分なりに「よかった点」と「改善点や問題点」をまとめる。「感動した」だけでは、一般人の目線だ。就職しようとしているのであれば提供者側の目線がほしい。

・転職サイトをチェックする

新卒サイトとは違った企業の一面が紹介されている。学生でも閲覧可能な情報は確認を。

・複数日程のインターンシップに参加する

実務を体験することで求められる能力が具体的に分かり、他者との差別化につながる。

アドバイス5

企業のミッションを理解する

激動の時代にある今、どこも生き残りをかけて大きく変わろうとしている。現在の社員だけでは決して成し遂げられない変革の起爆剤として、その**可能性、柔軟性を若手に期待**している。

自分から提案し、主体的に動ける人や**成長意欲のある人**をどの企業も求めている。このことをまず心に留めておいてほしい。

当然だが、受ける企業が上場企業なら公式ホームページの株主向け情報（IR情報）などから、

①企業のミッション（パーパス）
②近年の業績と現在の課題
③中期経営計画（未来の方向性）

をまずチェックしよう。

経営者のスピーチも動画として上がっていることが多いので見ておくといい。非上場企業なら、ホームページのお知らせ欄などを見てその企業が最近どのようなことに取り組んでいるのかを知っ

ておこう。

また、志望する企業や業界に限らず、大手企業や有名経営者のインタビュー記事を読んだり、世界経営者会議やＴＥＤなどでの経営者やグローバルリーダーたちのスピーチをYouTubeなどで見たりしておこう。

それぞれの企業は決して単独で存在しているわけではなく、いろいろな業界や社会との影響関係の中にある。

志望する企業の動向はもちろん大事だが、周りに対する興味関心も失わずにいたい。大きな社会の流れや業界の方向性を見ておくと、物事を俯瞰する力が養われ、業界研究にも深みが出る。

アドバイス6

激動する世界の動きを理解する

企業は今、生き残りをかけて優秀な人材を獲得しようとしている。そして、変革を遂げようとしている。

「世界の動き」とは、例えば「超少子高齢化による、人材不足の恒常化」や、「技術の進展によるAIの汎用化、実用化」に向けた動きなどだ。

この流れの中で、企業は、イノベーションを主導し、未来の幹部候補として会社を支えてくれる人と、AIにとって代わられる仕事をしている人を選別している。

激変する環境の中で、きみはどのようなビジネスパーソンでありたいのか。今までどおり、上からの指示を待ち、最適解が示されなければ、どのように動いていいのか分からないままでいるのか。AIが著しい進展を遂げる中、企業や社会に必要とされ続けられるように、自分で考え、課題を見つけ、その解決のために自ら行動できる人になるのか。

この視点が抜けている志望動機は、残念ながら評価されない。

世界の動きを押さえつつ志望動機を考える

日本の人口（予想）

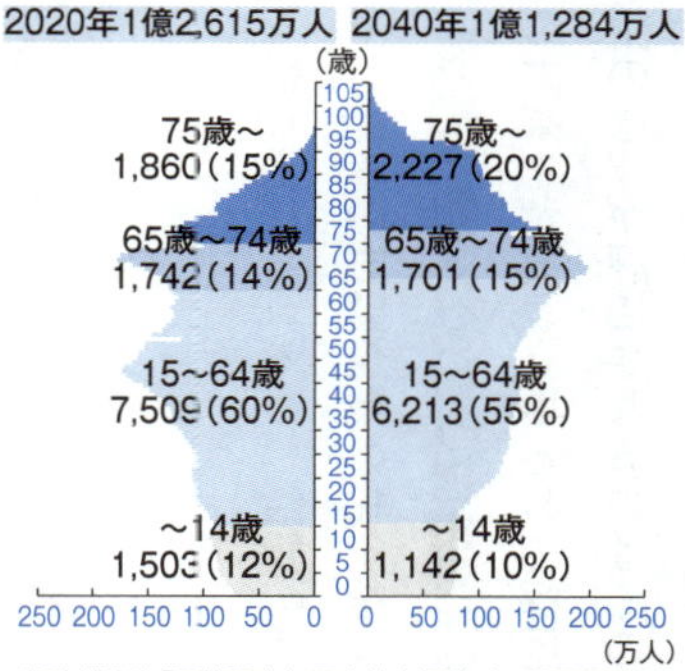

出所：総務省「国勢調査」、国立社会保障・人口問題研究所「日本の将来推計人口（令和5年推計）」出生中位（死亡中位）推計より加工

2050年のGDPランキング（予想）

順位	2024	2050
1	米国	中国
2	中国	インド
3	ドイツ	米国
4	日本	インドネシア
5	インド	ブラジル
6	英国	ロシア
7	フランス	メキシコ
8	イタリア	日本
9	ブラジル	ドイツ
10	カナダ	英国

出所：「2050年の世界 長期的な経済展望：世界の経済秩序は2050年までにどう変化するのか？」PwCより加工

業種別、AIによって自動化される可能性がある業務の割合

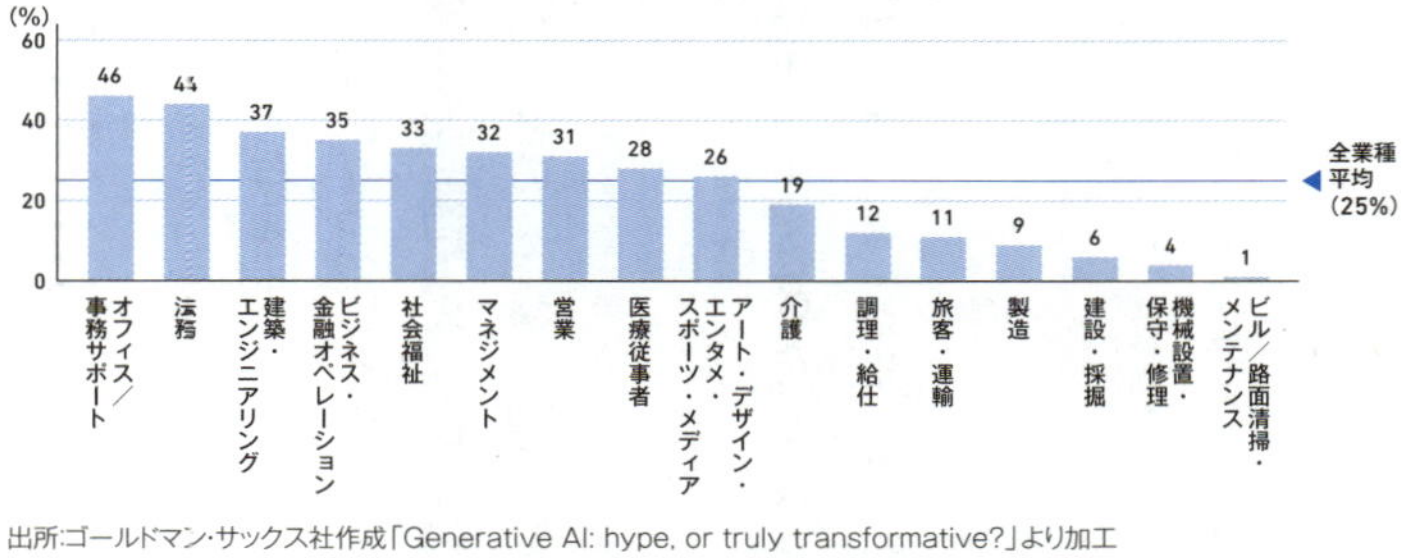

出所：ゴールドマン・サックス社作成「Generative AI: hype, or truly transformative?」より加工

日本の人口が減る中で、企業はいかに生産性を高められるかが問われている

アドバイス 7

志望企業の10年後をイメージする

10年後にその企業を盛り上げられるか。**活躍の予感**を志望動機から与えよう。

激動する社会の中で、きみの志望企業の10年後はどのような状況になっているのだろうか。

近視眼的に、**「今」勢いがある、という理由で志望している学生を企業は求めていない。**

きみたちは、会社の未来を背負う立場として採用される。その会社の10年後、20年後をイメージして志望している学生のほうが評価されるのはそのためだ。

10年で時代は激変する。

例えばインスタグラムが世に出たのが２０１０年。たったの15年ちょっと前だ。ＳＮＳによって、集客や広報など企業や個人の当たり前が大きく変わった。インフルエンサーが生まれ、世の中に影響を与えている。

次の10年。社会はどのように変化するのかを常に考えるのだ。

そして、志望企業はどうあるべきか。社会や世界にどのようなインパクトを与えていけばよいか。

自分なりにイメージしてみよう。

アドバイス8
志望企業の課題を語れるようにする

志望動機では、やたらと企業を賞賛しないこと。これが基本だ。

志望理由を探そうと「企業のいいところ探し」に明け暮れる就活生が実に多い。本当にそれでいいのだろうか。「商品が大好きで」「昔からなじみのある商品で」「サービスが大好きで」「日本が誇る」「番組に感動した」「広告に励まされた」など。ファンレターのような内容になる。

こういう人は、ファンのままでいてほしいため残念ながら採用されにくい。

「どうぞこれからも、お客様でいてくださいね」と、落とされてしまう。

組織は常に課題と向き合っている。競合の脅威、サービスの陳腐化、マーケットの変化、技術革新など。少しでも舵取りを間違えると、あっという間に組織は停滞し、沈んでいく。

この数年で、日本の大企業に巻き起こった逆風を見てみれば分かるだろう。

企業にとっての採用活動とは、その課題をともに解決してくれる仲間探しである。

企業のいいところや、自分との接点を探すことも大切だが、企業が抱える「課題」にも目を向けるようにしたい。その際、上から目線になってしまったり、単なる評論家で終わってしまわぬよう注意したい。主体的に「その課題を解決する人」であることも伝えよう。

アドバイス 9

志望企業への提案（挑戦したいこと）を語れるようにする

志望動機には、きみなりの企業への提案を書こう。

配属志望の事業部は今後どうなったらいいか。

現存していない事業で、その企業がやるべきことは何か。


激動する世界、**きみが働く10年後の世界**をイメージしながら、考えてみよう。

志望動機を通して企業はきみの意見に耳を傾けている。

そして、**きみの社会や世界に対する感度と、志望企業への本気度、つまり熱意を見ている。**

考えるのは難しい。いくら企業研究しても、見えてこないことも多い。

当然だ。企業の人たちも同様に苦しんでいる。だからこそきみの本気度が問われている。

その企業に入るということは、企業の未来を考え続け、カタチにしていくことだ。志望動機作成の段階で弱音を吐いている場合じゃない。そこで投げ出すくらいならば、最初からその程度の熱量だったということだ。

ダイレクトに「提案（挑戦したいこと）」を聞いてくる企業は多い。

例を挙げよう。

□あなたが三菱商事で挑戦したいこと、実現したい夢について教えて下さい。（三菱商事）
□就職希望先の1つとして日本銀行を選んだ理由、日本銀行の仕事を通じて成し遂げたいことについて述べてください。（日本銀行）
□スマートフォンが広告メディアとして、テレビCMと同じくらいメジャーな存在になっていくためには、何が必要だと思いますか？（LINE）
□あなたが博報堂／博報堂DYメディアパートナーズにおいて成し遂げたいことについて書いてください。（博報堂）
□パナソニックで仕事を通じてどんな夢を成し遂げたいか。（パナソニック）
□今後、Google がビジネスを伸ばすために必要なことは何だと思いますか？（Google）

ESでは、提案まで語り尽くせないかもしれない。それでも、面接で聞かれることが近年増えている。**「うちの企業、どうすればいいと思う？」**とダイレクトに聞かれるケースだ。自分なりに考えをまとめておこう。

Column

「志望動機」が書けない、きみへ

ところで、きみは今の自分に自信があるだろうか。「ない」と答えた人は要注意だ。納得のいく志望動機を完成することができない可能性が高い。

そういう人は、「やりたいことが分からなくなってきた」と言って、コロコロ志望業界や志望動機を変えてしまうのだ。

原因は自分自身の中にある。

「その夢を描いている自分のことを、心のどこかで信じられないでいる」のではないだろうか。「グローバルに活躍したい」と言いながら、自分にそんなことができるだろうかと思った。「人の心を動かしたい」と言いながら、人を元気にできるほど、自分自身に元気がなかったりする。

自分の語る夢（志望動機）に自信を持つためには、自分を信じる力が必要不可欠だ。

では、どうすればいいか。毎日挑戦をすることだ。小さなことから始めよう。小さい成功体験を自分に贈るのだ。部屋を片づけることからでもいい、今日から毎日1㎞走り続けることでもいい。

自分を信じられる状態、自分に対する信用を強くしていくことで、力強く志望動機を語れる自分になっていくはずだ。

Chapter 6

頭ひとつ抜きん出るESにする9つのチェックポイント

きみのESは、完成に近づいている。
だが、あわてずに最後のチェックだ。
「細部」にこだわる者こそが、内定を勝ち取る。

抜きん出るESを書くために

さあ、いよいよESの完成が近づいてきた。

ここまでの内容を実践していれば、かなりレベルの高いESが書けるはずだ。

しかし、それだけでは僕は納得しない。きみには**さらに一歩上のES**を書いてほしい。

落とされる要素を徹底的に排除し、通る可能性を最大化させるには、9つの工夫が必要だ。

中には「そんなことまで注意しないといけないのか」「そんなこと気にしなくても通過するのではないか」そう思う人もいるかもしれない。しかし、こだわってほしい。

「神は細部に宿る」

きみの人間性は、きみの能力は、きみの本気の志望度は、細部に宿るのだ。

ここまでがんばってきたきみならできる。どれも「微差」の範囲、ちょっとした違いである。せっかくいいESを書いたのなら、ぜひ次のページからの「9つのチェックポイント」を実践し、自分の力としてほしい。

抜きん出るESを書くための9つのチェックポイント

1. 提出期限よりも早く提出する
2. 資格と趣味で、人間的な魅力を伝える
3. エピソードの強弱ではなく、オリジナルの切り口で勝負する
4. 文章の読みやすさにこだわる
5. 写真にこだわる
6. （手書きESの場合）見た目にこだわる
7. （手書きESの場合）字が汚い人は「絶対ルール」を使う
8. （手書きESの場合）書類送付の際に気をつけるべきことを押さえる
9. 提出する前に、最終確認をする

ちょっとした「差」が
内定する・しないを分ける！

チェックポイント1

提出期限よりも早く提出する

「ギリギリの提出」と「余裕をもった提出」。

自分が上司だったら、どちらの人と働きたいだろうか。

ESの内容以前に、こういうところに「人間性」が出てしまう。

ESは締め切り直前に大量に提出される。採用担当者は、そこから短時間でESを読むことになる。結果的に、スペックや経験の派手さに目がいってしまうかもしれない。

早期の提出は、内容をじっくり読んでもらえる可能性が高まる。

この本を手に取ったきみは、内容で勝負ができるようになる。有利だ。

特に**スペックや経験に不安がある人にとっては、挽回のチャンスだ。**早く提出することで、本気度も示すことができる。

また、「一次募集」「二次募集」と、募集を複数回に分ける企業も見受けられるが、**必ず一次募集で提出する**こと。当たり前だが、二次募集以降は内定の枠が減っていく。今すぐ準備しよう。

ESの締切日と提出数の関係

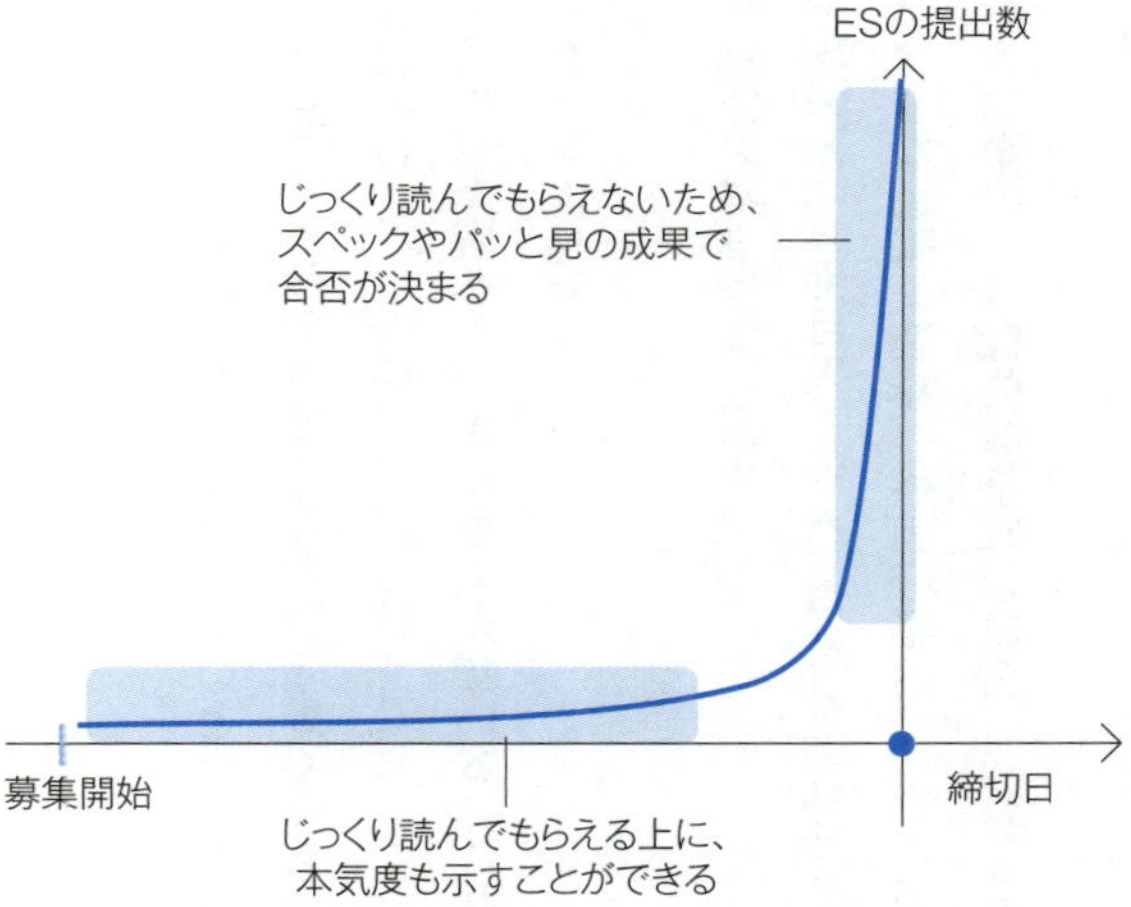

- □3日～1週間前には提出する
- □締め切りが発表されたら、すぐ手帳に3日～1週間前の「余裕を持った提出期限」を書き込む
- □必ず一次募集で提出する

チェックポイント2

資格と趣味で、人間的な魅力を伝える

資格について

資格の欄でも印象は大きく変わる。ただ書けばいいというものではない。「○○検定1級」や「TOEIC®900点」など**アピールできるものだけを書く。**ちなみに、レベルの低めなものは書かないほうがいい。例えばTOEIC®のスコアを書くなら、700点以上は必要だ。たまに3級や4級など、そこそこレベルの資格をたくさん書く人がいる。これはよくない。逆に「中途半端な人」という印象を与えてしまう可能性がある。

趣味について

趣味の欄で、**人間的魅力のバランスをとる。**

自己PRが、ゼミや**勉強系**（真面目系）の人。**自然と戯れるスポーツ**（登山、キャンプ、サーフィンなど）や**クリエイティブな趣味**（楽器、絵画、楽曲づくりなど）を書けるようにしたい。

逆に自己PRが**スポーツ系**の人は**知的な趣味**（読書、教養を磨く旅、学外での勉強）があるといい。

「バランスがとれる趣味がない」と思ったきみ。今日から始めればいい。面接までに「趣味です」と言い切れるほどに没頭してみよう。きみ自身、より魅力的な人になるはずだ。

資格について

×イマイチな例

普通自動車免許	大型自動二輪免許
PADIオープンウォーター	スキー検定1級
英検4級	TOEIC® 650点

⇩

○修正後

普通自動車免許　　大型自動二輪免許
スキューバダイビングライセンス(PADIオープンウォーター)
スキー検定1級　　TOEIC® 800点

*勉強もスポーツもハイレベルな人だと分かる

趣味について

×イマイチな例

ランニング、野球、ロッククライミング

⇩

○修正後

・ランニング(週2日、6km走っています)
・読書(歴史小説とアジア経済に関する書籍)
・海外旅行(24カ国滞在)

*具体的な内容だと分かりやすい。面接で話す内容も考えておこう

チェックポイント3

エピソードの強弱ではなく、オリジナルの切り口で勝負する

多くの就活生は「エピソードの強さ」で差がつくと思っているが、実は違う。

差がつくのはエピソードの切り口だ。

例えば、「テニスサークル」の場合。

「経験者と未経験者がモチベーションの差からもめる。その間に立ち、和解の方向に導いた」こんなエピソードをよく見かける。実行したことは素晴らしい。しかし、ほかの人も似たようなことを書いてくる。切り口が同じだと、どうしても差別化が図れない。

これは、留学にも、接客のアルバイトにも、部活にも言える。自分が書いているエピソードが「ありがちな切り口か」を周囲の友人の書くエピソードと比較してみよう。経験そのものを変えたり、ねつ造する必要などない。可能な限り**独自性の高い切り口を探せばいい**のだ。一見何気ないエピソードかもしれないが、その人にしか語れない何かがあることが非常に多いのだ。自分の経験に自信のない謙虚な人ほど、実は陰で素晴らしい努力をしているもの。「自分も結構がんばったじゃん」と思える話が必ずあるはずだ。

テニスサークルに所属する学生の書いた「工夫された切り口」

切り口1. 年上を巻き込む （先輩、コーチ、卒業生など）
卒業生に練習に協力してもらい、全員のモチベーションを高める協力をしてもらった。
切り口2. 共通の目標設定 （大会で入賞、ライバルチームに勝つことなど）
「学内のサークル対抗試合に勝つこと」を共通目標にして、チームをまとめていった。
切り口3. 仕組みづくり （練習メニューの改革、練習チームなど）
練習メニューや練習チームの編成を変えて、相互理解が深まる組織運営に変更した。

様々な切り口から学生たちに問いかけると、
よく聞くようなエピソードの中から、
驚くほど素晴らしい「その人らしい話」が出てくる

チェックポイント4

文章の読みやすさにこだわる

文章の中身以外でも、きみの人間性は伝わる。それは**レイアウト**だ。**小見出しや箇条書き、記号**を使うと文章が読みやすくなる。それだけで読み手（採用担当者）はストレスなくESが読める。どんな時も相手を気遣える人であることを「読みやすいレイアウト」を通して相手に伝えるのだ。

文章が読みやすくなる4つのコツ

1. タイトルをつける

2. 小見出しをつける

「〈背景〉〈課題〉〈解決策〉〈結果〉」や「〈背景〉〈行動〉〈得たこと〉」など。

3. 箇条書き・記号を使う

「・」や「1」「2」「3」を使う。これだけでも読みやすくなる。

4. 改行と段落分けをする

改行ができないESの場合は、「■」「：」などの記号を使う。

小見出しや箇条書きを使った例

×イマイチな例

私は、学生時代に社会人と学生が出会う機会が少ないことに問題意識を持っていました。そこで、学生と社会人が交流できる機会を生み出す学生団体を創設しました。当初、課題として学生が社会人と出会える場所がそもそもないことと、そのような場がどこにあるのかを知らないことにあると考えました。なので、活動内容は、学生と社会人の交流会や、SNSを活用した情報発信をおこないました。結果、3年間でのべ3000名の方に参加いただきました。

⇩

○修正後

【学生と社会人をつなぐ学生団体の創設】
□背景
大学1年の時に、大学生が社会人と触れ合う機会が少ないことに問題意識を持っていました。
その問題を解決すべく、学生団体を創設しました。
□課題
課題は以下の２点です。
1. そもそも出会える場がない
2. 出会える場がどこにあるかを知らない
□解決策
課題から、解決策を以下の２点にしぼりました。
1. 年間20回　学生と社会人の交流会を企画開催
2. 出会える場の情報発信をSNSでおこなう
□結果
イベントではのべ3000名の方にご来場いただくことに成功しました。

改行できない場合の記号の使い方

■就職軸について：就職先を選択する際、以下の３点を主要な基準として設定しております。1.自分の能力を最大限に引き出し活用できること。2.社会に対する影響力、貢献度が大きいこと。3.仕事自体を楽しめること。この３つの基準を最大化できる環境が貴社であると考えております。

チェックポイント5

写真にこだわる

重要なのは、レイアウトと文字だけではない。**きみたちのセンスが伝わってしまうのが写真だ。**センス以外にも写真に写っているきみの顔つきや雰囲気から、様々なものが伝わる。リーダーシップはあるか。努力はできるタイプか。コミュニケーションは得意か。などなど、写真を見るだけで十分すぎるほど伝わってしまう。だからこそ、ベストな表情・服装・髪型の、納得のいく写真を提出しよう。

絶対内定・写真5つのルール

1．口角を上げる（への字口はNG）
2．目に力を入れる
3．髪はセットする（目にかからないよう、特にサイドの広がりに注意）
4．明るめのネクタイを、指し色（アクセント）に使う
5．白のブラウス・ワイシャツで清潔感のある明るい雰囲気を目指す

同一人物でも ここまで印象に差が出る！

ES提出時から、もう勝負は始まっている。気の抜けた服装、表情ではもったいない。とことんこだわり抜こう。

チェックポイント6

（手書きESの場合）見た目にこだわる

今時手書きESを提出させるのには目的がある。**手書きESでは、センス・感性の違いが、見た目（ビジュアル）にそのまま反映されるためだ。**

レイアウト・デザインのセンスによって、読みやすいもの・読みたくなるもの・分かりやすいものと、そうでないものの違いが極めて大きくなる。次ページの例を見れば一目瞭然だろう。

手書きESで差をつける6つのコツ

1. もっとも大切な部分の文字の大きさ・太さを変える（変える箇所は1項目に1つだけにする）
2. 普段の倍の時間をかけて、ゆっくり書く
3. それ以外の大切な部分には、アンダーライン（直線・波線）で強調
4. 矢印などを活用し、スッキリ見せる
5. 枠いっぱいに書かない。枠の上下左右に5ミリ程度の余白をとっておく
6. 罫線が引かれている場合、罫線に対して下詰めで書く

手書きの場合も、チェックポイント4も参考に、見た目にこだわったESに仕上げよう。

「タイトル」「小見出し」「箇条書き」が見た目を変える

×

当社への志望理由を書いてください。

私は「世の中の人やモノの可能性を引き出し、生活を楽しむための仕掛けを作りたい」と考えている。貴社には「仕掛け」を作れるだけの人、ノウハウ、データ、実績、そしてクライアントやメディアへの多大な影響力を持っていると考え志望した。入社後は営業に挑戦したい。

大学時代、私は英語サークルの運営リーダーとして、イベントの企画、運営、広報活動を主に担当した。サークル運営の土台となることで、部員が活動を楽しみ、対外試合などで活躍するための舞台を整えたいと考えたためだ。

私は人やモノにはそれぞれ輝ける力があると思う。人やモノが輝くことで、生活者は生活を楽しめるのだと思っている。人やモノが輝ける力や可能性を引き出すのが「広告」であると考えている。広告を通じて、「可能性を引き出し、楽しんでもらう仕掛け」を提供していきたい。

○

学生時代に最も力を入れたことについて、自由に表現してください。

ドキュメンタリー映画上映会の開催 ～都内三ケ所にて

(出来事) 大学一年次初の海外体験となったフィリピンで見た世界と帰国後に知ったゴミ山で生きる人々がいるという見えない現実に衝撃を受ける。

(目的) 人に伝え、人に新しい発見を与えたい。世界の格差(貧困)について考えて欲しい。

(課題) 集客がどこまで見込めるか。

(対応) 街頭でのチラシ配布はもらってくれる人が少ない。
→お店や予備校へとターゲットを絞り、チラシを置いてもらえるよう粘り強く行動、交渉を繰り返す

(結果)
- 都内三ケ所で300名を超える集客
- 予備校にチラシを置いたことで高校生が来てくれた
- 中学教師の方から学年教材として使いたいとの反響を頂いた

(得たこと)
- 社会に影響を与える力が自分にあるという実感を得たこと
- 自分の想いから生じた行動がきっかけを創り誰かの心を動かしその瞬間を共有できたこと

ただ自分が書きたいことを書き綴《つづ》っただけのものと、読み手に伝えることを強く意識して少しでも読みやすくなるように工夫されたもの。きみならどちらを読みたいか。同じスペースでもレイアウト・デザインのセンスによってこんなにも違ってくる。タイトルや小見出し、箇条書き、改行の力は大きい。

チェックポイント7

字が汚い人は「絶対ルール」を使う
（手書きESの場合）

字が美しく達筆であることは、プラスの印象を与えることは間違いない。しかし、**字がうまくなくても、やり方次第できちんとした好印象を与えることはできる。**ここでは、字がうまくない人が絶対に守るべきルールを伝える。

字がうまくない人が守るべき6つの絶対ルール

1．初めに鉛筆で下書きをする
2．とにかく丁寧に。一画一画丁寧に書く。「とめ」「はね」「はらい」をしっかりと
3．助詞「は、が、の、を、に、と、へ」を小さく書く。特に「の」は小さく
4．漢字は少し大きめに、ひらがなは少し小さめに書く
5．「意味のかたまり」を意識して書く
6．キリのいいところで改行する

これらを強く意識して、丁寧に気持ちを込めて書いた文字は、必ず相手に伝わる。

大切なのは「大きさ」と「空間バランス」

×

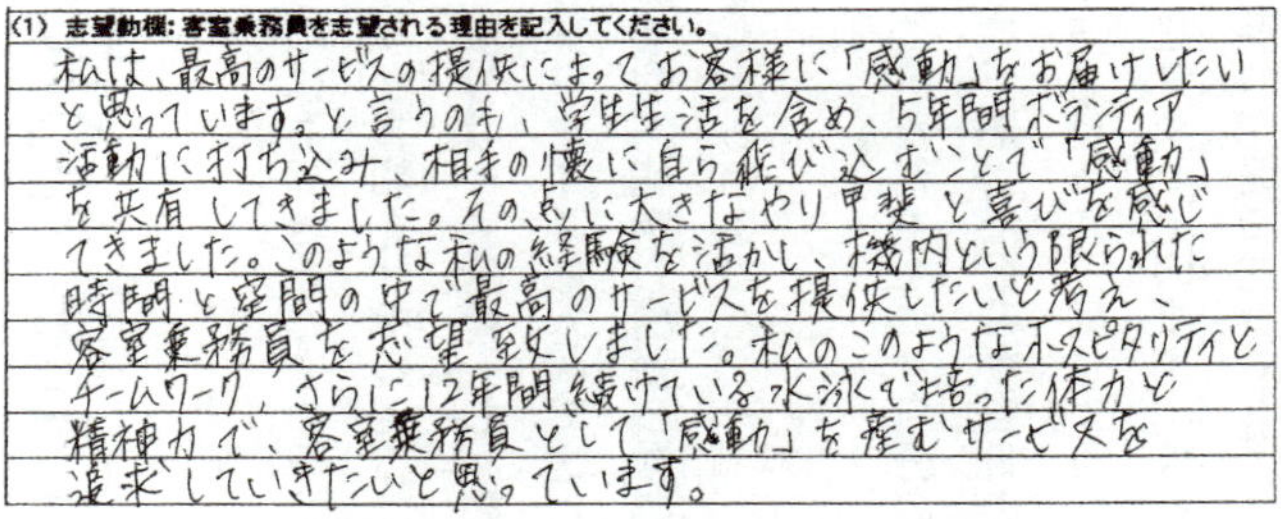
(1) 志望動機：客室乗務員を志望される理由を記入してください。

私は、最高のサービスの提供によってお客様に「感動」をお届けしたいと思っています。と言うのも、学生生活を含め、5年間ボランティア活動に打ち込み、相手の懐に自ら飛び込むことで「感動」を共有してきました。その点に大きなやり甲斐と喜びを感じてきました。このような私の経験を活かし、機内という限られた時間と空間の中で最高のサービスを提供したいと考え、客室乗務員を志望致しました。私のこのようなホスピタリティとチームワーク、さらに12年間続けている水泳で培った体力と精神力で、客室乗務員として「感動」を産むサービスを追求していきたいと思っています。

○

あなたがもっとも大切にしたい価値観は何ですか。あなたの考えを述べて下さい。

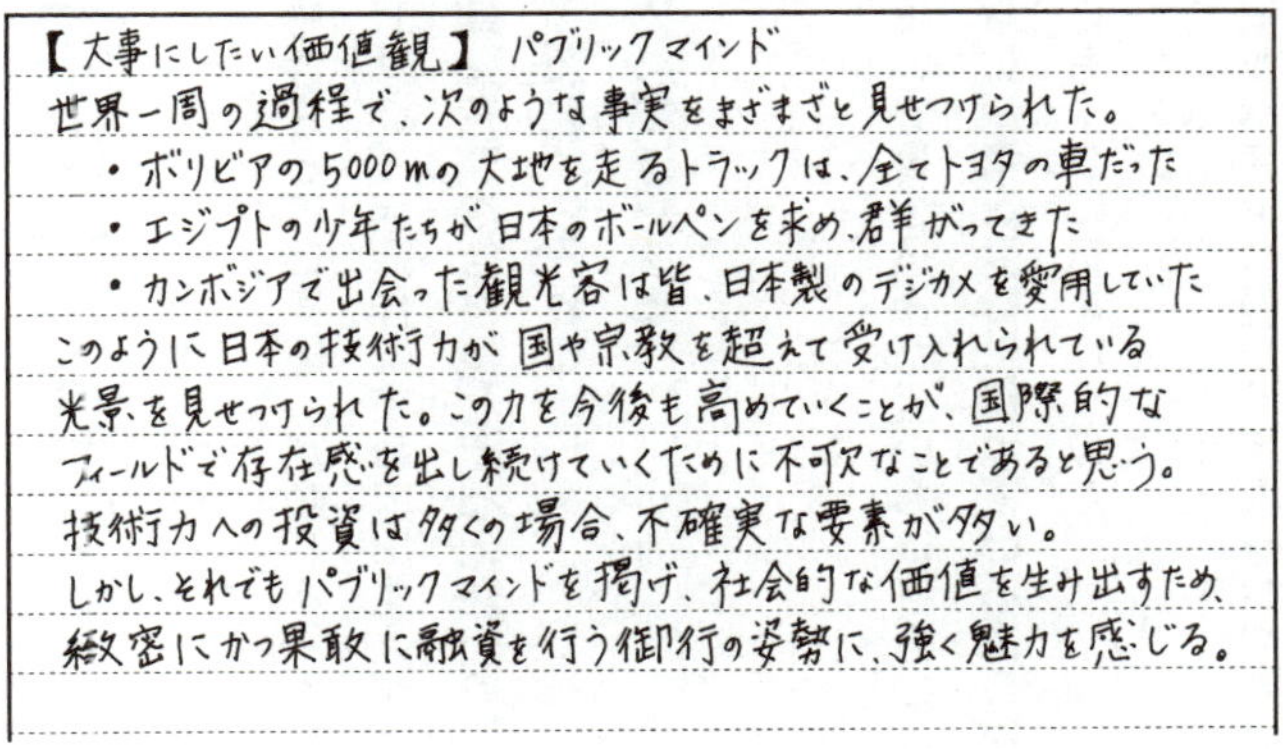
【大事にしたい価値観】 パブリックマインド

世界一周の過程で、次のような事実をまざまざと見せつけられた。

・ボリビアの5000mの大地を走るトラックは、全てトヨタの車だった
・エジプトの少年たちが日本のボールペンを求め、群がってきた
・カンボジアで出会った観光客は皆、日本製のデジカメを愛用していた

このように日本の技術力が国や宗教を超えて受け入れられている光景を見せつけられた。この力を今後も高めていくことが、国際的なフィールドで存在感を出し続けていくために不可欠なことであると思う。

技術力への投資は多くの場合、不確実な要素が多い。

しかし、それでもパブリックマインドを掲げ、社会的な価値を生み出すため、緻密にかつ果敢に融資を行う御行の姿勢に、強く魅力を感じる。

×の人、実はきれいな字である。達筆と言えるだろう。しかし罫線の縦幅いっぱいに大きく書かれていて、ひらがなも漢字と同じ大きさだ。そのため、空間（余白）がほとんどなく、窮屈な印象。

対して○の人は、一文字一文字、一画一画を丁寧に書いているのが分かる。そしてひらがなを少し小さく書くことで余白が生まれ、スッキリした印象。

チェックポイント8

（手書きESの場合）書類送付の際に気をつけるべきことを押さえる

ESを提出する際にも、きみたちのセンス・感性さらには気遣いが表れる。

サイズがバラバラな書類を、そろえることもしない。無造作に束ねて出す人がいる。

一方で、**可能な限りサイズを統一し、書類の端（角）をきちっとそろえた上で、クリップでとめる。**さらに、**クリアファイルに入れて送付する。添え状も入れる。封筒の宛名の文字や、切手も曲がらないようにして送付する。**

ここまで気を使う人もいるのだ。

ESは相手に見ていただくもの。自分の魂や思いを書き込んだ、いわば自分の分身だ。自分の代わりにアピールして、**送ったESが自分の代わりに選考を受けに行っているようなもの**である。だからこそ、面接で気を使うのと同じように書類にも十分に気を使うのだ。

きみの提出するESが、そのまま「きみ自身」なのだから。

受け取る側、相手の立場に立って考えれば、何がベストなのかイメージしやすいと思う。

例えば、どっちの書類の人を採用したいか

✕ サイズはバラバラで小さなクリップでとめてあるだけ

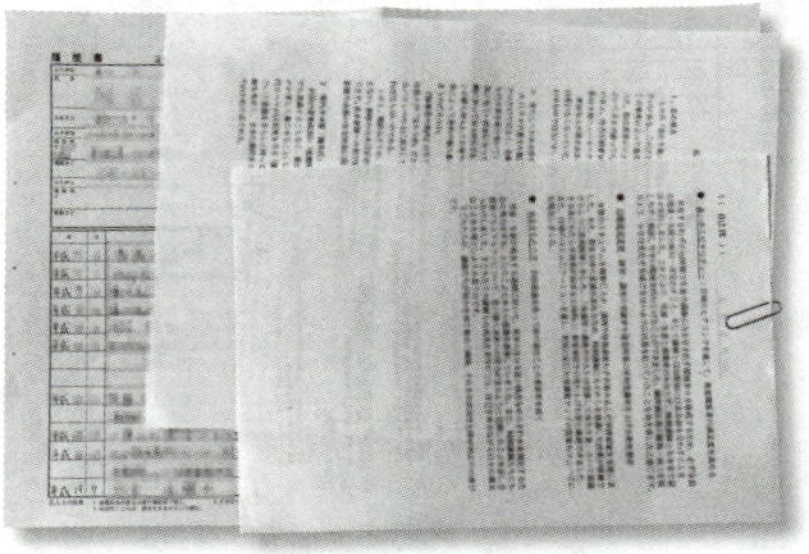

○ A4に統一されクリアファイルに入った書類

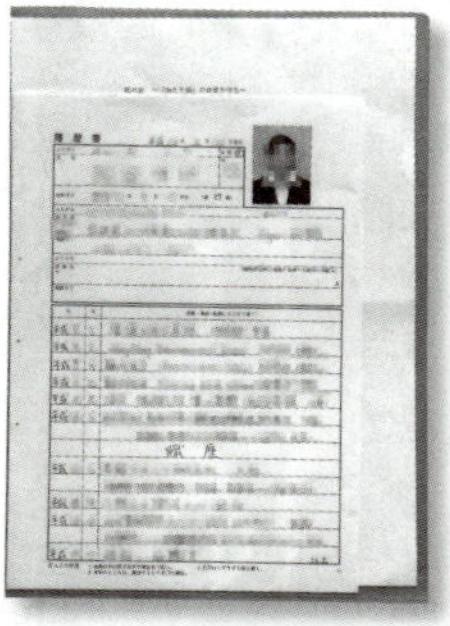

書類のまとめ方にもその人の人間性が如実に表れ、能力さえも勝手に推測されるもの。下のようにきっちりそろえてあれば、相手への配慮の行き届いた思いやりのある人、丁寧で信頼できる人柄、プロ意識の高い人という印象を与えるだろう。
ES を手に取り、中身を読む際にも、ポジティブな気分で採用担当者は読み始めることだろう。

チェックポイント 9

提出する前に、最終確認をする

ESを提出するその前に。

最終確認の意味も含めて、細かいところをチェックしよう。

そのためのリストを掲載して、このChapterを終えよう。

例えば**誤字脱字。たった一文字の間違いがあるだけで、とたんにESに書いてあること全体の説得力が落ちてしまう。**その一文字で、きみのES作成の努力が、いや、人生が左右されてしまうことだって十分にあり得る。繰り返しになるが、

「神は細部に宿る」

一手間を惜しまず、最後までやり抜く。そんなきみであってほしい。

きみが、「送信」ボタンを押したら。または、郵便ポストに投函したら、そのES（言葉）は採用担当者全員に届く。

書類選考の担当者だけではない。すべての面接官、役員、社長にも届くのだ。

そういった緊張感を持って、最後の確認をしよう。

提出前の確認事項

ミスのチェック

□音読する。誤字脱字はないか
（音読し録音したものを聴いてみる）

□設問と回答の内容は一致しているか
（Word などで文章を書いて、フォームにコピペしている人は要注意）

□手書きの ES は、文字がガタガタ、波打っていないか
（罫線を引いてから、文字を水平に書いているか）

文章の分かりやすさ

□文章としてテンポが悪いところはないか音読する

□一般人が知らない専門用語は使わない
（ゼミや研究内容、アルバイト先の専門用語は要注意だ）

□一文が長過ぎるものはないか。短いほうが読みやすい

言葉遣い

□略語を使わない
（就活→就職活動、バイト→アルバイト、新歓→新入生歓迎）

□文章では「貴社」、口頭では「御社」
（参考：貴行、貴庁、貴省、貴店、貴法人、貴協会）

□「すごく」「非常に」「とても」を使わない。子どもっぽい

□「です」「ます」調は、統一されているか

面接に向けて

□書いたものを印刷したか
（面接前に、必ず読み返してから挑もう）

Column

学歴に自信がない、きみへ

学歴は採用に影響を与えるのか。

たしかに、上位校の上位学部のほうが選考は有利に進む。

しかし、誤解のないように伝えておこう。ESの通過後、その影響力は下がる。

面接では、目と目を合わせ、会話し、評価を受ける。きみがほかの学生よりもしっかり話せていたのに、「学歴」が理由で落とされる可能性は低い。それであれば、ESの段階で落とされているはずである。

また、これまでの経験上、学歴だけを理由に落とす企業は10%もないのではないか。不利な学歴や留年、浪人、中退など、様々な学生を指導してきたが、みんな超難関企業に次々と内定していった。

不利な状況から内定した人には共通点がある。我究や社究はもちろん、TOEIC®などのスペックを高めることや、筆記テストの高得点に向けた猛勉強などの努力を怠らなかった。

また、面接で勝負するために、ESの内容を本当に大切にした。逆転の内定をした我究館生は、全員20回以上のES添削を受けている。

学歴が不利でも大丈夫。夢の実現のために今からできることを、全力で始めてほしい。

第2部

絶対内定する面接

Chapter 7

「面接」の全体像を把握する

ここでは就職活動の終盤であり、要ともいえる「面接」が何を意味し、どのような流れで進むのかを説明しよう。

内定までの「面接」の流れ

面接には種類がある。丁寧に学生を選抜する企業は、左図のすべてをおこなう。改めてそれぞれの内容を説明しておこう。

□**社会人訪問**：社会人訪問を受けた社員が人事に「学生の評価」を報告するケースが増えている。我究館の調べでは、ほぼすべての業界でおこなわれている。この評価によって、次に説明する**リクルーター面談**に進めるかどうかが決まったり、**本選考の面接**が優遇されたりすることもある。

▼詳しくはChapter 13

□**リクルーター面談**：面接の解禁日前に企業から学生に対して「面談」を持ちかけ、場を設けることを指す。解禁日前までに複数名と面談し、評価が高い学生は解禁日の面接1回で即日内定が出ることも。メーカー、金融、ゼネコンなどで活発におこなわれる。**実質的な「面接」だ。**

▼詳しくはChapter 13

□**グループディスカッション（GD）**：実施する企業は多い。「20代女性にこれから流行する商品を開発せよ」など正解のないものを題材に、4〜6人のグループで30分程度の議論をおこなうもの。**コミュニケーション能力などが見られる。**

▼詳しくはChapter 12

内定までの面接の流れ

非公式な選考の場

- 社会人訪問
- ▼
- リクルーター面談
- ▼

公式な選考の場

- グループディスカッション（GD）
- ▼
- 面接
- ▼
- 内定

上記すべてにそれぞれの対策が必要。
本書では、これらすべての対策を解説していく

何次面接かで形式が違う

面接は「何次」かによって形式が違う。話す相手も、持ち時間も違う。相手が違えば話す内容にも工夫が必要になる。次に挙げる代表的なケースを押さえておこう。

1次面接（※オンライン形式も増加）

面接担当者：30代〜の中堅現場社員（1〜2人）
学生の人数：2〜6人の集団面接
持ち時間：1人5〜10分程度

2〜3次面接

面接担当者：40代〜の部長クラス（1〜2人）
学生の人数：1〜2人
持ち時間：1人30〜60分程度

最終面接

面接担当者：50代〜の役員（社長）クラス（1〜4人）
学生の人数：1人（〜2人）
持ち時間：1人30〜60分程度

1次、2次～最終面接は
それぞれ形式が異なる

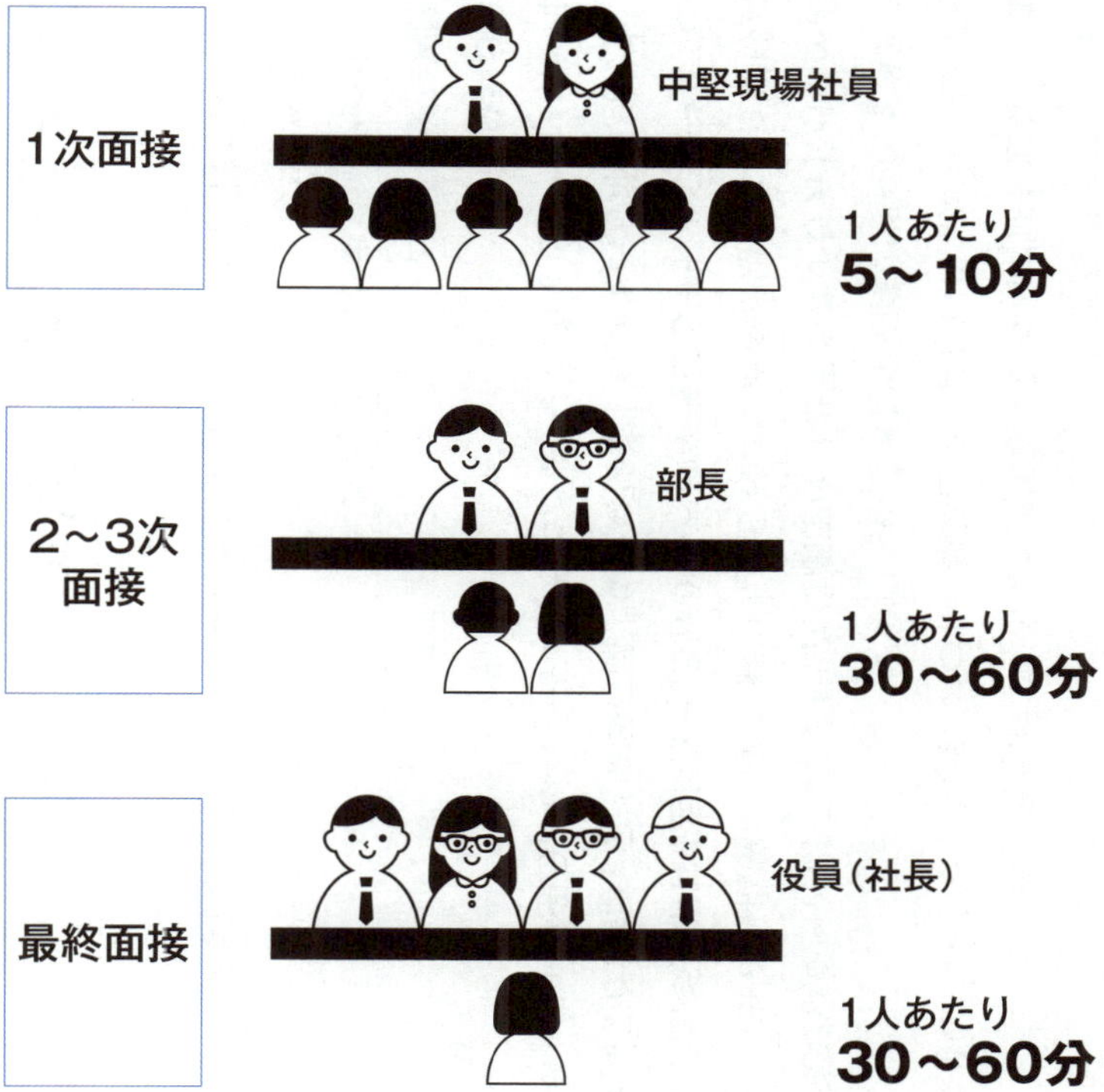

話す相手も持ち時間も異なる。
今が何次面接かしっかり把握しておくこと

面接での「評価」ポイント

何次面接かによって企業が学生を評価するポイントは異なる。それぞれの面接で、面接官が重視しているポイントは次のとおり。

□1次面接：コミュニケーション能力
□2〜3次面接：企業が求める能力
□最終面接：志望度の高さ

1次面接では、コミュニケーション能力（人当たりのよさや受け答えの明瞭さ）を見られている。ESは素晴らしいが、実際会ってみると「残念ながら一緒に働きたいと思えない」という人を落とすための場であることが多い。学生の印象を見ているため、1次面接は時間が短い企業が多い。

2〜3次面接では企業が求める能力を見られている。企業によって重視するポイントは異なる。業界研究と企業研究をして「求められる能力」を把握した上で、受け答えする必要がある。また、一緒に働きたいと思えるかどうかも重視されている。

最終面接は「志望度の高さ」だ。ここには、能力評価は「OK（問題なし）」という学生だけが残っている。最後は役員が「本当に当社で活躍する覚悟があるか」を判断する。

「何次面接か」によって、重視しているポイントが異なる

	コミュニケーション能力	企業が求める能力	志望度の高さ
1次	○		
2次		○	
3次		○	○
最終			○

前半は「能力」を見ているが、
後半は「志望度」を見ている

オンライン面接・動画面接【基本編】

オンライン面接や動画面接では、対面面接とは異なる準備や対策が必要だ。

□まずは通信環境の整備を

通信トラブルは第一印象を大きく損ねる。このため、一発勝負のオンライン面接では通信環境の整備が最重要だ。

通信ラグで面接が続行不可能になったり、そもそも指定されたURLにアクセスできず直前にあわててしまうなどの失態は避けたい。

大学などの多人数が使うWi-Fiは不安定になりがちなので、通信環境のよい場所を選ぶ。ラグが発生しないよう必ず事前確認をしよう。

□映り方に気をつける

画面への映り方に意識が向かない学生が多い。

服装、髪型はもちろん、**特にカメラの位置の設定ミス**がよく見受けられる。

下からあおるようなアングルで威圧的に見えたり、カメラの位置が低すぎて頭の上部が切れてしまったり、カメラから遠すぎたりするのも不適切だ。証明写真を撮る時と同じ要領で、肩から上が画面にしっかりと収まるように調整しよう。

また、間接照明などで、部屋が暗いと顔色が悪く見える。必ず明るい部屋で撮影しよう。顔色をよく見せ、元気で活力のある印象を与えるにはリングライトの使用も有効だ。特に新卒採用においては、企業は活力のある人材を求めている。

背景が整理整頓されていないのも残念な印象を与える。バーチャル背景を設定するなどして、不適切な物が映り込まないよう注意しよう。

一方で、**背景は工夫次第でアピールポイントにもなる。**応募する企業のコーポレートカラーに設定したり、バーチャル背景で自己ＰＲのスライドを映し出したりして、見事第一志望内定をつかみ取った学生もいた。

優秀な学生でも外見的要素は後回しになってしまいがちなので、録画をするなどして自分の映り方や話し方を確認しておこう。

オンライン面接・動画面接【実践編】

□対面よりもゆっくり、はっきり

対面の面接とオンラインでの面接では、聞き取りやすい声の大きさやスピードが異なる。慣れないうちは緊張で早口になってしまったり、普段より高い声になったりしがちだ。声が小さくて聞き取りにくいのも論外だ。**対面以上に聞き取りやすい明確な発声、滑舌が必要なのがオンライン面接。**家族や友人に協力してもらい、必ず事前に練習しておこう。

練習では1分で話せていたのに、本番では30秒で終わってしまうといったこともある。対面での面接よりも、ゆっくり、はっきり話すことを心がけよう。できているかどうか、何度も動画に撮って確認しよう。

□身振り、手振りは大げさに

オンライン面接では相手の反応が見えにくく、一方的な発信になりがちだ。

相手の反応が見えにくいからと言って、淡々としゃべるプレゼン調になるのは避けたい。相手の反応もしっかり見つつ、**結論ファーストで簡潔に伝えよう。**

また、面接官の発言を聞く際も、相手に伝わるよう、**うなずきなどのリアクションは普段より大**

きめにする。

自己PR用のスライドやパネルを作成して説明に使ってもいい。

□**企業側の視点**

複数の評価者による確認や、ハラスメントなどのリスク管理のため、オンライン面接は録画されていると考えよう。

発言内容に加え、対面では流れてしまう細かい反応も記録されていることを意識する。

画面上にメモを表示して読み上げたり、カンニングペーパーのようなものを使用したりすると印象が悪くなることも。

目が泳いでしまい、挙動不審に映るだけでなく、自ら考え、自分の言葉で語れていないと判断されかねない。

それでは、自己分析の不足を露呈することになってしまう。

Column

大企業が続々と導入する「AI面接」とは？

近年、オンライン面接や動画面接においてＡＩの分析を評価の参考にするケースが増えている。

応募者には知らせないまま、ＡＩが言葉遣い、音声、表情などを分析対象としていることもある。

これらはあくまで評価の指標の一つとして用いられるものであり、それのみで採否は判断していないと考えられる。

だが、ＡＩの導入によって、面接官も気がつかなかった自分の癖や仕草が認識される可能性もあるのだ。

面接でのＡＩの使用状況は開示されていないことがほとんどだが、ＡＩ面接の導入をすすめている企業の資料には名だたる大企業への導入事例が掲載されている。

だからと言って打つ手がないわけではない。対面の面接のノウハウだけでは通用しないからこそ、基本に立ち返り、自己分析と企業分析に基づいた、自身の心から湧き起こる志望動機を語ろう。

そうすれば自ずと熱意が面接官に伝わり、将来活躍する可能性を感じさせられるはずだ。

Chapter 8

絶対内定する「面接」戦略

本書は面接で話す「中身」と「見た目」の両側面から
面接を解説している。
どちらかがよければ内定というものではない。
両者がそろって初めて、最終面接を突破できる。
そのためには、両者を準備するための「戦略」が必要不可欠だ。

面接には「見た目」と「中身」の両方が必要だ

面接で評価される重要な要素は、**「見た目」**と**「中身」**だ。どちらが大切ということではない。両方あって初めて内定を獲得できる。

「見た目」とは、きみが無駄に**減点**されないための**自分の印象**だ。例えば、立ち居振る舞い、話し方や服装、髪型、表情、オンライン面接でのカメラ映りなど。面接官は話している内容以上に話しているきみを見ている。リーダーシップを語る学生に対しては「見た目や話し方の印象は人を動かすものか。本当に語っているようなことをしてきたのか」などを想像しながら面接している。

「中身」とは、きみが面接で**加点**されるために、必ず手にするべきものだ。**自己PRや学生時代に力を入れたこと、志望動機**のことだ。きみが何を主張しようとしているのか、面接官に何をアピールしようとしているかを、一度話しただけで伝わるよう工夫する。その上でほかの学生との差別化も考える。

「見た目」を整えることが得意な学生は「中身」が弱くなる傾向にある。表面を整えて就職活動を乗り切ろうとするが、中身がないために落とされてしまう。一方、「中身」は考え抜いているが、それを話す本人の「見た目」が整えられていないケースも多い。両方磨くことが重要なのだ。

面接官はここを評価する！

見た目　減点の対象

- 立ち居振る舞い
- 話し方
- 服装など

＋

中身　加点の対象

- 自己PR
- 学生時代に力を入れたこと
- 志望動機

＝

面接の評価

「減点」を極力抑え、
「加点」を増やしていこう！

「見た目」を磨いて、1次面接を突破する

繰り返し語ることになるが、見た目の影響は非常に大きい。

僕の知り合いの面接官は、次のような話をしている。

「1次面接を担当していますが、私に与えられている時間は短く、1人の学生を5分程度でジャッジしなければいけないのです。話している内容では判断がつかないので、見た目で合否を決めます。見た目とはイケメンか美女かとか、造形的な意味ではなく、**服装や話し方から伝わる、その人が持つ雰囲気やオーラのようなもの**ですね。そもそも『イマイチだな』と思う人が多くいるので、その人から落とします」（人材業界）

「2次面接では、じっくり話す時間があります。長時間話す中で内容もしっかりと聞く一方で、人物も見ています。**『一緒に働きたいか』を見る**ためです。どれだけ論理的に話をしていても、なんだか一緒に働きたいと思えない学生がいるのも事実です。知識面や論理性で優秀さを感じても、**印象が悪いと落とす**こともあります」（総合商社）

「最終面接では、印象の部分は無視できない。当社の場合は最終面接まで6回面接があります。そこまでの面接で能力などの優秀さはしっかりと確認されています。そのため、**話している内容だけでは差がつきにくい**のです。そこで注目するのが見た目です。話し方や表情、立ち居振る舞いも

しっかりと見ます。入社後に働いているイメージはあるか、幹部候補生としてクライアントの前に出しても恥ずかしくないかも含めて見ます」（大手銀行）

結局、何次面接だろうと、見た目が大きく影響していることが分かるだろう。なぜなら、きみは入社後にその企業の看板を背負うことになるからだ。

大学生が憧れるような企業に勤めている人と会ったことはあるだろうか。例外なく素敵な人ばかりだ。特に商社や広告業界は数ある中でも「人」で勝負している業界なので見た目にも気を使っている。説明会や社会人訪問を通して出会った学生は、ことごとく「素敵だった」と高揚しながら報告に来る。

能力の高い人であるほど、話す内容と同じくらい見た目にも気を使う。

少し思い返してみると、そうではないか。

きみたちの周りにいるリーダーが、リーダーとして堂々とした振る舞いをするように。

国のトップや大企業の経営者が、着る服やプレゼンのスタイルにこだわるように。

そして、僕たちがその印象によって、その人を判断するように。

「中身」を磨いて、最終面接を突破する

「見た目」の話をしてきたので、誤解を与えているかもしれないが、「中身」がなければ何も始まらないことを強調しておきたい。

最終面接で合否を決めるのは、やはり中身だ。

あくまで**見た目は、減点対象。**できていればいいが、それだけで最終面接を突破できるというものではない。できていなければマイナス。できていたとしても、加点にはならない。

一方で、**中身は加点対象。**

話す内容によって、面接官はきみを採用するかどうかを決める。

「自己PRを話してくれるが、**みんなこちらに媚びたような内容になってしまっている。**人事が『当社が求める人物像』として語ったものを、ただなぞって発言しているだけ。もっと本人が本当に大切にしてきた価値観や磨いてきた力、大げさに言うと生きてきた哲学のようなものを聞かせてほしい」（エンターテインメント業界）

「学生時代に力を入れたことは、みんな似たような話をする。サークルメンバーのモチベーション

を上げた話や、新入生歓迎会の集客の話など『王道』の話がある。質問をする面接官側の問題もあるが、**似た話をされると退屈してしまうのも本音。**魅力的に聞こえるように工夫をしてほしい」（大手広告代理店）

難関企業であればあるほど、選考が進むにつれて、優秀な学生しか残っていない。

「全国○位の実績」「○○人の集客に成功」「海外で○○なことを成し遂げてきた」など、明確にがんばってきたことがある人も少なくない。

実績勝負だけでは最終面接の突破は難しいのだ。

他者との差別化のために、自分の何をどのように伝えるのか、工夫が必要だ。

きみの大切にしてきた価値観、努力のプロセス、強みなど、どの話をすれば、面接官に興味を持ってもらえるのか、きみの魅力が届くのかを考えるのだ。

Column

最終面接まで複数社いくのに、すべて落ちてしまった優秀な学生

毎年、就職留年して、我究館の門を叩く学生がいる。努力や能力が足りないわけではない。むしろ一般的には優秀と見なされる学生が多く、「総合商社4社、最終で落ちました」「第一志望に最終で落とされました」と言う人がほとんどだ。学歴はMARCH以上、TOEIC®は800点以上、リーダーシップもあり人当たりもいい。学生時代に力を入れたことも語れる。書類や1次面接は通る。2~3次面接も高い割合で通る。

しかし、その通過率の高さゆえ慢心し、最後の最後で詰めが甘くなる。それまでと同じ内容で、最終面接を受けに行って落とされてしまうのだ。

何がいけなかったのか。最終面接は「志望度の高さ」を見られているのだ。本気でその企業で活躍しようとしている学生のみ、内定を得られる。落ちた人はそこをないがしろにしていた可能性が高い。

最終面接の案内を受け取ったら、そこからが最後の勝負だ。その企業で働く覚悟で、入社後自分がそこで活躍するイメージを明確に描き、自信を持って語り抜く準備をしよう。

Chapter 9

「自己ＰＲ」と「学生時代に力を入れたこと」対策

ここでは、面接で
「何を」「どの順番で」「どのように」考えればよいか、解説する。
きみが学生生活をどのように過ごしたとしても、
きみらしく自分をアピールできるよう、
あらゆるケースのサンプルを準備した。
きっと参考になるものが見つかるはずだ。

自己PRでは、価値観を語る

時代の変化とともに、有効な自己ＰＲも変わる。

今なら、**「私の強みは、●●だと思っています。それは△△（価値観）という思いがあるからです。実際に、その強みを活かして○○な結果を残してきました」**とするといい。

変化が速く大きい時代だからこそ、自分そのもの、すなわち自分の価値観を語ることだ。

企業は**強いメンタリティーを持った人材を獲得したい**のだ。

各社のＥＳを見ても、人気が高く競争率の高い、いわゆる一流企業ほど、その質問項目が変わってきた。

単純に強みを尋ねるものは減り、「これまでの人生における決断のシーン」や「どんな思いを持って挑戦したいのか」など、まさに**価値観を問う傾向がある。**

面接官には、どういう思いを持って生きてきたのか、きみの根底にある価値観を語るべきだ。

自己PRの作成方法

1. 行動事実

主体性を持って取り組んだこと

▼

2. 価値観・コア

それに取り組んだ背景や思い

▼

3. PRポイント

特に力を入れたこと・アピールしたい能力

▼

4. 結果

実績・得たもの・学び・今後の抱負

価値観を語るには、その価値観を育んだ背景（過去の経験や環境など）も語る必要がある。また、その価値観に基づいて打ち込んだこと、さらには、その価値観を持って将来どんなことに取り組みたいのか、ビジョンを語る。

ビジョンは、世界や社会の動きを踏まえたもので、なおかつ、そのことに触れた内容であることが望ましい。

過去の経験や環境を説明する時に、悲しかったことや悔しかったことを説明する必要がある時もあるだろう。その時はエモーショナル（感情的）にならないよう、**ごく簡潔に**語るようにしたい。

自己PRというと、いきなり具体的な詳しい話をし始める人がいるが、それはよくない。聞き手は興味のない「自分語り」にうんざりするだろう。それどころか、コミュニケーションが上手にできない人だと思われてしまう。これでは逆効果だ。

基本は30〜45秒。長くても1分に収める。詳細は不要、**ポイントを押さえて簡潔に語る**のだ。面接官が興味を持った部分を尋ねてくれたら、その時初めて詳細を伝えればいいのだ。

例

私は小学校から3度転校してきました。常識が少しずつ違う場所で過ごすことで、本当に正しいことは何かを追究する姿勢が身についたと思っています。また、周りに流されずに発想し提案する力も身についたと思っています。これまでバンドやサークル、ゼミなどでリーダーの経験をしてきましたが、将来は大きな世界でよりよい社会のためにリーダーシップを発揮していきたいです。世界に貢献するには、人々といい関係を築きながらも互いに自立して持続的に成長できる環境をつくっていくことが大事だと考えます。だからこそ世界の発展と安定を目指し、グローバルレベルでビジネスを展開していきたいと考えています。

例

私の短所でもあり長所でもあると思うことは、マジメであることです。幼少期の経験からか、人の期待を裏切りたくないという思いが強いです。マジメ過ぎて不器用な面もありますが、コツコツと着実に結果を出せると自負しています。

近年は、「挑戦した経験」を問われる傾向に

成否を問わず、これまでの「挑戦」について聞く企業が増えている。

コロナ禍以降のトレンドとして、「あなたが挑戦したことを教えてください」「これまでにしたことのある最大のチャレンジとはなんですか」といった、**何か挑戦したことについて聞かれる**ことが増えているようだ。

成否ではなく、何かに挑戦したこと、できれば自分の実力に比して、大きなことにチャレンジしたエピソードを聞くことで、人間性、志向、ポテンシャル、自分から動いていく力があるかなどを見ている。

エピソードは、トレンドとは関係なく、しっかり自己分析（我究）ができてさえいれば、過去の話でも、学業でも、課外活動でも、究極的には何でもいい。

自己PRとは本来非常にシンプルなものだ。「自分はどういう人間であり、どのような経験や能力があって、どのような目標を持っているか」という人間性を志望動機にからめて伝えられればOKだというところをしっかり押さえておいてほしい。

例

ベンチャー企業で営業の長期インターンに挑戦したことです。メールやFAXで営業連絡をしていたのですが、無視され続けて自信を失いかけました。しかし、先輩社員の営業を分析し、成約率の高い電話での営業に切り替え、話し方を研究することで、アポイント獲得率を向上させることに成功しました。特に、顧客のニーズに合わせた提案を徹底することで、3カ月後には新規契約を2件獲得することができました。この経験を通じて、相手に合わせたコミュニケーション方法の見極め方と、課題解決の重要性を学びました。

例

学生団体で地域活性化プロジェクトを立ち上げ、クラウドファンディングに挑戦したことです。当初100万円の資金調達を目標にしましたが、結果は目標の30%しか達成できず、プロジェクトは縮小せざるを得ませんでした。振り返ると、出資者へのリターンが明確ではなく、具体的なメリットを提示できなかったことが敗因でした。この経験から、計画の重要性と相手目線でものを考えることの大切さを学びました。

よりアピール度の高い「16の法則」を使って話す

同じエピソードでも、面接官が「またあの話か」と思うか、「この学生はしっかり考えて行動している」と思うか。**切り口の違いで印象はまったく変わってくる。**であれば、アピール度の高い切り口で話をするべきだ。ここでは16の法則を紹介する。

面接官に伝えたいのは、**きみが「組織で活躍する人材」である**ことだ。組織で活躍する人はどんな行動をしているだろうか。想像してみよう。

例えば「1人でがんばる行動」だけをアピールする人。

この人の評価は残念ながら低い。がんばってきたことはとても素晴らしい。しかし、面接官に伝えるべきなのは**「みんなを巻き込んだ行動」**だ。そのほうが組織での活躍を予感させる。

次の項からは、同一人物のアピール内容を、「Before」「After」で並べている。何を、どのように磨き上げれば、よりアピール度の高い内容になるのかが具体的に分かるはずだ。

きみの魅力を最大限アピールするためにも、16の法則を使いこなそう。

アピール度の高い16の法則

1. 表面的な行動より、コア(価値観)に直結した行動
2. 受動的な行動よりも、能動的な行動
3. 1人でがんばる行動より、みんなを巻き込む行動
4. メンバーの1人より、実質的なリーダー
5. ただのまとめ役より、アイデアの発案者兼まとめ役
6. 単なる改善より、コンセプトレベルからの改善
7. 単発イベントよりも、継続的な活動
8. 多くの人がやっていそうなことより、コンセプトがユニークなこと
9. みんなと同じような工夫より、ユニークな工夫
10. すんなりうまくいったことより、困難を乗り越えたこと
11. 今だけの改善より、後々まで影響する構造的変化
12. そこそこレベルよりも、突出したレベル
13. サポートする立場よりも、当事者としての活動
14. 勉強系あるいは肉体系オンリーよりも、勉強系と肉体系の両方
15. マイナスから±0よりも、結果としてプラスの話
16. 結果で語るのではなく、過程と結果のバランスをとる

切り口の違いで
きみの印象はまったく違うものになる!

アピール度の高い法則 1

表面的な行動より、コア（価値観）に直結した行動

なぜそれをやろうと思ったのか。どういう思いからそれをやろうというパッションが湧き出てきたのか。**自分のコアを踏まえて語る**ことだ。どんなにすごいと思える話も、思いや情熱が伝わらないと、どこか薄っぺらい印象になる。

左ページの Before を見てほしい。盛り上がったのは分かるが、話に深みがない。もったいない印象だ。次の点を、改めて考えてみよう。

□そもそもどうして学園祭で集客を増やしたいと思ったのか
□どうしてオークションをやろうと思ったのか。集客を増やすこと、オークションで盛り上がることを通して、何を実現したかったのか
□「オークションを実施する中」で、特にアピールしたいことがあるのだろうか（おそらくあるはず。それは何？）
□オークションが盛り上がった経験の中で、きみが一番うれしかったことは何か。どうしてそれがうれしかったのか

Before 表面的な行動の例

学園祭のイベント運営委員として、オークション企画を実施しました。学園祭の目玉イベントとして、集客力を高めたいと思い、オークション企画を提案。その際、出品を依頼したり、運営の指揮をとったりと活躍しました。その結果、昨年比2倍の集客を実現しました。

After コアに直結した行動の例

みんなが喜ぶために知恵を絞ること、そこに喜びを感じます。毎年盛り上がらない学園祭を盛り上げたい。でも、予算は限られていました。そこで、オークションを企画しました。商品は学内だけでなく、学外を含めたほぼすべてのサークル、さらには近所の商店街にも声をかけ、集めました。その結果、学園祭全体で昨年比2倍の集客が実現しました。どうしたら多くの人が喜ぶか、そのアイデアを練ること、それを形にしていくことに、私は何よりも喜びを感じます。

出だしのひと言がコアで、
最後にもう一度コアをプッシュしている。
このように具体例で見ると一目瞭然だ

アピール度の高い法則 2

受動的な行動よりも、能動的な行動

「受動的な行動」とは、たくさん音楽を聴いたとか、本を読んだとか、インスパイアされた経験のこと。それらはもちろん尊い。

だがそれよりも、楽曲をつくった、楽器を演奏してきた、バンド活動をしてきた、本を書いてきたという**「能動的な行動」のほうが評価は高い**のである。

イメージ的には、お客様側の立場での話ではなく、主催者側の立場の経験。ライブで言えば、聴衆ではなく、ステージサイド、あるいは主催者・運営者サイド。東京ディズニーランドであれば、ゲストではなくキャストの経験を語るべきだ。

例えば留学中の経験でも、受け身的に勉強した（インプットした）話ではなく、どれだけ教授や学校、ほかの学生に刺激を与えた（アウトプットした）のかという切り口で語る。

Before の例では、よくがんばったのだろうが、受動的な行動の枠を出ていない。授業を通じて、「同じ授業をとっている、ほかの学生や指導教授に与えたもの」は何かなかっただろうか。きっとあったはず。押さえておきたいモットーは出ているが、どんなことを追いかけていきたいのかは不明だ。

After との「違い」をしっかり押さえておこう。

Before 受動的な行動の例

大きな目標は小さな目標の積み重ねである、というのが私のモットーです。私がこのことを実感したのは、経済政策の授業です。毎週テストとレポートがある厳しい授業ではありましたが、毎回授業に出ているうちに、最初は意味が分からなかった内容についても理解が深まり、「継続は力なり」だと感じるようになりました。このことから、どんなことも確実に積み重ねていけば、最終的には大きな力になることを学びました。

After 能動的な行動の例

自分が本気でぶつかれば大きな影響を与えられる、それが私のモットーです。私がこのことを実感したのは、経済政策の授業です。毎週テストとレポートがある厳しい授業ではありましたが、毎回予習し、先生に質問をぶつけ続けるうちに、自分の理解が深まっただけでなく、先生や周りの学生のテンションが上がっていくのを実感しました。理論や過去の事例を学ぶだけでなく、現在の日米中の経済政策を議論することを教授に提案し、1コマ割いて活発な議論を実現することもできました。今後も自分から本気になることで周りを刺激し、大きな影響を与えていきたいです。

B級体験(単なる楽しい体験)から、
一気に特A級(主体的行動に基づいて多くの人を
インスパイアした体験)になった

アピール度の高い法則 3

1人でがんばる行動より、みんなを巻き込む行動

1人で何かをやるより、**みんなを巻き込んだ話のほうが評価は高い。**

例えば、趣味として1人でギターを練習するより、バンドを組んでやってきた人のほうが、評価は高い。ほかには勉強会を立ち上げた話、ボランティアグループをつくって活動した話など。**きみという人間が、周囲に対しどれだけ影響力を持てる人なのか。**

Beforeの例では、「行動すること」が具体的に何を指しているのか不明確。英語を聞き取れない状況から具体的にどんな行動をしたのか。だんだん聞き取れるようになってきてから、勇気を出してどんな行動をしたのか。聞き取れるようになってきてからの「行動」の中身や、どうしてそれをしたのかを加えることで、この経験からきみの価値観を伝えることができるはず。

さらに、行動することの素晴らしさ（行動することで得られるものがあること）を留学経験で知り、帰国後、どんなことにどういう思いで取り組んだのか。それこそが面接官の聞きたいことであり、アピールするべきことだ。

Afterと比較をし、アピールポイントが変わっている点に注目してほしい。

Before　1人でがんばる行動の例

大学2年の春、オーストラリアのブリスベンへ短期留学しました。最初は、先生やホストマザーの話す英語が聞き取れず苦労しましたが、3カ月を過ぎたあたりから、だんだん聞き取れるようになりました。最後には英語で自分の意見も言えるようになりました。何事も行動することが大切で、行動することで得られるものがあるということを留学経験で実感しました。

After　みんなを巻き込む行動の例

思い切って行動すること、後悔しないようにがんばることがモットーです。例えばオーストラリア留学では、最初は英語もよく聞き取れなかったのですが、思い切って課外のディスカッショングループに参加しました。帰国直前には、グループを代表してオーストラリア人の学生と2人で30分のプレゼンテーションをやるまでになりました。また、その過程で、本気でがんばっていると必ず誰かがサポートしてくれるということも知りました。これからも、みんなと共有できる感動を求めて、思い切って挑戦したいと思います。

**最初に大切にしている価値観を
語ることにより、人柄が伝わる。
また、周囲を巻き込んだ行動が入ることにより、
その価値観が本物であることを証明できている**

アピール度の高い法則4

メンバーの1人より、実質的なリーダー

当然、誰かがつくったものに参加したメンバーとしての行動よりも、**実質的なリーダー**としての行動のほうが評価は高い。さらに「創設者」であれば、0から1を生み出す力がある（無から有形のものをつくり出せる）ことが伝わるため、より評価は高い。

Beforeの例は、素晴らしい経験だと想像する。しかし、次のポイントを押さえた上で、もう一度語って（書いて）みよう。

本当に自信があるのは、忍耐力と体力だけだろうか。ほかにはないか。相手を慮《おもんぱか》った上で、具体的にどんなことをしてきたか（きみはほかの部員とどう違うのか）。何かリーダー的にやったことはないのか。

その大学の登山部は、きみが所属していたことで、どんなことが変わったか。きみが何か変革をもたらしたことはないか。登山部をもっと素晴らしい部にするためには、さらにどんなことがあるといいか。そのために何かやったことはないか。何か今できることはないか……。

役職が「リーダー」かどうかではない。**主体的に周囲を巻き込んでいれば、実質的なリーダーとして評価される。リーダーシップとは、ポジションではなくアクションだ。**自分の経験に照らし合わせて考えてみよう。

Before メンバーの１人の例

大学時代、登山部に所属し、毎年２カ月もの間、山での生活を送っていました。大自然の中での厳しい生活で培った忍耐力と体力には自信があります。また、２カ月もの長い期間、先輩や後輩と生活を共にすることでチームワークや相手を慮る力もついたと思います。素晴らしい景色の中で築いた友情は、一生の宝物です。

After 実質的なリーダーの例

私はみんなで力を合わせて目標を達成することに喜びを感じます。登山部に所属し、毎年２カ月もの間、山での生活を送っていました。大自然の中で、危険が伴う厳しい生活で培った忍耐力と、考え抜く力、みんなで気持ちを合わせる力には自信があります。例えばみんなの命を守るためにどのルートにするか、吹雪の中で立場を超えて本気で議論してきました。これからもみんなで力を合わせてより大きな目標を達成していきたいです。

少しアプローチを変えただけで、
友情だけでなく、真剣に頭を使ってきた様子や
遠慮なしに議論する中で培った友情が
ストレートに伝わってくる

アピール度の高い法則 5

ただのまとめ役より、アイデアの発案者兼まとめ役

組織の創設者やリーダーではなくても、よりよいものにするための**何らかのアイデアの発案者であれば、当然ながら評価は高くなる。**

Before の例でも、気持ちは伝わる。しかし、「本気になって接すれば分かってくれる」という趣旨の話が、具体例の中に入っていない。おそらく、自分が本気になることで、アルバイトの方々の仕事に対する真剣さや、シフトへのコミットメントがアップした（直前の休みが減ったなど）ということを言いたいのだろうと推測はできる。次のような疑問点をクリアにしてみよう。

□シフト調整役として、シフトがより正確かつスムーズになるように話し合いをしたこと以外に、何かアイデアは出さなかったのだろうか。きっと出したはず

□きみがシフト調整役を終えたあと、あるいはアルバイトを辞めたあとも受け継がれるような工夫を何かしただろうか。おそらくきみが一生懸命になることで、あるいは話し合いをすることで、よりよく変えた雰囲気は、少なくともしばらくは受け継がれるだろう。しかし、それをもっと確実なものにするためにできることはあるはず

Before ただのまとめ役の例

本気になって接すれば、人は分かってくれる。これはファストフードのアルバイトを通じて学んだことです。アルバイト・リーダーとしてアルバイト全員のシフト調整を任されることとなり、一人ひとりとじっくり話し合うことで、うまくシフトを組むことができ、急にアルバイトに行けなくなった時なども、お互い助け合って仕事をするようになり、アルバイトの団結力も高まりました。

After アイデア発案者兼まとめ役としての例

本気になって接すれば、人は分かってくれる。これはファストフードのアルバイトを通じて学んだことです。アルバイト・リーダーとしてアルバイト全員のシフト調整を任されたことがあります。一人ひとりと、希望のシフトをはじめ、感じている問題点やその改善案をじっくり話し合いました。その結果、うまくシフトを組むことができただけでなく、みんなのアルバイトへの姿勢やお店の雰囲気が変わったのを感じました。例えば、急にアルバイトに行けなくなった時なども、お互い助け合って仕事をするようになりました。このことはその後店長経由で本社に報告され、今ではほかの店でもアルバイト・リーダーの役割として共有されています。これからも、アイデアを出してみんなに喜ばれ、より大きな影響を与えていきたいです。

自己PRでは、現在進行形でやっていることを述べてもいい。結果が出ていることも大切だが、それ以上に「プロセス」を採用担当者は重視しているのだ

アピール度の高い法則 6

単なる改善より、コンセプトレベルからの改善

アイデアの発案にしても、よくある既定路線の中での創意工夫の話なのか、それとも、**そもそものコンセプトレベルから、新しい流れをつくり出した経験**なのか。実際、「(既定路線での) 創意工夫をしました」という話は、8割ぐらいの学生がすると思っていい。これでは「またか」で終わってしまう。

Before の例で、面接官が抱く疑問は次のようなものだ。

□どうして「そのまま使っていること」に疑問を持ったのだろうか
□どういう思いがあって「より分かりやすく改善」したのか
□演劇サークルについて、「よりよいもの」とはどういうものだと思っているのか

これらの切り口でもう一度考えてみるのだ。

ほかにも「なぜ?」で改善した話を、ゼミやアルバイト経験などから用意しておきたい。

このように、自分ががんばった背景にある思いや問題意識を話すだけで、ほかの学生よりも「ワンランク上のアピール」ができるようになる。

Before 単なる改善の例

常に「なぜ？」という問題意識を持って物事に取り組んできました。演劇サークルでは、毎年3年生が演じていた台本を「なぜそのまま使っているのか」と疑問に思い、台本をより分かりやすく改善しました。よりよいものをつくるために、これからも勇気を持って「なぜ？」と問いかけていきたいです。

After コンセプトレベルからの改善の例

常に「なぜ？」という問題意識を持って物事に取り組んできました。演劇サークルでは、もっと自分たちもお客さんも楽しめる演劇づくりを目指し、いくつかの改善をしました。例えば、毎年3年生が演じていた台本をより楽しく分かりやすく書き直しました。これにより、みんなが新しいものをつくるという新鮮な気持ちで練習にも本番にも取り組むことができました。より多くの人に喜ばれ、自分自身も楽しめるよう、これからも勇気を持って「なぜ？」と問いかけていきたいです。

思いが明確になった。
単に変えるだけでなく、変えたことで
どんな効果があったのかについても、
明確になっている

アピール度の高い法則 7

単発イベントよりも、継続的な活動

パーティーや会合などの単発イベントの話よりも、**継続的な活動のほうが評価は高い**。単発イベントだと主催者側の自己満足で終わっているケースが多い。継続してやることで初めて見えてくるもの、すなわち継続の中での**困難や喜びをどれだけ知っているのか**を見ているのだ。

Beforeの例は、単に「やってきたこと」の話になっている。「伝えたいことは何か」を今一度明確にしよう。

□ライブの運営を通して何を感じ、何を学び、自分の中でどのような変化があったのか
□企画の段階から、そもそもどんなコンサートをどんな思いで企画したのか

こんな具合で、がんばったポイント、工夫したポイントをすべて挙げてみよう。

おそらく出演バンドの仲間以上の思いで、彼ら以上のがんばりを継続的にしてきたはずである。それをアピールできるような「具体的な出来事」を見つけ出そう。

Before **単発イベントの例**

大学祭でのロックバンドのライブ運営を大成功させたこと。これが私の誇りです。最初はチケットが「完売しないかも」という不安がありましたが、声を出して「当日券あります」と校内を駆けずり回り、開演2時間前には完売しました。何事もあきらめずに最後までやることが大切だと感じました。

After **継続的な活動の例**

リーダーは何をするべきか、実際に行動しながら学んできたつもりです。自分たちでつくった音楽サークル代表として、全員でサークルの目標を決めたつもりが、つい各バンドの練習に夢中になり、結局、サークルの運営に関しては私1人で動いてしまうことが多かったことを反省しました。そのため、ライブ運営は全員に役割を持ってもらい、定期的な会議を持ちました。全員が8つのバンド活動と兼務する中での予定調整は難しかったですが、深夜の時間も利用しながら、引退までに10を超えるライブを実施できました。みんなで目標を心から共有すること、そして常に全体を見渡し、役割分担をし、責任を持たせることの大切さを胸に刻みました。

別人のように大人の印象を受ける。
シンプルに「成功しました」と言うよりも
ずっと、信頼性を高めさせる

アピール度の高い法則 8

多くの人がやっていそうなことより、コンセプトがユニークなこと

多くの学生がやっているようなことよりも、できれば誰もやっていないようなこと、その**コンセプトがユニークであることのほうが面接官の評価は高い**。

多くの人が当たり前と思っていることの延長線上の話をするのではなく、「自分はこう考える」という、**自分なりのコンセプトに基づいた行動**を語る。さらにそのコンセプトが新しければ、なお評価が高い。

Before の例のように、マラソン完走を語る学生は多い。

コンセプトを考える時に、次のような視点を加えると新たな切り口が見える。

□目標は全員完走することだったのか。目標タイムなどは設定しなかったのだろうか（出場者のほとんどが完走することを、多くの面接官は知っている）

□目標のためにどんな準備（工夫・トレーニングなど）をしただろうか

Before 多くの人がやっていそうなことの例

高い目標に向かってがんばればがんばるほど、達成感も大きい。大学2年の時に、ホノルルマラソンに友人4人と挑戦しました。仲間と励まし合いながら、自分にプレッシャーを与えることで、完走できました。この経験を通じて、自分の限界に挑戦することと、友人と同じ目標に向かって努力することの大切さを学びました。社会に出てからも、チャレンジ精神を持ってがんばりたいと思います。

After コンセプトがユニークなことの例

「中身も外見も美しくなること」を目指してきました。ダイエットのために女子4人でフルマラソンに挑戦しました。6カ月前から、週1回の練習を始め、結局週3回5キロのランニングで、4人全員、目標であった「一度も歩かずに完走」を達成することができました。友人と同じ目標に向かっての努力は、何よりも楽しく、当日歩きたくなった時も、力がわいてくるのを感じました。結果的に4人で合計13キロの減量に成功しましたが、それ以上に自分に自信を持つことができ、その後の学生生活ではゼミやアルバイトに全力投球できました。

**「挑戦」はきっかけだったと位置づけ、
それが自分と自分自身の行動に
どのような変化をもたらしたのか。
しっかりアピールできていることで、
ユニークさを感じる**

アピール度の高い法則 9

みんなと同じような工夫より、ユニークな工夫

何かをやる上でいくつもの工夫があるはずだが、**「みんながやっていないような工夫」をした話のほうが評価は高い**。

サークルやアルバイト、留学、ゼミに至るまで、学生がよく語る「同じような工夫」がある。その他大勢と同じ話をしていては、印象に残らない。きみにしかない工夫を見つけて話そう。

Before の例について、次のようなことを加味して、ユニークな工夫を考えてみよう。

□「生徒やほかの先生と徹底的に話し合う」ことで、きみは具体的に何を変えたのだろうか

□そもそもきみはどんな思いがあって塾講師をしたのだろうか。生徒に何を伝えたかったのだろうか。生徒に何を与えたかった（得てほしかった）のだろうか。本当にその手紙をもらったことが「何よりもうれしかった」ことなのだろうか

□きみが気づいたことは、ほかの講師にもプラスの影響を与えたのだろうか。将来の講師には受け継がれるのだろうか。それともきみの生徒だけがたまたまその恩恵を受けたのだろうか

Before　みんなと同じような工夫の例

塾講師のアルバイトを通じて得たのは、「相手の気持ちになって考えることを忘れてはいけない」ということです。生徒から「先生の授業は分かりにくい」と言われ、どこが分かりにくかったのか、生徒やほかの先生たちと徹底的に話し合いました。相手の話に耳を傾けることで、生徒たちから「分かりやすい授業ありがとう」と手紙をもらったことが、何よりもうれしかったです。

After　ユニークな工夫の例

塾講師のアルバイトを通じて学んだことは、「本気になることの大切さ」です。生徒から「先生の授業は分かりにくい」と言われ、どこが分かりにくかったのか、生徒やほかの先生たちと徹底的に話し合いました。また、自分の授業を録画し、話のスクリプト全体としゃべり方を研究しました。突き詰めた結果気づいたのは、実は教え方やしゃべり方よりも、生徒の成長を願う気持ちが自分には足りなかったということでした。最終的に「分かりやすい授業ありがとう」と手紙をもらったことが、何よりもうれしかったです。大切なことを生徒に教えてもらいました。

取り組みの工夫もおもしろいが、
それ以上に、そこからの気づきや
学びも素晴らしい

アピール度の高い法則 10

すんなりうまくいったことより、困難を乗り越えたこと

すんなりできそうなことよりも、**大きな困難を乗り越えたことこそ評価は高い**。

結果の成否や成果の大小の話をしているのではない。

きみが、きみなりに困難を感じ、乗り越えた経験を面接官は聞きたいのだ。

Before の例では、すんなりうまくいったことのように受け止められる可能性がある。

笑顔のことをアピールしたいのであれば、笑顔を引き出すことの難しさを添えるだけでがんばった様子が伝わるだろう。

□笑顔であるために、自分が工夫していることにはどんなことがあるのか

□「お客様のニーズ」を把握しようとしてきたと思うが、具体的にはどんなふうにおこなったのか。具体的にどんなことがあったのか

アルバイト先では様々な宴会があったことだろう。宴会の趣旨によって工夫したことがあったのではないか。そのあたりが見えてくると、より「乗り越えた」話として伝わるだろう。

Before　すんなりうまくいったことの例

私は「お客様の笑顔が何よりの喜び」をモットーに、学生時代、ホテルの宴会場でのアルバイトに励みました。接客のアルバイトを通じて「笑顔が笑顔を呼ぶ」ということを、身をもって学び、いつでも笑顔を絶やさないよう気をつけました。これからも、1人でも多くのお客様が笑顔でホテルを後にするよう、お客様のニーズに合ったサービスと笑顔を提供していきたいと思います。

After　困難を乗り越えたことの例

私は「お客様の笑顔が何よりの喜び」をモットーに、学生時代、一流ホテルの宴会場でのアルバイトに励みました。接客のアルバイトを通じて「笑顔が笑顔を呼ぶ」ということを身をもって学び、プロとしていつでも自然な笑顔を絶やさないよう気をつけました。お客様の要望レベルが高く、ちょっとしたミスが大きなクレームになるのを何回も見てきました。そのため、宴会の趣旨に合わせ、それにふさわしい笑顔や雰囲気づくりも心がけてきました。これからも、1人でも多くのお客様が笑顔でホテルをあとにするよう、お客様のニーズに合ったサービスと笑顔を提供していきたいと思います。

**少しの追加だけで、
仕事場の緊張感、
難易度、困難が伝わるようになった**

アピール度の高い法則11

今だけの改善より、後々まで影響する構造的変化

とりあえず今だけの改善より、自分の引退後、卒業後まで影響力が残るような**「構造的変化を生み出すような工夫をした話」のほうが評価は高い**。新しい流れは一時的なものだったのか、それとも脈々と続くものなのか。

Beforeの例では、自己満足の印象を受ける。その時にケガがなかったのはよかったが、再発はないと言い切れるのか。次のような切り口で再度考えてみたい。

□事前に予測できなかったことは反省するべきである。「無事にライブを成功させることができました」という文章のトーンも考えたい。たまたま無事に終えられただけではないのか

□「皆さんイスを押さえてください」以外に何をしたか。当然ながらその後のライブのため、再発を防ぐために安全面で工夫したこともあるはず

そういったことも考えて再度、アピールするべきことは何なのか考えるのだ。

即座の判断力があること自体は素晴らしいが、それをアピールするからには、事前の予測力や緻密さ、あるいは粘り強さなどとセットにしてアピールしないと不安を与える可能性がある。

Before 今だけの改善の例

どんな状況でも即座に判断ができるのが私の長所です。軽音楽部の学内ライブをおこなった際に、突然客席が次々と倒れるというアクシデントに見舞われましたが、演奏中にもかかわらず舞台上ですぐに「皆さんイスを押さえてくださいっ」と声をかけたため、ケガ人も出ず無事にライブを成功させました。

After 後々まで影響する構造的変化の例

どんな状況でも即座に判断ができるのが私の長所だと自負しています。軽音楽部の学内ライブをおこなった際に、客席が突然倒れるというアクシデントがありました。演奏中でしたが、舞台上ですぐに「皆さんイスを押さえてくださいっ」と声をかけたため、ケガ人も出ず、無事にライブを終えることができました。この経験からライブの演奏準備にばかり注力しがちな部の体質を改善し、会場設営の人員を増やしました。綿密な打ち合わせの上、来場者に危険が及ばない会場準備を徹底しています。

会場設営の人員を増やすことで
再発対策をとることができている。
この部は、今後もしっかりと取り組んでいくだろう

アピール度の高い法則12

そこそこレベルよりも、突出したレベル

客観的にも突出した結果を出せた話のほうが、当然評価が高い。

しかし、**結果をことさら強調しないこともポイントである**。結果を誇らしげに言えば言うほど、子どもっぽくなる。結果はあくまでさりげなく、淡々と。しかしながら堂々と明確に語るのだ。

Beforeの例を改善するならば、次のようなことを考えてみよう。

□「楽しんで学ぶ」ことは大いに結構だが、3カ月間どれぐらい楽しかったのか。勉強など、途中から飽きてくるものをどれだけ楽しめたかで、きみがどれほどに徹底して努力できるタイプかが分かる

□がんばってみて、「さて、何点取れたのか」というスタンスよりも、「何点を目指してどうがんばったのか」というスタンスのほうが、結果にこだわるプロ意識を感じさせる

アピールする際に、出した結果や努力の量だけを語る人が多いが、それではもったいない。「なぜそれをやろうと思ったのか」や「プロセスで大切にしたこと」など、**きみの人となりが伝わるような話を入れたい**。

Before そこそこレベルの例

私は「楽しんで学ぶ」工夫をすることを、常に心がけています。TOEIC® テストの勉強も、楽しみながら続けるにはと考え、洋楽CDや洋画のDVDを何度も聴きながら勉強しました。その結果スコアが3カ月で300点もアップし、920点になりました。

After 突出したレベルの例

TOEIC® 920点を取得するために継続的に勉強したことです。英語に関してはTOEIC® スコアよりも、リスニングや会話など使える英語力を身につけようとしてきました。「努力は苦しいものではなく、楽しんでやるもの」と常に考えてきたので、洋楽CDや洋画のDVDなども使って学んできました。1日3時間、週21時間の勉強を自分に課し、自分との約束を徹底して守ってきました。スコアが取れた時に、結果以上に、そのプロセスで徹底して努力することの大切さを学ぶことができました。

結果も素晴らしいが、そのプロセスからも徹底して努力する人であることが伝わってくる

アピール度の高い法則13

サポートする立場よりも、当事者としての活動

誰かのサポートをした話よりも、**自分が当事者として前線に立ってがんばった話のほうが評価は高い**。サポートする立場であっても、主体的なアクションを伝えよう。

マネージャーとしての活動も、実はサポートの域を超えて選手やコーチ以上に真剣だったはず。大会前の場の雰囲気調整の話もいいが、それ以外でも継続的に心がけていたことがあるはず。それをしっかり伝えるのだ。

Beforeの例であれば、次のようなことを考えると当事者としての切り口が見えてくる。

□マネージャーの役割は何だったと思うのか
□どういうサークルであってほしいと思っていたのか
□きみが選手や部長と同様に、あるいはそれ以上に本気になったのはどんなことか
□きみは先輩マネージャーと比べて何が違うのか（どういいのか）
□きみは後輩マネージャーに、どんな影響を与えたのか（後輩マネージャーがもっと素晴らしくなるようにどんな工夫をしたか、あるいはしているか）

Before サポートする立場の例

私が大学生活でもっともエネルギーを注いだことは、スキーサークルのマネージャーとして、仲間をサポートしてきたことです。大会前にはリラックスしてもらうよう、積極的に声をかけたり、逆にやる気が足りない時には場を引き締める厳しい言葉をかけたりして雰囲気を調整しました。その結果、サークル対抗の大会では10サークル中3位の総合成績をおさめました。今後もこの経験を御社で活かしていきたいと考えます。

After 当事者としての活動の例

雰囲気を読み調整することや仲間に勇気と安らぎを与えることが私の強みだと思います。大学生活でもっともエネルギーを注いだことは、スキーサークルのマネージャー活動です。厳しさと一体感をつくり出せるよう、夏場の練習から全体の雰囲気と、一人ひとりの状態把握に努め、状況に応じて声をかけ、率先して仕事に取り組むことで場を調整してきました。その結果、サークル対抗の大会では10サークル中、この10年で最高の3位の総合成績をおさめました。今後もこの経験を御社で活かしていきたいと考えます。

**当事者として活躍したことが伝わる。
マネージャーとして選手のパフォーマンスに
どれだけプラスの影響を与えられたか。
「本気の絆」の影響力の大きさを、面接官は知っている**

アピール度の高い法則14

勉強系あるいは肉体系オンリーよりも、勉強系と肉体系の両方

勉強の話もスポーツの話も素晴らしいが、**両方あってこそ評価は高くなる**。バランスが重要だ。

Beforeの例は、勉強熱心だがまあまあの評価の域を出ていないのが寂しい。

例えば次のようなことも考えたい。

□先生のアドバイスの範囲内でしか勉強できていない、枠の中でがんばるおりこうさんという印象。自分なりの着眼点で勉強したことはないのだろうか

□きみが自分の考えで突出した経験や、先生に提案した経験、意見が対立した経験など、リーダーシップを感じさせる経験はないのだろうか

□勉強をアピールするのなら、どこかでスポーツ（汗を流しているきみの姿）のイメージも残したい

Afterでは、フルマラソンのエピソードも追加されている。語られているエピソードの「バランス」に着目しよう。

Before 勉強系オンリーの例

ゼミの復習を2年間、毎週欠かさず続けたことです。授業の内容をメモしたものを、頭に入れるためにノートに図表を入れながら書き込み、授業の最後に先生が言う参考図書を、毎回読みました。2年間で100冊近く読んだと思います。毎回半日から1日かけておこなった復習で、ゼミの成績は「優」をとることができました。小さなことをコツコツと努力したことが、大きな成果を生んだのだと思っています。御社に入ってからも努力を積み重ねていきます。

After 勉強系と肉体系の両方の例

コツコツ努力することや期待以上にがんばることが私の長所です。計量経済のゼミの復習を、毎週欠かさず続けています。授業の内容をメモしたものを頭に入れるために、ノートに図表を入れながら書き込み、指定の参考図書や関連の図書や論文をのべ100冊読みました。また、今後論文を読むのに必要になる数学も独学で学び、ゼミ生にレクチャーしています。また、年4回のフルマラソン出場のため、ゼミ生と一緒に週3回15キロ、個人では朝5キロのランニングが日課です。「全員完走」を目標とし、定期的にランニングコーチのアドバイスも受けながら、技術を磨いています。

勉強系と肉体系、
両方のエピソードを入れることにより、
人としての幅があることが伝わるようになった

アピール度の高い法則 15

マイナスから±0よりも、結果としてプラスの話

「昔は全然ダメだったが、どうにか人並みになった」という類いの話よりも、どんながんばりで、結果として**どれだけ突出できたのか**が重要である。

繰り返すが、その場合も結果はさりげなく。言いたいポイントはそこではないとにおわすように。

Beforeの「軽さを最大限活かすことによって、独自のスタイルをつくり上げることができ……」のくだりはゾクゾクする。しかしその後の「大会に出ることができました」で「?」となる。

大会にもいろいろある。どんな大会に出ることができたのだろうか。独自のスタイルをつくるために、小柄なプロ選手などのスタイルをどれほど分析・研究したのだろうか。どれほど真剣であったのか、トレーニングも含め、どれほどの努力が背景にあるのか、このままでは伝わらない。

そして、そもそも目指していたレベルはどのレベルなのか。世界大会出場か、それとも単なる「優勝」か、あるいは大会に「出場」することなのか。

仕事においてきみがどのレベルを目指すのか、非常に気になる。一番になる気は本当にあるのか。

Afterでは**狙ってつかみとった結果**ということが伝わる。この違いを実感してほしい。

Before マイナスから±0の例

私は、自分らしさを活かすのが得意です。大学時代、ウインドサーフィンのサークルに所属し、毎日厳しい練習を重ねました。未経験者で、なおかつ体が大きくないため、なかなか上達せず苦労しましたが、自分の体の特徴である軽さを最大限活かすことによって、独自のスタイルをつくり上げることができ、大学3年の時には大会に出ることができました。

After 結果としてプラスの例

私は、自分らしさを活かすのが得意です。大学時代、ウインドサーフィンのサークルに所属し、毎日厳しい練習を重ねました。未経験者で、なおかつ体が大きくないため、なかなか上達せず苦労しましたが、自分の体の特徴である軽さを最大限活かすことによって、自分独自のスタイルをつくり上げてきました。微風では誰にも負けない自信があります。また、この経験を基に、小柄な後輩たちに指導をしてきました。「体格がよい人のみ」が活躍するサークルから、「努力した人」が活躍できるサークルへの変革を目指しています。

自分独自のスタイルをつくり上げた上に、
それを周囲に伝えている点が評価できる。
また、マイナスを自分のプラスにするだけでなく、
組織全体の向上にまで貢献できている

アピール度の高い法則16

結果で語るのではなく、過程と結果のバランスをとる

あくまでも**結果はさりげなく伝え、その過程の工夫を語るのだ**。結果も重要なのは分かっているが、アピールしたいのはその過程である。面接官は、結果の成否だけで評価しているわけではない。

Beforeの例では、お好み焼き屋で楽しそうにやっている様子は想像できるが、何をアピールしたいのだろうか。「何もないところから、60人の素晴らしい仲間とワイワイやっているサークルをつくることができた」ことをアピールしたいのだろうか。

その仲間がどれほど素晴らしい仲間なのか、どれほどラクロスに燃えているのか、どれほどの絆なのかは、この例では残念ながら伝わらない。そもそも目指していたのは何だったのか（どんな思いで、どんなサークルをつくろうとしてきたのか）。どんなサークルになったことをアピールしたいのか。

Afterでは結果に至るまでの過程についても触れている。エピソードのバランスを一度考え直して、話に盛り込むだけでまったく違う印象になる。

Before 結果で語る例

友人と一緒にラクロスのサークルをつくりました。最初は２人からスタートしましたが、後輩や同期に積極的に声をかけ、今では60人のサークルにまで成長しました。年に２回、春と夏に合宿をおこないました。他校との交流試合も年間２回おこない、大学祭ではお好み焼き屋を出店して１日16万円、３日で55万円を売り上げました。０からチャレンジして得た成功は、何物にも代えがたいものです。

After 過程と結果のバランスがとれた例

０から思い１つで作る「行動力」が私の売りです。大学生活を充実させたいという思いから、友人とラクロスのサークルをつくりました。最初は２人からスタートしましたが、後輩や同期に積極的に声をかけ、今では60人のサークルにまで成長しました。年に２回、春と夏に合宿をおこないました。他校との交流試合も年間２回おこない、大学祭ではお好み焼き屋を出店するなど、今では大学で有数のサークルになっています。何もないところから、思いだけでチャレンジし続け、そして得た仲間たちや彼らとの経験は、何物にも代えがたいものです。今後もこの行動力を活かして新しい価値を創造していきたいと思います。

大切にしたい「価値観」がしっかりと伝わってくる。
入社後も絆を大切にしながら活躍する姿が想像できる

がんばったことが何もない人のための「10の裏技」

ここまで読んできて、もしかしたらきみは自信をなくしているかもしれない。

「正直、そんなすごい経験はない」

「そもそも、アピール度の高いエピソードを持っていない」

「学生時代にがんばったことが何もない」

などと思っている人もいるだろう。

そういう人は、**「違う路線」**で自分をアピールするのもありだ。

僕から、10の提案をしてみたい。

この「自己PR10の裏技」を使うことによって、きみの魅力を最大限伝える工夫ができるかもしれない。ただし、奇をてらって得意げに伝えるのではなく、どの裏技も誠実な雰囲気で伝えることが肝心だ。10の裏技について詳しく説明していこう。

自己PR10の裏技

1. 最近やり始めたこと作戦

2. 自分の経験と生きざま作戦

3. 失敗の反省と気づき作戦

4. 自分の転機作戦

5. 独自路線作戦

6. 価値観全面作戦

7. 売り全面作戦

8. イメージの逆張りアピール作戦

9. 親友アピール作戦

10. すっかりその気の問題提起作戦

自己PRに使える10の裏技

裏技1　最近やり始めたこと作戦

大学時代にがんばったこと。切り口次第でアピールできる経験はあるにはあるが、それをイマイチだと感じるようなら、今から何かをやり始めればいい。ネタをつくり始めればいい。

自分がやりたいと思っていることを、本気で。

就職留年して学生生活を充実させるのも悪くないが、留年しなくても、最近始めたことを堂々と語ればいいのだ。

今やっていることに自信が持てれば持てるほど、すなわち、本気であればあるほど以前の（自信のなかった）自分も正直に語ることができる。

例えば、高校時代に部活に燃えた反動で、大学時代は特に何も燃えることがなく、最初の2年はゴロゴロ寝て過ごしていた。今が超充実しているなら、それも正直に語れるようになる。

「そういう時期がある人＝ダメ人間」などとは誰も思っていない。

むしろ正直に語ったことを評価され、誠実な人柄が伝わって信頼度がアップするかもしれない。「そういう時期があったからこそ、今、燃えられるんだよね」と、面接官に共感してもらえる可能性も高い。

裏技①の例　最近始めた筋トレ

私は本気の筋トレで圧倒的成長を成し遂げました。就職活動を始めた当初、自分が自信をもって語れることがないと気づきました。そこで、すぐに始められる筋トレを思いつき、24時間利用できるジムに入会してトレーニングを始めました。ほぼ毎日、1時間のトレーニングを継続し、生まれて初めて腹筋が割れるという成果が出ています。これからも継続的に努力することを通して成果を出せるように成長していきたいです。

**自分の至らなささを認めたうえで
努力していることを述べていて、
非常に価値がある。やっていないことや
できていないことを隠すのにもリスクがある**

裏技①の例　趣味で続けてきたこと

自分の情熱を発信しています。エンターテインメント業界で仕事をしたいと思い、自分の好きな音楽について定期的にWeb上で情報発信をしています。具体的には、毎週のヒットチャートに対して独自の考察をしています。最初は的外れな話をすることも多かったのですが、次第に反応やコメントをもらえるようになりました。これからも続けていきます。

**好きなことをやり続けるのも大事な力だ。
己が貫いてきたことについて自信をもって語ろう**

裏技2　自分の経験と生きざま作戦

自己PRというと、「学生時代に力を入れたこと」を語らなければならないと思い込んでいる学生が多い。しかし、実際にはその限りではない。

例えば家族構成、幼少期からどのような育ち方をしてきたのか、経験と生きざまを語るなど、自分のヒストリーを語ることでより一層きみという人物を分かりやすく伝えることができる。

具体的には、幼少期にあったエピソード、親との関係、兄弟の関係、それによってどんな価値観を持ったのか、その価値観のもとどのような生き方をしてきたかなどだ。

多少恥ずかしい話や不幸な出来事など、言いにくいこともあるかもしれない。しかし、今の自分に自信があれば、語っても問題ないはずだ。

今の自分に自信を持っていることが、あくまで前提条件だ。

したがって、どんな話であっても、暗くなったり、お悩み相談調になったりしてはいけない。今の自分に自信があるからこそむしろ淡々と、あるいはハツラツと語ってほしい。

例えば幼少期までさかのぼらなくても、高校時代はこうで、だからこそ大学時代はこうだった、と過去を振り返る形で語るのも有効だ。

どのように語るかは、裏技③の「失敗の反省と気づき作戦」も参考にするといい。

裏技②の例　一つのことに取り組み続けて得た強み

サッカーを通して養った俯瞰《ふかん》する力が私の強みです。私は小学校からずっとサッカーをしています。ポジションはボランチで、フィールドの真ん中で常にゲームの全体を把握しながらプレーすることを求められます。小学校からずっとこのポジションを続けてきて、サッカー以外でも常に俯瞰して物事を考えるようになりました。この習慣はクラスやアルバイトなど様々なところで役立っています。社会人になってもこの力を活かして、組織に貢献していきたいです。

**長く続けているからこそ
得られるものがある。
それをほかの場面で使った経験を語るのだ**

裏技②の例　高校時代のエピソード

「大切な人を守れるように強くなる」。これが私のモチベーションの源泉です。高校生の時に急に母が倒れ、入院しました。最悪の事態を想定しなくてはいけない状況で、何もできない無力さに打ちひしがれました。そこから大切な人を守るための強さを身につけると決心し、受験勉強に打ち込み、無事に第一志望に合格できました。そして、社会人としても活躍できるように、大学では得意な数学を活かしながら統計学を中心に学びを深めています。

**ある出来事をきっかけに、
自分の行動が変わったこと、
それが継続できていることを語れている**

裏技3 失敗の反省と気づき作戦

自己PRは成功談でなければならないと思い込んでいる人が多いが、その必要はない。失敗によって気づいたことや感じたこともあるだろう。その思いをきっかけに、その後どのような飛躍につながったのか。失敗からプラスの経験に導くのだ。

失敗経験は中学時代でも高校時代でもいい。時間の隔たりがあるほど、追いかけている期間が長くなり、説得力もアップする。

例えば、部活の部長としてがんばっていたつもりが、何かをきっかけに不信任になってしまったとする。それに向き合い、どう乗り越えようとしたのか。

その後もう一度、地道な努力で縁の下の力持ち的に、仲間を支えることで影響を与えようと努力してきたこと。地道な経験を通して、うまくいかなかったところを改善し、みんなの中で影響力を与える存在になっていったこと。

さらには、今現在サークルでリーダーシップをとろうとがんばっている途中であること。

このようなことなどを簡潔に語れば、面接官のほとんど全員がきみに感情移入するはずだ。今後の成長にも期待するだろう。誰しも似たような経験があるはずだから。

裏技③の例　結果にこだわりすぎて失敗

私にはロジックとパッションでチーム力向上に貢献する力があります。中学校の時に部長を任され、結果にこだわりすぎるあまり周囲との不和が生まれ、孤立してしまいました。この反省を活かし、高校、大学時代は野球部でメンバーが何に悩んだり、つまずいたりしているのかをヒアリングし、論理的にアドバイスするとともに、勝利への強い思いでチームに貢献してきました。これからも社会人として、自分の強みを活かし組織に貢献していきたいです。

失敗を失敗のままにせず、
次の機会に活かして成長したことは素晴らしい。
つまずいた先にあるものを語れるようになろう

裏技③の例　就職活動で失敗

私は2回目の就職活動をしています。理由はシンプルで、最初の就職活動はただ周りに合わせて、なんとなく就職活動をしていたからです。そこに主体性はなく昨年の6月に内定が1つも出なかったことで、「なぜ就職活動をしているのか？」という問いを立てました。それから目指すべきことを明確にして2回目の就職活動をしています。今は情報格差を埋める橋渡し役になりたいと強く思っています。

就職留年の学生も数多く見てきた。
最初は失敗を受け入れられず苦労するものだ。しかし、
ひとたび受け入れられれば成長速度は一気に上がる。
これもその事例の１つだ

裏技4　自分の転機作戦

失敗経験に似ているが、「逃げた経験」を語るのも有効だ。

どうして逃げたのかはもちろんだが、どうして逃げるのをやめたのか、何が転機になったのか。絆の存在や、自分に負けたくない気持ち、未来への決意にもつながる「自分のコア」。これらの転機を題材にしてうまく表現できれば、単なる成功談よりもはるかに効果的にアピールできる。

転機を迎えたあとのうまくいった話も、ことさら派手でなくていい。分かりやすい結果を伴うものでなくてもいい。むしろ地味な話のほうがグッとくる可能性も高い。

話の最後には、きみの「未来への決意」が面接官にしっかりと伝わるように工夫しよう。

裏技5　独自路線作戦

いい高校に行って、いい大学に行って、とステレオタイプ的な学生があふれる中、独自の価値観を大事にして生きてきた経験を語るのも効果的だ。

まず、どんな価値観を持ってきたのかをそこで印象づけたい。どうしてそう思ったのか、背景も説明する必要がある。その上で、どんな考えを持って、どんなことに夢中になって中学・高校時代を過ごし何を身につけたのか。「真面目で、優秀ではあるがいまひとつ個性に欠ける」学生では決してないことを、自分自身の経験を通して、自分自身の言葉で語ろう。

実のところ、面接官はそのような学生を求めている。

裏技④の例　サークルをやめた経験

「二度と裏切らない自分になる」と心がけています。大学のイベントサークルを仲間とともに運営しており、あるイベントで私が提案して、実行したことが大失敗に終わり、そのサークルをやめました。正直立ち直れない日々が続きましたが、ひどく落ち込む私を励ましてくれる仲間もいました。その時に「自分を信頼してくれる仲間を絶対に裏切らない」と決め、自分の中で強い信念が生まれるきっかけとなりました。

自分の失敗経験を語るのは
とても勇気がいる。しかし、それを語れるところに
人として成長した強さを感じる

裏技⑤の例　ずっと大事にしてきた「笑顔」

私が大事にしていることは「笑顔」です。小さい頃、自分の行動で家族や周りの人が笑顔になるのがとにかくうれしかったからです。学校ではクラスの人が喜んでくれることを模索し続けました。大学に入ってからもサークルのイベント時に「みんなが笑顔になってくれるためには？」と常に意識しながら、組織の小さな不満へ敏感に反応しながら組織運営に携わってきました。これからも「笑顔」を大切に周りの人や組織に貢献してきたいです。

自分の生い立ちから、
自分の価値観を語っている。
時間軸を意識することで納得感が生まれる

裏技6　価値観全面作戦

これまで述べてきた作戦の複合型だ。

自分のヒストリーと、自分の価値観、コアを語る。その上で、やってきたアクティビティを端的に列挙する。詳細については、面接官に尋ねてもらってから語る。

様々な経験をしてきたからこそ感じられたことを、コンパクトにまとめるという手法だ。

基本的に自己ＰＲというと、たった１つの経験をピックアップして語るのが定番だが、そもそも妙な話だ。様々な経験を通じてこそ培われたものがあるはず。それをうまく語るのだ。

裏技7　売り全面作戦

即戦力をよりアピールするために、売りとなる能力１つか２つを、全面的にアピールする作戦である。

転職の面接では、基本的にこの作戦が一般的だ。

転職者は客観的な視点を持っているので、冷静な大人の印象を面接官に与えることができる。

売りとしてアピールすべき能力は、明るいとか快活ということではなく、見た目で判断できることでもなく、「考え方」に関するものが有効だ。

すべての経験から、自分の売りをうまく説明できるようにしておく必要がある。

裏技⑥の例　価値観を軸に語る

私は承認欲求の塊です。その背景には妹の存在があります。妹が生まれるまで、私は家族の中心でした。しかし、妹が生まれてからというもの、家族の注目は私から妹に移ってしまいました。ただ、学校のテストで高い点数をとったり、部活で活躍したりすると家族の注目が戻ると分かり、勉強やスポーツで結果を出すことに尽力し続けました。きっかけは妹の存在かもしれませんが、結果にこだわる姿勢はこれからも大事にしたいです。

承認欲求が強い学生は多い。
それ自体は悪いことではないが「結果を出す」
というアピールにうまくつなげられている人は少ない

裏技⑦の例　バイトで活かしてきた売り

私の強みは相手と同じ目線でものを見られることと、その力を活かした提案力です。目の前の人が何を考え、何を求めているのかを意識しています。この力をカフェのバイトで役立てました。初めていらっしゃったお客様やメニューで悩まれているお客様には、おすすめのメニューを紹介し、薬を取り出された方にはお水が必要かお声がけをしました。今後仕事をする時にもこの力を活かし、社内外の人の役に立てるようにしたいです。

具体的な強みをエピソードと共に話せている。
説得力が増すいい事例である

裏技8　イメージの逆張りアピール作戦

自分という人間が周囲の人たちから持たれているイメージは、実は画一的である。きみのことをよく知らない友人に尋ねて回るといい。だいたい同じことを言うだろう。

彼らが語るきみのイメージ。その「逆張り」の話で、あえて自己PRを展開するというのも、非常に有効な手だ。

面接官は、「印象」から、その学生の長所と短所を把握する。

そこで、おそらく面接官が想像するであろう「短所」を逆手にとって、積極的にアピールしていくのである。

例えば、快活な印象の人、目立ちたがり屋で派手好きな印象の人なら、縁の下の力持ち的な役割が大好き、という部分をあえて語る。コツコツ努力することが好きなことをあえて語る。「実はこういう部分もあるんですよ」というニュアンスで。

逆におとなしくて地味な印象の人が、リーダーとしての経験をいきいきと語れば、信頼性の高いリーダー像をアピールできる。

裏技⑧の例　見た目がおとなしそうな学生の場合

一度決めたら貫く力が私にはあります。中学校で始めた卓球がその背景にあります。練習をすれば実力がつき、勝てなかった相手に勝てることと、負けた時の悔しさが継続的に練習する要因となりました。大学でのゼミ活動においても、皆の学びになることについては周りとの摩擦を恐れず主張し、己を貫いてきました。社会に出てからも、何が大事かを常に議論しながらも己を貫いていきたいです。

見た目で判断される印象を踏まえた上で、ギャップを狙ったアピールポイントを語ろう

裏技⑧の例　見た目がスポーツマンな学生の場合

私はピアノが弾けるキン肉マンです。中学と高校ではサッカーを、大学ではアメフトをやってきました。仲間と一緒に勝利に向けて挑戦する喜びと、己の成長に私はどん欲です。アメフト部では入学時から15キロ以上体重を増やしました。また、幼少期に母の影響で始めたピアノを現在も続けています。理想の演奏に向けて練習する時間も自分にとって非常に大切な時間です。

見た目の体育会系な印象だけでなく、文化系の側面からも愚直に努力する人だとアピールできている

裏技9　親友アピール作戦

親友の素晴らしさを自己PRとして伝えるというのも、実は有効な手だ。

「自分は親友たちに支えられてきました。お互いに刺激を与え合い、支え合ってきました」から入り、いかに素晴らしい親友なのか、その親友とどんな関係を築けているのかを語る。

自分のことを誇張してアピールするのはしんどいが、親友のアピールだったら遠慮することはない。いかに素晴らしい人であるかを、思う存分語るがいい。

面接官は思うだろう。「だったら、その親友を採用したい」と。

だからこそ、自分から語るべきだ。

「仕事は自分1人の力でやるものではないと思っている。このような素晴らしい仲間との絆を数多く築けた自分は、仕事においても多くの素晴らしい仲間との絆を築き、力を結集し、大活躍できると信じている」と、暗に伝えるのだ。

もちろん、きみがどんな刺激を与え、どのように支えてきたのか、あるいは、きみ自身の活動を尋ねられることは避けられないだろう。その場合も、個人の活動であっても「1人でできたなどとは思っていない」と言ってしまうのだ。切り口としてはユニークだし、評価も高いはずだ。

裏技⑨の例　サークルで出会った仲間

最高の仲間と最高の舞台をつくるために、私は大学時代にダンスサークルの仲間と年1回おこなわれる定期講演会に向けて努力し続けました。ダンスへの熱量があり、互いを思いやれる最高の仲間に支えられ、切磋琢磨しながら準備をしました。当日は300人以上の方が見に来てくれ、感動の場をつくることができました。これは私一人の力では決して成しえなかった経験です。

いい仲間に囲まれてきたことと、その中で自分が貢献できる人間だということがアピールできている

裏技⑨の例　仲間の期待に応えられなかった経験

大学祭実行委員として、企業からの協賛金を集める活動をしていましたが、順調ではなく暗い空気が流れていました。そんな中、リーダーは打開策の議論を引っ張り、営業を続けられるよう尽力してくれました。しかし、結果的に目標達成とはいきませんでした。打ち上げの時にリーダーから労いの言葉をかけられ、悔し涙が止まりませんでした。これからは仲間や組織の期待に応えられる存在になり、いずれは自らリーダーとして周りを引っ張りたいです。

失敗に終わったとしても、いい仲間と一緒にがんばったこと、これからもがんばりたいと思っていることはアピールになる

裏技10　すっかりその気の問題提起作戦

「問題意識の塊」としての自分をアピールする方法。

受ける会社について、今の学生について、大学について、社会の問題について。

しかし、ただ周囲を批判するのではなく、問題意識の刃は自分にも向けられていなければならない。

面接官は非常に気になる。「ではきみは、自分自身に対し、どんな問題意識を持っているのか」と。

当然、自分自身に対する問題意識を明確にしておくべきである。

裏技⑩の例　組織の問題に取り組んできた経験

組織の中で困っている人を放っておけないことが私の特徴です。中学時代に転校した先の学校で孤立を感じたのがきっかけとなっています。大学のサークルやアルバイト先で、一人でいる時間が多い人には積極的に声をかける習慣が私にはあります。社会人になってからも、孤独を感じる人を減らし、組織がまとまるようにサポートをしたいです。

**組織が抱える問題点に対して
行動を起こしてきたことが分かる。
具体的な経験が入っていて、人柄が理解しやすい**

裏技⑩の例　都心と地方の情報格差問題

地域間の情報格差を何とかしたいです。私は地方出身で大学から東京に住んでいます。入学時は自分が育ってきた環境と異なることが多く、周りの人の考え方やあたりまえが違うことにも戸惑いました。アルバイトやインターンシップなどを通して、実家の周辺とは比べ物にならないほど触れられる情報や、機会に差があることを認識しました。私は社会人としてこの課題に向き合いたいです。

**過去の経験を、自分が向き合いたい
課題につなげている。
こうすると志望動機の説得力も高まる**

Column

面接で話す「自己PR」についてのQ&A

Q 最初に話していいのはどれくらいの長さか

A 面接の最初に聞かれる「自己PR」や「学生時代に力を入れたことは何ですか」に、どれくらいの長さで答えればいいか分からないという質問をよく受ける。**長くても1分以内を目安にしよう。文字数にして300文字程度である。**

いろいろなことを面接官にアピールしたいと、1分間は短く感じるかもしれない。しかし、面接官にとってはかなり長く感じる時間だ。一方通行のコミュニケーションにしてはいけない。その後に続く、会話のキャッチボールを大切にしよう。**何事もコンパクトかつインパクトだ。**

Q 自己紹介、自己PR、学生時代に力を入れたことの違いは何か

A **厳密な違いはない。**しかし、この中の2つ以上を面接で聞かれるケースがあるので、その場合は使い分け

たい。

参考までに、使い分けの例を紹介しよう。

□自己紹介

大学名、名前、大学時代のダイジェストを話す。勉強やアルバイト、サークルで特に力を入れたことなど。面接官に興味を持ってほしい、いくつかのエピソードをひと言ずつ披露する。

□自己PR

大学以前からの自分のエピソードを含めて、自分をPRする。「○○な価値観を大切に生きてきた。なぜなら……」と、ご家族の考え方、高校までの部活で学んだこと、友人関係など、きみがその価値観を形成するに至った背景を説明する。「○○なことが得意です、なぜなら……」と能力をアピールする時も同じ。その能力が育まれた背景を語る。

□学生時代に力を入れたこと

大学時代のエピソードを話す。事実だけでなく、なぜそれをやろうと思ったのか、どんなところに特に注力したのかが伝わるように語ることが大切だ。アピールしたい能力を伝えることも忘れずに。

Q 集団面接でほかの人が長く話していると自分も話したくなるが、それはどうなのか

A 短く話すべきだ。

集団面接では、最初に回答をする人がペースをつくる。その人が長く話すと次の人も同じくらいの長さで話す傾向にある。

「ほかの人が長く話していたから、自分も同じくらい長く話してアピールしたいと思っ

た」「ほかの人が長く話していたので自分が短く話すと『やる気がない』と評価されてしまうのではないか」と相談を受ける。

「まったく気にすることはない」と言いたい。

面接官の立場からすると**「短く、簡潔に、要点を伝えてくれる学生」**を優秀と感じる。

採用担当者に聞くと「言葉が悪いですが、時間内に大量の学生をさばかなければいけない。そのため、自分をアピールするためにダラダラ話す学生がいると正直いい気分がしないです」とのこと。

周囲が自分のことでいっぱいいっぱいになっている時こそ、きみは面接官の立場に立って、短く、簡潔に、要点をまとめ、いい印象を残そう。

Q 集団面接でほかの人がすごい実績を持っていた。自分は落ちてしまうのか

A 関係ない。**まったく気にせずに自分の話をすればいい。**

「集団面接のほかの学生が高学歴で、それだけで気負ってしまいました」

「自分の前に話していた学生が、起業経験の話をしていて、明らかにすごかった。その直後に自分が話すと、みじめな気持ちになってしまいました。絶対に落ちたと思います」

このような話を本当によく聞く。

面接官は人事から「2人に1人は通してください」などと言われている。その意味では競争相手のレベルが高いと「落ちた」と凹む気持ちは分かる。しかし、ほとんどの場合、「その日に面接した学生」全体の中でふるい

にかける。

つまり、たまたまレベルの高い学生と当たってしまったからといって、ほかの回に面接に来ている学生にも負けたという話ではないことを知っておこう。

Q 弱みを話すのが怖い。どうしたらいいか

A **自分をよく見せようとしない。大きく見せようとしない。悟られたくない短所や知られたくない事実などを隠さない。**

面接の場で虚勢を張らない。自画自賛しない。客観的に自分を見つめ、今後の成長への決意を伝えるのだ。

虚勢は見抜かれる。誠実さを感じない。そもそも自画自賛は幼い。品がないのだ。

等身大の自分。決意があるからこその余裕と謙虚さがちょうどいい。

隠すことにメリットがないことに気づこう。隠す必要がないと思える境地に立っていることが大切。大きく見せようとすればするほど、小さい、幼い、自信がない、人間として未熟に見えてしまう。隠そうとすればするほど、バレバレになる。

自分の本当のウィークポイントを2つ、心底把握しておく。自分のウィークポイントを堂々と認められる自信にあふれた人として向かう。せこくならない程度に、謙虚に決意を語る。

自分のウィークポイントをどう思っていて、どのように改善しようと思っているのか、また実際そのためにどんなことを心がけているのかなど、卑屈にならない程度に語る

のだ。

Q しっかり会話はできているのに、なぜ面接で落ちるのか

A 会話ができても面接に落ちる人たちの共通点。それは、伝えたいことがないか、伝えられていないかだ。面接でのゴール設定に問題があることが多い。**本質的なゴールは、質問されたことに答えるのではなく、採用されることだ。**仮説でいいが、自分の採用価値（活躍する可能性）を理解しておく必要がある。それを会話の中でどう伝えるのか考えながら面接を受けるのだ。

Q 自分が何を話しているのか分からなくなる。どうしたらいいか

A **結論から述べること（結論ファースト）ができていない**場合が多い。

その理由は大きく2つある。1つ目は質問の意図を理解していないから。2つ目は大事な論点を明確にできていないからだ。

例えば、学生時代に力を入れたこと。**なぜ面接官がこれを聞くのかを考えたことはあるだろうか。**目の前の学生が何をどうがんばったのか、どう成果を出したのかを知り、採用するかどうかを決めている。相手の質問の意図を汲んでいれば、何をがんばったかという事実を語るだけでは足りないと分かるはずだ。

Chapter 10

志望動機対策

最終面接では、
いちばんに志望動機を聞かれる。
その業界や企業で働く覚悟があるのか、
心から挑戦したいと思っているのかを確認するためだ。
このChapterでは最終面接で面接官（社長や役員）に志望動機を
掘り下げられても回答できるよう、考えるべきこと、
調べておくべきことをまとめた。
面接が始まる前に、そして最終面接前に再度読んでほしい。

志望動機を伝える4ステップ

近年、面接でもっとも重視されているのが、志望動機だ。**最終面接では志望動機をしっかり聞いてくる企業がほとんど。**それまでの面接とは異なり、最終的に「本当に当社へ来る気持ちがあるのか」を面接で問われるからだ。

志望動機は、次の4つから伝えるといい。

1. 社会に与えたい影響

社会のどの部分に対し（誰のために、何のために）、働きたいと思っているのか。

2. 価値観・コア

そのように思うのはなぜか。今までの人生経験から、なぜその思いが生まれたのか。

3. 自己PR・強み

それを「自分にはできる」と思う理由は何か。どんな「強み」や「経験」をもって、志望企業に貢献できると思っているのだろうか。

4. その企業でやりたいこと

具体的に挑戦したいことは何か。どんな企業で、どんな部署で、どんな職種で、どんな仕事で、その思いをかなえようと思っているのだろうか。

志望動機の作成方法

1. 社会に与えたい影響

挑戦したいことは何か？

▼

2. 価値観・コア

それをやりたい理由と思い

▼

3. 自己PR・強み

それができると思っている理由

▼

4. その企業でやりたいこと

やりたい仕事、部署

ビジネスモデル図で、求められる「能力」と「人間性」を理解する

志望動機の具体性を高めるために必要なこと。

それは、最初に**「その企業でどんな仕事がしたいのか」**をイメージすることだ。

そのためには、ビジネスモデルを理解する必要がある。


左図は、個人向けの商品を製造する、BtoCの完成品メーカーのビジネスモデル図だ。たった2つのステップだ。

1. 中心に志望企業を置く
2. 周囲に関係企業を書いていく（「部品メーカー」「顧客（法人）」「販売店」など）

実際にはもっと多くの関係者がいるが、最初はこれくらいのほうが分かりやすいだろう。

この図の中で、きみはどの部分の仕事に携わりたいのか。

今回の場合であれば「調達」「営業」「企画・開発」のどれか。

仕事内容や、仕事相手、扱う商品やサービスが、この図からイメージできる。

完成品メーカーのビジネスモデル図

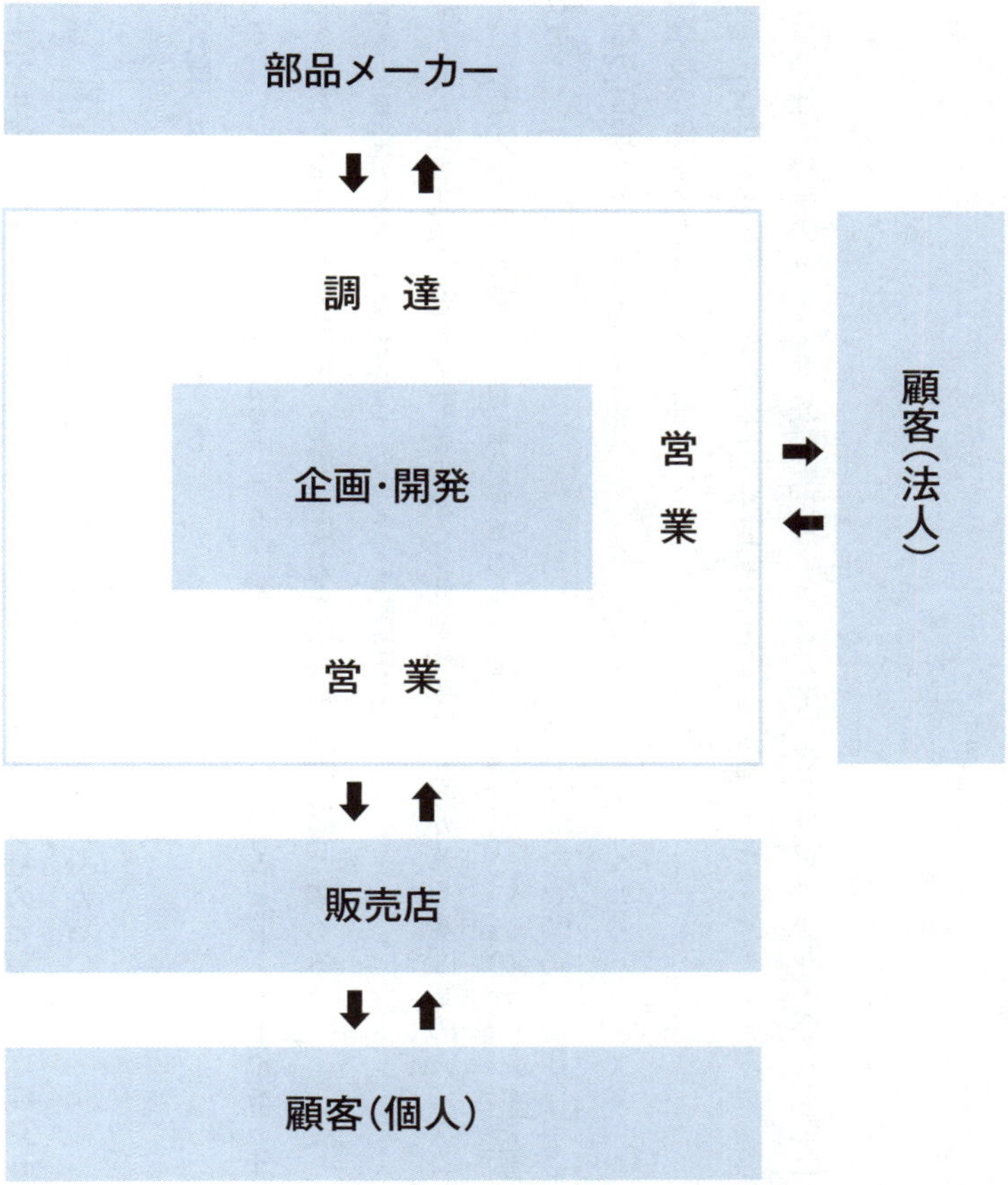

まずは、ビジネスモデル図を作成し、「誰と」「どんなことをして」その会社のビジネスは成立しているのかを把握する。そうすることで、自分の何をアピールするべきかが分かる。

□ビジネスモデルを見れば、必要な人材が見えてくる

業界や会社によって、ビジネスモデル（収益を上げる仕組み）が違う。扱う商品も、取引相手（仕事のパートナー）もまったく違う。必然的に、必要な能力も感性も微妙に違ってくる。

□その会社の「仕事相手」を把握する。「仕事相手」のタイプを把握する

その会社はどんな人を「仕事相手」としているのか。「仕事相手」に好かれる雰囲気の人になるには何をするべきか。何をすることで誰からお金を得るのか。誰と仕事をしているのか。誰に評価される必要があるのか。

省庁の官僚と小売店の店長とではタイプが違う。

企業経営者と小中学校の先生でもタイプが違う。

同じ経営者でも業種によって違うし、大企業と中小企業でもまるで違う。

きみが志望する企業の仕事相手のタイプを正確に把握することで、きみがアピールすべき「能力」や「人間性」が明確になるのだ。

学生に求められる雰囲気はその会社の「仕事相手」によって決まる！

きみが行きたい会社	取引先、顧客、パートナー
総合商社	● 外国政府・日本政府 ● メーカーの経営企画部、営業部 ● 経営陣など
戦略系コンサル	● 経営陣、経営者など
広告	● マスコミ関係者 ● メーカーの宣伝部 ● 自治体など
投資銀行	● 大手企業の財務部や経営陣 ● 官僚 ● 弁護士などのスペシャリストなど
旅行会社	● 企業や学校などの総務部 ● 個人など
食品メーカー	● スーパーの店長、卸売業者など

↑
この人たちに好かれる
雰囲気の人を、会社は採用する

きみの「価値観」や「雰囲気」は志望企業に合っているか？

相手の価値観・雰囲気と自分の価値観・雰囲気を合わせるのだ。

具体的には、次のとおり。

キーワード①「社風」

志望企業はどのような社風の会社か、きみはその社風に合った人物なのか。

キーワード②「ビジョンとコア」

志望企業の社員はどんなビジョンやコアを持っている人たちで、きみはどんなビジョンやコアを持っている人物なのか。

キーワード③「センス」

志望企業の社員はどんな趣味を持ちどの程度のセンスのある人たちで、きみはどんな趣味を持ちどの程度のセンスのある人物なのか。

キーワード④「保守性（コンサバティブ）」

志望企業はどの程度保守的な人たちの会社で、きみはどの程度保守的な人物なのか。

受ける会社の価値観・雰囲気と自分の価値観・雰囲気が合っていないと内定しない。だから上手に合わせるのだ。価値観や雰囲気は、顔つき、話し方、ファッションにも、これまでの生き方にも、ビジョンにも表れる。

次のようなことからも、志望企業の「価値観」や「雰囲気」が見えてくる。社会人訪問などを通して、さりげなく確認しておこう。

- □小・中・高・大学などの選び方
- □学部・ゼミ・サークルの選び方
- □アルバイトや趣味、遊びの選び方
- □スーツ・ネクタイ・靴・時計など服装のセンス
- □髪型やメイク
- □言葉遣いや話し方
- □立ち居振る舞い
- □顔つき、笑い方、不安な時の表情
- □ビジョン、夢
- □「自分と合う人」の幅の広さ

会社の「価値観」は、きみの価値観と合っているか

その会社の価値観は、きみの価値観と合っているか。

□**どの程度革新的か、どの程度保守的か（伝統や格式をどの程度尊重する人か）**
□**儲け至上主義か、公益とのバランス追求か**
□**儲け至上主義か、モラルとのバランス主義か**
□**ハイリスクハイリターン型か、信用第一のローリスクローリターン型か**

志望する会社がどういう価値観の会社なのか、しっかり研究することだ。
社会人訪問や会社説明会で感じ取ろう。

今の自分が「志望企業と雰囲気が合っていない」と感じたら

例えば上品さが足りないと感じたら、

□**服装や髪型、話し方や立ち居振る舞い、表情を徹底的に変えて、上品な人物を演出する。靴や時計を変えよう。また、目つきや、ムッとした時の表情はボロが出やすい。徹底的なトレーニングが必要だ**

□**新しい趣味を追加し、ESにさりげなく記入する**

□**あるべき価値観で、ESの各項目を書き直す**

□**あるべき価値観で、面接でしゃべる内容を修正する**

などの対策をおこなおう。

「自分をさらけ出す」のではなく、相手と雰囲気や価値観を「合わせる」

きみのコア（価値観）と会社のコア（価値観）を合わせること。100パーセント合っていなくても、合っている部分を前に出していくことだ。

価値観が合っていなければ内定はありえない。

同じ業界の中でも、企業によって雰囲気は大きく違う。三菱商事と伊藤忠商事は同じ総合商社だが、企業風土は大きく異なる。内定者の雰囲気も異なる。

その企業に合っている学生が内定するのだ。

類は友を呼ぶという言葉があるように、人は自分と似た雰囲気や価値観を持っている人と一緒にいたいもの。きみは志望する企業と合っているだろうか。

合っていなければ、その会社は、本当はきみには合っていない。入社しないほうがいいかもしれない。

Column

面接で話す「志望動機」についてのQ&A

Q 志望動機は、どこまで具体的に語るべきか

A 可能な限り具体的に。ただし、面接官の反応を見ながら語る。

志望動機は「ビジネスを通して世界の格差解消に貢献したい」など、大きなテーマで語り始め、「御社のプラント事業で……」といったように、具体的な話に移行していく。ここまでは誰もが具体的に語れるといいだろう。

さらに「〇〇なことに挑戦したい」―××な企画を考えている」ということまで語りたいという人がいる。これは素晴らしいことだし、これくらいの気概を持って就職活動をしているほうが絶対にいい。

しかし、いろいろな大人がいるという現実も知ること。「配属リスクって知っている?」「きみのために組織があるわけではない」といった考えから、やりたいことが具体的な学生を嫌う大人もごく一部いる。

そのため、相手の反応をしっかりと見て、相手が聞きたがっているのはどの程度の具体性なのかを感じながら語るようにしよう。

Chapter 11

最終突破のために必ず乗り越えるべきカベ

最終面接を突破するためにカベとなるものがいくつかある。
ここから僕が説明することに1つでも該当する人は、
アドバイスをもとに、自分なりに対策を考えてみよう。
耳の痛い話もあるかもしれないが、
最終面接までがんばったきみが、最後の最後で、
詰めの甘さでつまずかないように、いくつかのアドバイスを伝えよう。

スペックについて

学歴が低いのは不利か

残念ながら不利だ。厳しい現実だが、きみに向き合ってもらうためにも断言しよう。

人気企業の内定者の学歴は、多くが有名大学。東大、京大などの旧帝大や早慶出身者が8割以上を占める企業も珍しくない。もし、きみがそれらに当てはまる大学ではない場合は、対策が必要だ。最終面接では、ライバルとなる学生のほとんどが、有名大学出身ということがある。相対的にきみは、不利な状況から面接をスタートすることになる。

大学名だけではない、学部名によっても評価が異なる。「早稲田大学の政経学部」のように、各大学にある上位学部とそうでない学部では扱いが違う。また、文学部や教育学部といった「ビジネスと関連性がない」ように感じられる学部は不利に働く可能性がある。

面接官はきみのスペックから弱点を想像する。「勉強が嫌いなタイプではないか」「頭のキレが足りないのではないか」「ビジネスに興味がないのではないか」など。

そのイメージを裏切ろう。弱点が思い過ごしであると感じさせよう。筆記試験で高得点を取るために、日々勉強する。面接で話す中身と見た目の両方で、万全の対策をとること。

そして、学校の成績やTOEIC®スコア、趣味欄などで、さりげなくアピールするのだ。

面接の前から、きみの「評価」は決まっている

面接は、面接官にとって「評価を確認する場」であり、学生からすると「誤解を解く場」である。

学歴だけの話ではない。書類に書かれている「資格」や「趣味」、「自己ＰＲ」欄のエピソードを読み、面接官はきみをどう評価しているだろうか。

どんな**ネガティブな誤解**を与えているだろうか。それを覆《くつがえ》したり、誤解だと気づかせたりするには、どんな受け答えをすればいいのだろうか。どんな話が有効だろうか。

□自分の「ＥＳから推測できるウィークポイント」を把握する

□それらを払拭させるための「切り返しトーク」を用意しておく

弱点とは「自分の中で弱いところ」のことではない。

「学生トップクラスのピカピカのできる人と比べて、劣るポイント」のことである。

そういう目線で、正面からシビアに、自分を客観視することだ。

また、弱点があったらいけないとは限らない。

最低限、弱点に気づいていることに価値があることも忘れてはならない。

それを克服するために、現時点で努力していることを伝える。現在進行形で成長している自分の可能性を、面接官に感じさせるのだ。

「頭のよさ」は、面接官にどのように感じさせるか

学生時代と違い、ある程度頭がよくないと、企業や社会に対して、影響力は持ちにくい。

そのため、面接では様々な方法で学生の「頭のよさ」を確認してくる。

頭のよさとは、次の6つを指す。

面接中に、これらが備わっていることを伝えなければならない。

1. 論理的思考力
話している中身の「ロジック」は通っているか。思いつきで話してはいないか

2. 目的自体から再考し提案できる、ダイナミックな発想力・コンセプト創造力
話すエピソードから、「前提」を疑う力や、そもそもの「目的」を再考する力があるように感じさせられているか

3. 改善のためのアイデアの提案力
話すエピソードから、提案力を感じさせられているか

4．誤解なく的確に言いたいことを伝えるスキル

弱点や挫折体験など、伝え方を間違えると後ろ向きに聞こえることを、しっかりと前向きな話として伝えているか。前向きな話だと、面接官に思ってもらえているか

5．人の心に響かせるセンス

話すエピソードの「喜怒哀楽」を面接官に想像してもらえるよう、少なくとも共感してもらえるような「説明する力」を持っているか

6．少ない情報から本質をとらえる、察しのよさ

質問の意図を汲み取り、それを押さえた上で語れているか

実際にその企業の内定者と比べて自分の学歴が低い人は、特にこれらの点を意識して面接に臨もう。

社会で求められる頭のよさは、学校名とは関係ないことを感じさせよう。

「（学校名に関係なく）自分は十分に頭のよい人間である」ことを面接で示すのだ。

ＴＯＥＩＣ®のスコアがない人はどうすればいいか

もしこの本を読んでいる時点で、ＥＳ提出の締め切りに間に合うＴＯＥＩＣ®テストがあれば、真っ先に申し込もう。そして、**その日まで全力で勉強に取り組む**ことをおすすめする。

あるいは、すでに面接の直前で、どうすることもできない場合は、「なぜスコアがないのか」「具体的にいつまでに何をするか」を説明できるようにしておくこと。グローバル展開を視野に入れている企業では、かなりの確率で面接官に聞かれるはずだ。

近年、学生のＴＯＥＩＣ®スコアが上がってきている。難関企業だと７００点では通用しない。少子高齢化、中国・インドをはじめとするアジア市場の巨大化の中、企業は世界を向いている。国内マーケットも重要だが、世界を見ていない企業はほぼ皆無だ。

上位総合商社、大手コンサル、大手広告代理店などの内定者の多くはＴＯＥＩＣ®８６０点以上だ。

ちなみに、韓国の巨大企業サムスンの足切りは９００点。日本企業も世界市場で生き残るために、より高いスコアが求められるだろう。

各業界大手の内定者のTOEIC®スコアと入社後の評価

商社	■三菱商事など「英語力不問」を謳っている会社もあるが、確実にスコアを見ていると考えよう ■運動部での活躍経験がある人や証券アナリスト・簿記など難易度の高い資格取得者などを除いて、内定者はほぼ800点以上のスコアを持っている。旧財閥系は内定者の半数が860点以上と思われる ■駐在員の資格は860点以上と設定されている会社もある	◎
コンサルティング	■戦略系コンサルティング会社は、運動部などを除き、内定者のほぼ全員が800点以上のスコア ■一部の会社では採用試験において英語面接が課され、900点台も少なくない ■マッキンゼーでは、入社後3年で留学をすすめられるため、入社前にある程度以上の英語力をつけておく必要がある	◎
外資金融	■運動部出身でリテール部門のごく一部を除き、内定時に英語が苦手な人はいない ■採用試験にて英語面接が課されることも多く、内定段階でもほぼ全員が800点以上のスコアを持っている ■留学経験者も多数いて、900点台の人も多い	◎
広告	■一時期ほど内定者の帰国子女率は高くないが、電通・博報堂のコネ以外の内定者は、運動部などで活躍している人を除き、おおむね700点台後半以上のスコアを持っている	○
メーカー	■運動部などを除き、幹部候補として採用される内定者のほぼ全員が800点以上のスコアを持っている ■海外営業などを視野に入れている人材はほとんどが860点以上 ■入社後もスコアが低い社員は、評価が下がる会社が多い	○
大手国内金融	■内定段階でも、運動部などを除き、幹部候補採用のほぼ全員が700点台後半以上のスコア ■一部メガバンクでは全総合職行員に800点以上を目指すように求めている	○

(我究館 調査分析)

もはや英語力云々の話ではなく、**時代を読めているか**どうかである。その人の感度の高さや**人生に対する真剣さ**が問われているのだ。

大企業の場合、最低でも入社時には「英語ができる人」になっておくことが大切だ。内定時および入社時のスペック・能力・資質で、その人の中長期的な活躍をイメージし、およそのキャリアパスを設定し、そのためにベストの配属をする。

最初に与えてしまった「印象」をひっくり返すことや、「設定されたキャリアパス」を変更させることは、多くの場合容易ではない。

数年後にハイスコアを獲得したとしても、入社時の「印象」や入社時の「配属先」と「設定されたキャリアパス」が覆ることはまずないといっていいだろう。

すなわち、**入社時に英語スコアが低いと、転職しない限り社内での挽回は難しい**のだ。

だからこそ、ぜひとも内定式までに、どんなに遅くとも入社までには「英語ができる人」になっておくべきなのだ。「○○さんは英語ができない人」というレッテルを貼られてしまわないように。

なお、例外的にＴＯＥＩＣ®テストのスコアが求められない人は、次のとおりだ。

□**運動部で突出した実績のある「国内営業職」志望の人**
□**高いレベルの資格（アナリスト、簿記１級など）を持つ「財務などの専門職」志望の人**
□**理系の突出した研究実績がある人**

TOEIC®スコアによる人物評価

900～	●帰国子女でなく留学経験もないにもかかわらず900点以上獲得している場合は、意識が非常に高く、頭脳明晰。業務においてもクオリティの高い仕事をすると思われる ●近い将来、海外赴任や国際業務などグローバルな活躍が大いに期待されるレベル
860～890	●プロ意識が高い人であると評価される ●将来、海外赴任や国際業務などを担っていく可能性が十分に感じられるレベル
800～860	●詰めの甘さはあるかもしれないが、ある程度以上意識は高い ●今後の伸びによっては、将来、海外赴任や国際業務などを遂行していく可能性が感じられるレベル
730～800	●多少英語の勉強はしてきたが、とことん打ち込む意識の高さがあるかどうかは分からない ●海外赴任や国際業務を志す最低限のレベル。しかし、入社までか入社後に再度英語を学習するというPRが欠かせない
680～730	●最低限の英語力は持っているが、アピールにはならない ●このレベルでは海外赴任や国際業務を担っていく人材というイメージは持てない
600～680	●英語力はまだまだ。専門分野などに特に注力して成果を出している場合を除き、一般的にはこのスコアでは、向上心など意識が高いとは言えない ●受験で必須科目となっている英語がこのレベルということは、勉強系のタスクにおいて努力不足という印象を与えてしまう
～600	●専門分野で成果を出している場合以外は、向上心など意識が低い人である可能性がある ●受験で必須科目となっている英語がこのレベルということは、勉強系のタスクが苦手な人材という印象を与えてしまう

（我究館 調査分析）

多浪や留年など、年齢が人より高い人はどうすればいいか

今までの経験上、2浪までの学部卒は面接で不利になることは少ないように思う。

しかし**現役の学部卒プラス3以上の年齢**の人は、面接官が質問してくる可能性が高い。

年齢が上がるごとに給与が増える企業では特にその傾向がある。同じ新卒なのに給料を多く払うわけなので、それに値する学生を採用したいのだ。

3浪以上の浪人経験のある人

なぜそこまで浪人しようと思ったのか。ただ怠けていたのか。それとも別の事情があったのか。ないしは、どうしても行きたい大学があったのか。なぜどうしても行きたかったのか。受かったのか。

様々な角度から質問されるので、あらかじめ答えを準備しておく必要がある。

1浪以上、かつ文系の院に進んだ人

何を学ぼうとしたのか。それは社会に出てから何に活かせるのか。モラトリアムの延長ではないのか。必ず聞かれると考えたほうがいい。

ちなみに、留年や浪人、大学院進学が珍しくない理系では、そこまで聞かれない。

就職留年はどう説明するべきか

次の点を意識して、ごまかさずに説明しよう。

□なぜ就職留年をしたのか、自分なりの説明（敗因分析）
□その反省を活かして、どのような1年を送ったのか（失敗から学んだこと）
□1年前の自分と比べて、能力や人格はどのように変化したのか（成長）
□その結果、なぜきみは今年、その会社を受けているのか

今の時代、就職留年はさほど珍しくない。これらをしっかりと言語化できている人は、我究館生の場合、次々と第一志望に内定している。

逆に、就職留年をした自分と向き合わずに「2年目は、1年目よりも動き方など分かっている部分も多いからきっとうまくいく」などと思っている人は、2年目も失敗する。

大切なのは**失敗した時に、しっかりとそこから学びを得られる**かどうかだ。

留年自体はほめられたことではないかもしれないが、面接官は内心「この学生は留年して本当にしっかり成長できたのだな。よかったな」と感心していたりするものだ。

話す内容について

ESに書いたことと同じことを面接で話してもいいか

同じ内容の話をするのが基本である。

ただし、書いてあることを暗記して音読するのではない。

「ESで書いたことを音読することになるのですが、これで大丈夫ですか」と、学生に聞かれることがある。もちろん、そのESに書いた内容によって書類選考に通過しているのだから、内容を変えるのはおかしい。

しかし、書かれていることを暗唱されただけでは、わざわざ面接に呼んだ意味がない。

ポイントは、文字数制限で書き切れなかった**重要なポイントを補足しながら語る**ことだ。

例えば、自己PRで語った能力が育まれた「環境」についてや、志望動機に書けなかった社会人訪問で聞いて心に響いた言葉などについて語るのだ。面接官と出会い、面と向かって初めて伝えられることがある。

文字では伝え切れない、**微妙なニュアンスを相手に直接伝えるために面接はある**のだ。

「最後に何かありますか?」で何を伝えればいいか

きみが面接で伝え切れなかった点を、**最後の最後にアピールできる瞬間**だ。

面接官が聞き出せなかった、きみの魅力をしっかりと伝えよう。

「本日の面接では〇〇な面をお伝えできなかったので、それについてお話ししてもよろしいでしょうか」と断った上で、最後のアピールをする。

外見で誤解されることが多い人は、ここでイメージを刷新するのだ。

「よく体力がなさそう、などと言われるのですが、毎日10キロ走ることを日課にしています。この体力を活かして御社の営業として……」など、ネガティブな印象を覆す話をするのも、時として効果的だ。せっかくのチャンス、しっかり活かして結果につなげよう。

「媚びる」と「PRする」の違いとは何か

面接官に媚びない。気に入られようとしない。失敗しないようにと守りに入らない。

堂々とした雰囲気を最後まで貫く。気に入られたがっていると、きみの魅力がなくなる。

面接とは、採用とは、そういうものだ。


絶妙な距離感と対等な関係をつくれるよう、心がけよう。

失敗しないようにしようとすると、小さくなるし、魅力がなくなる。

スポーツと同じ。試合前はドキドキしても、グラウンドに立ったらのびのびと全力でいけ。

帰りの電車に乗るまで、胸を張っていけ。

面接官に気に入られようとしないためにも、遠くにある**自分のビジョン**を意識することだ。

この会社に入れなくとも、いや入らなくとも逃げていかない、揺るぎのないビジョンを意識しよう。

そして、面接官には敬意を払い、礼儀を尽くすが、気に入られようとは一切しないことだ。

そういう**強いメンタリティーを持っていることが、内定の条件**なのだ。

「内定したい」「入社したい」という気持ちを前に出さない。
入社後の活躍にフォーカスする。**入社後の活躍への思い**を語る。

「とにかく早く就職活動のプレッシャーから解放されたい」「早く内定がほしい」という気持ちは分かる。しかし、その気持ちが強過ぎると、逆にどんどん内定から遠ざかってしまう。

「内定したい」「その会社に入社したい」という気持ちが強過ぎると、誰もが媚びてしまう。どんどん小さな自分になってしまう。依存心が強く、自分に自信がない人、「面接官の顔色ばかりうかがう小者」という印象を与えてしまい、魅力がなくなる。

改めて、内定のための就職活動をしてはいけないことを意識してほしい。

あくまで内定は入り口であり、その先のビジョン、入社後の自分の活躍にフォーカスするのである。

内定しようがしまいが、仮にその会社に落ちたとしても決してブレないビジョンを持った、一本筋の通った人間としての強さを、面接官に「お見せする」のである。

演じるべきか、素でいくべきか

素でいくべきだ。

ただし、誤解しないでほしいのは「何も考えなくていい」ということではないということ。「志望する企業が求めている人物像」をしっかりと把握した上で、「自分にはその能力があること」をしっかりと伝える。そのための工夫は必要だ。言葉選び、雰囲気、表情など、自分がその企業に入ってから活躍できる「予感」を、面接官に持ってもらわなければいけない。

しかし、面接を受けているきみが、「本来のきみ」と「まったく違うきみ」であることはよくない。

その企業が求めている能力がないことに気づきながら、あたかも適性があるかのように振る舞うこと。会社や社員の雰囲気と合わないのに合うふりをすること。

そんなことをしても面接官には見破られる。万が一内定したとしても、入社後にミスマッチを感じて悩んでしまうことになる。場合によっては、すぐに会社を辞めることもある。

就職活動はその先にある、**社会人生活が輝いて初めて成功**と言えるのではないか。

そのためにも、素でいこう。

選考に落とされて凹んでしまって面接に行くのが怖い

敗因分析をすること。「なぜ落とされたのか」を自分の中で言語化する。

それが恐怖心をぬぐう最良の方法だ。

就職活動は気持ちが落ち込むことの連続だ。どんなに優秀な人も20社程度エントリーして、内定するのはたった1~2社だろう。つまり9割以上は落ちている。**同じことを話していても通ったり、落ちたりする。**

なのに、落とされることが続くと、自信がどんどんなくなっていく。話している内容はもちろん、自分自身にも自信がなくなり、面接自体も怖くなってしまうのだ。

そんな時こそ、敗因分析をする。そのためにも、Chapter 16の面接ライブノートをつくっておこう。少し苦しいだろうが、何より大切だ。入退室の雰囲気が原因か、自己PRの中身か、志望動機の詰めか、面接官の質問に対する受け答えでかみ合っていない部分はなかったか。思い当たる点はいくつかあるはず。それらを分析する。そして、次回の面接に活かす。これを繰り返し、ある一定の期間が過ぎると、面接に落ちなくなる。**落とされる要素をすべて排除できた状態になる**からだ。

圧迫面接で面接官にムッとしてしまった。どうすればいいか

圧迫面接は、わざとやっている。

きみのためにわざわざそんな芝居をしてくれることに感謝の気持ちを持とう。面接官もお疲れだから、中にはストレス発散もかねてやっているケースもあるかもしれない。しかし、基本的にはわざわざ疲れるようなことはやりたくない。志望者の対人ストレス耐性や、プレッシャー下でのとっさの切り返し、臨機応変に対応できる力を見たいからやっているのである。

圧迫面接だからといってビビる必要は微塵もない。しかし、あまりにも冷静でひょうひょうとしていたら面接官にとっては気分のいいものではないだろう。

そのあたりも、面接官の気持ちを敏感にリアルタイムで察知しつつ、ある程度シリアスに受け止めながら冷静に受け答えしていこう。

基本的には、冷静に対応すればいい。ただし、あまりにもクールな対応は失礼。それはそれで、コミュニケーションとしてまずい。せっかく相手が一生懸命圧迫してくれているのだから。

5種類の圧迫面接があることを知っておこう。

1. けなし（甘さや間違いを突く）
2. フレームはずし（答えようのないことについて意見を求める）
3. 無視（やる気のないふり）
4. ほめ殺し（おだてて反応を見る）
5. けなしとほめ殺しの繰り返しによる感情の揺さぶり

圧迫面接とは、志望者の考えや詰めの甘さ、単純な間違いなどを意地悪く執拗に突くような、分かりやすいものだけではない。

「宇宙という存在の、きみにとっての意味は？」など、突然それまでの常識的な面接の流れ、フレームをはずして、真顔で発想の飛躍を強いて圧迫することも少なくない。

これは、面接の途中で**突然モードを変えてくる**という手法で用いられるケースが多い。それまで、きちんとコミュニケーションを成立させておいて、急に意見がぶつかるというクイックな展開となる。突然の場の雰囲気の変化に、志望者がどう反応するかを見ているのだ。あるいは、「きみを面接する気はないんだよ」とばかりに、最初から存在を無視する類いの圧迫もある。あいさつして部屋に入ったら、面接官は横を向いていたり、あくびをしたり、自己ＰＲを「ごめん、もう一度言って」と、何度も言わせて真剣に聞いていないふりをしたり。やる気がまるでない面接官を演じる。また、おだてて安易に舞い上がる様子をクールに見るという**「ほめ殺し圧迫」**もある。ほめて、ほめて、そして落とすのだ。

さらには、ほめたりけなしたりして感情を揺さぶる圧迫もある。

面接官と志望者という特殊な関係においては、この種の芝居はごく普通に演じられる。

このような圧迫が存在すること、さらにその目的を理解しておけば、対応策をわざわざ述べる必要はないだろう。

圧迫してくる面接官は、その後一転していい人になる。

これも知っておいていい知識だ。泣かされるほどの圧迫面接が終わったとたん、別の部屋に呼ばれ、「いやあ、きついことを言ってすまなかったねえ」などと言ってくるケースも少なくない（ちなみにこれも感情の揺さぶりによる圧迫面接の一環）。

圧迫するには相当のエネルギーを要する。面接に対する真摯《しんし》な態度、志望者への愛情がなければやれるものではない。その会社に入社した場合、圧迫してきた面接官とは、一生付き合う関係になる可能性が高い。

そしてそんなきみも、数年後には、面接官として駆り出され、圧迫面接をやっているかもしれない。

面接当日は何を準備すればいいか

「誰かを蹴落としてでも自分が選ばれよう」ではない。

「自分もがんばるけど、みんなのことも応援する」という気持ちで受ける。

「自分さえよければ」という器の小さい人間がほしいという会社は少ない。自分に自信がないとき、人は「自分さえよければ」という気分になる。そうではなく、自分に自信がある状態で面接に臨みたい。

気分によって、雰囲気やオーラ、印象はまったく違ってくる。誰だってどんなにすごい人だって、少々自信がないモードの時はある。そうなると、誰だってまず自分のことでいっぱいになり、どうしても自分優先、結果として「自分さえよければ」に近い心理状態になる。

「面接」をピークに持ってくるコンディションづくりが大事だ。

スポーツ選手が、試合の日、試合の時間にバイオリズムのピークがくるようコンディションを調整するように、就職活動においては、**面接でベストの自分を出せるようにする**ことが重要だ。

地方の学生はどうすればいいか

現在、大学や居住地が首都圏近郊ではないが、首都圏の企業を受けるという人。

面接官は首都圏で働くことへの覚悟があるか見極めようとしているかもしれない。

「地方の学生は、首都圏の学生と比べるとのんびりしている」と、複数の人事や面接官から聞く。

首都圏の企業を受けるということは、わざわざ遠くから足を運んでいるのでその気概は伝わるかもしれないが、それだけで満足しないようにしたい。**「なぜ地元でなく首都圏で仕事をしたいのか」「何に挑戦したいのか」**を、自分の中で言葉にしておきたい。

コロナ禍以降、地方の学生にとってのチャンスは拡大している。オンライン面接などの普及で、今までの就職活動に比べ、選考の受けやすさが時間とコストの面から大幅に改善しているからだ。

ただ、大事なことは前述の通りだ。

「なぜその企業に入社したいのか」を掘り下げ、「なぜ地元や大学から離れた地域の企業を受けているのか」という問いにまで答えられるようにしておく必要がある。それができなければ、せっかくのチャンスを活かせない。

チャンスは確実に増えている。好機を逃さないように。

Chapter 12

グループディスカッション（GD）対策

近年、採用面接の選考プロセスで必ずと言っていいほど
組み込まれるようになったグループディスカッション（以下、ＧＤ）。
ここでは、その全体像から攻略法までを解説する。
ＧＤは、通る人はいつも通る。きみもしっかりと対策して
「ＧＤは大丈夫」と思えるようになろう。

GDでは「素の状態」があらわになる

グループディスカッション（GD）とは、「優秀な社員とは何か」「幸せの定義とは何か」など正解のないテーマについて、４～６人のメンバーで議論するというもの。

制限時間30分程度で結論を出し、最終的にグループの代表者１人が採用担当者に向けて発表する形式が多い。

正解のないことを議論するため、ディスカッションが進むほど、考えなければいけないポイントが次々と見つかる。制限時間ギリギリで学生はあせってしまい、議論はどんどん混沌としていく。次第に学生たちの「素の状態」があらわになってくる。

だからこそ、**企業は学生の人間性をしっかりと見ることができる**のだ。

このあとも繰り返し説明するが、ＧＤの重要なポイントは「チーム全員の英知を結集して、最高の議論をする」ことだ。**協力が基本。**まるでカーリングのようなイメージだ。敵対することではない。ここではチームで仕事をする社会人としての基本を見られている。「全員受かる」か「全員落ちる」か、どちらかになるケースが多いと聞く。これを頭に入れて読み進めよう。

実際に出されたGDのテーマ

商社	未来の食料問題を解決するビジネスモデルを考えよ
銀行	A、B、Cのうち、商業施設をつくるための用地取得に適しているものはどれか ※同時に資料が配られる
保険	歩きスマホをなくす方法について議論せよ
コンサル	・日本の少子化を制御する方法を考えよ ・日本のカロリーベースの自給率を10年後に倍増させる方法を考えよ

※学生への調査をもとに作成

業界に関係するテーマが出されることが多い。日頃から志望業界に関連するニュースをチェックしておこう

GDには「役割」がある

次の4つの役割を決めてから開始するとスムーズに議論が進む。なお、議論を混沌とさせるためにあえて「役割を決めないでください」と人事が言うケースもある。

1．進行役（ファシリテーター）

積極的に意見を述べつつ、周囲の意見をまとめる。制限時間内で結論に導くことが求められる、難易度の高い役割だ。リーダーシップを発揮できるが、失敗すると全員の結果に影響が出る。

2．書記

皆の発言をメモする役割。このメモは最終発表の準備の際に、考えをまとめるのに役立つ。ただし、メモに集中し過ぎると自身の発言回数が減るので要注意だ。

3．タイムキーパー

時間を管理する役割。何にどれくらいの時間を割くかを議論の最初に全員で決定し、そのとおりに進行するように適切なタイミングでアラートをする（声をかける）ことが求められる。

4．発言者／発表者

話を前に進める役割。アイデア出しやアイデアを深掘りする。全員が意見を言いやすい雰囲気をつくる、重要な役割。また、最終的にとりまとめたアイデアを発表することも。

GDの代表的な4つの役割

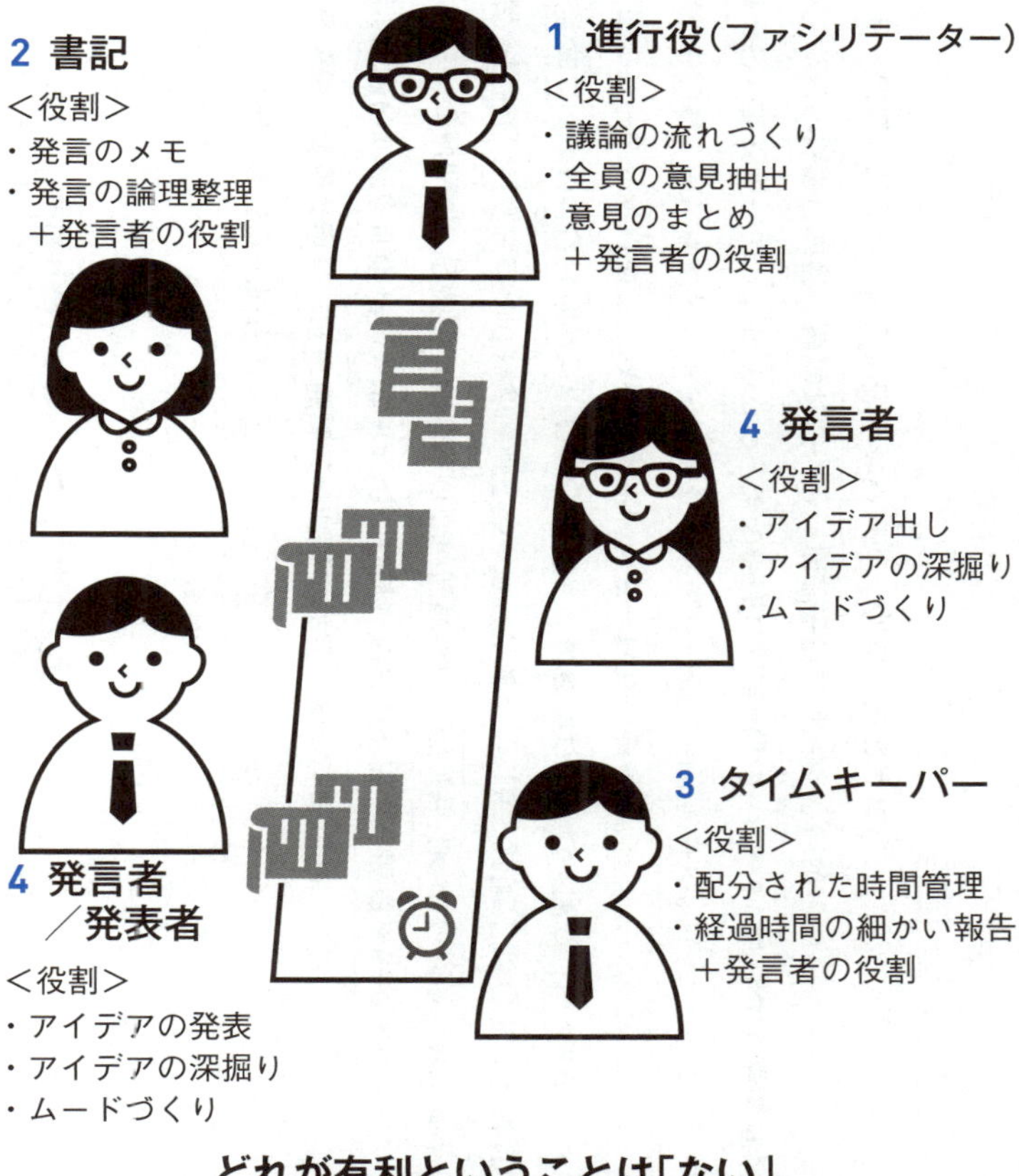

どれが有利ということは「ない」。
自分が貢献できる得意なポジションに積極的に就く

とにかく「全員参加」が基本

一般的な流れを紹介しよう。

1. 役割の決定：議論の最初に決定する。

2. 時間配分の決定：制限時間内に何の議論にどれだけ時間を使うかの決定。

3. 前提確認：議論の目的や自分たちが誰（どんな立場）なのかを確認し認識をそろえる。

4. 定義付け：出されたテーマの重要な言葉について定義する。例えば「優秀な社員とは」の場合、「社員とは誰を指すのか」「誰にとって優秀なのか」や、社員とは「新入社員」なのか「営業社員」なのかを定義付ける。これによって、その後に議論すべき内容がまったく変わってくる。

5. アイデア出し：全員でおこない、多くの意見をグループから集める。

6. アイデアのまとめ：出てきたアイデアの中から発表するものを選定する。そして、もう少し議論が必要なものや、グルーピングできるものなどを選び、発表しやすいよう言語化や論理構築を進めていく。ここで議論の目的の確認が役立つ。前提確認は必ずやっておこう。

7. 発表の準備：発表者がスムーズに発表できるよう、全員で協力し合う。

GDの基本的な流れ（30分の場合）

ステップ	時間
1.役割の決定	1分
2.時間配分の決定	2分
3.前提確認	3分
4.定義付け	3分
5.アイデア出し	12分
6.アイデアのまとめ	6分
7.発表の準備	3分

ここが重要（1〜4）

「チームづくり」と
「ムードづくり」を。
最高の議論にするために
「役割分担」と
「前提確認」、
「定義付け」をおこなう

ここが重要（5）

良質なアイデアを抽出する。
「全員」から発言を集めること

ここが重要（6〜7）

発表に使えるアイデアの
「選定」と、それの「論理構築」を
する。「発表者」の発表練習

**全員の英知を結集して「最高のムード」で
「最高の結論」を導き出すこと！**

議論の質を高める2つのポイント

前のページで説明した「定義付け」のように、抽象度の高いテーマを議論する時に有効なメソッドを2つ紹介しよう。

1. 条件付け

例えば「ジョギング人口を6倍にするためにはどうしたらよいか」というお題が出されたとしよう。これを定義付けするとしたら「ジョギングをする人とは、どんな人か」。例えば「週に3日はジョギングをする人」と定義付ける。しかし、これだけだとまだ抽象度が高い。

この時、さらに**条件を付けていくと具体化する。**例えば「皇居周辺を走っている人」という条件を付けるとどうだろうか。さらに「丸の内で働く20代の女性」という条件を付けると、さらにイメージがわくだろう。

条件は1～2つ程度がよい。それ以上付けると、ターゲットが絞り込まれ過ぎて視野が狭い議論になってしまうので注意したい。

また、**自分たちは誰なのかという視点**も重要だ。スポーツメーカー社員なのか、厚生労働省の官僚なのか、広告代理店の担当者なのか。それによって目的や手段が異なる点を意識しよう。

2. テーマの逆を考える

制限時間内に、思った以上に議論がテンポよく進むことがある。「残り5分あるけど、もう結論出ちゃったね」と、グループの仲間と手持ち無沙汰になる。ほかにも、議論はしっかりと進んでいるが「何か別の視点があったほうが、よりよい議論になる気がする」という時がある。

そのような場合におすすめなのが「テーマの逆を考える」ことだ。

例えば「優秀な社員とは」と出されたら、「優秀じゃない社員とは」と考えてみるのだ。「ジョギング人口を6倍にするためには」であれば、「増えないとしたらなぜか」と考える。

この視点を持って議論をしているチームは意外と少ない。きみのチームの議論の質をグッと高めるチャンスだ。残りの制限時間と相談しながら、ひと工夫を入れてみよう。

GDで見られている2つの能力

GDでは**「個人の能力」**と**「チームプレーの能力（対人能力）」**が見られている。

個人の能力とは、「論理性」「思考力」「知識」「議論を展開する力（構成する力）」のことだ。

次のポイントで評価されている。

- □**独自の切り口でアイデアを出せるか**
- □**発言の中身から引き出しの多さを感じるか**
- □**議論の流れをつくるような提案ができているか**
- □**議論の矛盾点に気づくことができるか**

チームプレーの能力（対人能力）とは、全員で通過することを目指す力のことだ。

「リーダーシップ」「フォロワーシップ」「傾聴力」「対人関係力」「他者を活かす力」「盛り上げ力」があるかを見られている。

次の行動ができているかをGD中にチェックされている。

- □**その場の議論を引っ張ろうとする姿勢があるか**
- □**誰かが引っ張ろうとしているシーンでは、貢献に徹することができるか**

□「場を盛り上げる」など、短い時間で人間関係を構築できるか
□発言回数が少ない人に質問をふるなど「全員で協力する」意識があるか
□対立意見が出された時に意見調整ができるか
□自分の意見が否定されても感情的にならずに議論を進めていくことができるか

この限りではないが、これらのポイントできみの能力や人間性が見られている。

「個人の能力」は育てるのにやや時間がかかるかもしれないが、「チームプレーの能力」は意識しだいで今日から劇的に改善することができる。

また、これらの能力を身につけるためにも、サークルやアルバイト、ゼミなどでおこなわれる会議の場で意識するのだ。

正解のないものに対して議論するという点で会議とGDは同じ。日々の会議で貢献度が高い人はGDで落ちないのだ。

GDで評価される4つの姿勢

では、前のページで紹介した能力は、どのような場面で評価されているのだろうか。あまりに基本的なことも含まれているかもしれない。それでも、できていない人が驚くほど多いのも現実だ。今一度、振り返ってみてほしい。

□人の話を聞く姿勢

きみは人が話している時に、笑顔で聞いているだろうか。相づちやアイコンタクトなどはしっかりとできているだろうか。自分の意見を言うことに必死になり過ぎると笑顔がなくなる。また、メモを取ることに必死になり、発言者のほうを見なくなる。自己中心的な人のイメージを与えてしまう。人の性格は、人の話を聞く姿勢に出る。

□人の意見を肯定する姿勢

誰かの発言を安易に否定しない。まずは肯定する。議論の中で活かせるものがないかを常に検討する。人によっては議論に苦手意識がある。発言するのにとても勇気が必要なことだってある。もしかしたらきみが「それは違う」で一蹴してしまったことによって、その人は発言することを恐れてしまうかもしれない。まずは受け止める包容力がほしいところだ。

□盛り上げる姿勢

きみが参加するGDはいつも盛り上がっているだろうか。いいアイデアとは、いい空気から生まれる。笑いがあるチームや、お互いの意見を尊重できる空気、停滞した議論に風穴をあけるためにやや間抜けなアイデアも言えるような雰囲気のあるチームこそが「いい議論をしているチーム」に見える。そのためにも、きみが率先してその空気をつくりにいく。「いいね！」と人の意見を肯定する、間抜けな意見をあえてちょっとだけ言う。それで笑いを提供する。みんなが意見を言いやすい空気をつくる。

□人に意見を求める姿勢（全員で活躍する意識があるか）

常に意識してほしいことは「全員」が議論に貢献したかどうか。1人でも「発言していない状態」をつくっていないか、常に気を配るのだ。

自分が議論に貢献できたことへの満足感や、全体としては盛り上がっていること。議論の中身がそこそこいいことで満足してはいけない。きみが本当に優秀なのであれば「全員」が活躍することにこだわるのだ。

発言できていない人がいたら、「○○さんのバイト先にそういう人いる？」や「○○さんのサークルでこのテーマに当てはまる人いる？」など答えられそうな質問を投げかけ、参加を促そう。

評価ポイントは選考タイミングで異なる

ＧＤが実施されるタイミングは２種類ある。

選考初期の**１次面接**で開催されるケースと、選考終盤の**最終面接の直前**で実施されるケースだ。

前者は**「チームプレーの能力」**を中心に見てくる。きみがＧＤを通して良好な人間関係を構築できるか、適宜効果的な発言を繰り返しながら、その場に貢献できているかが見られている。１次面接は、参加学生の能力も様々だ。書類選考だけでは見えてこない対人能力を見ている。どれだけ書類でチームプレーをアピールしていても、実際のＧＤを見れば一目瞭然だ。

一方後者は**「個人の能力」**を見ている。最終面接の直前ということもあり、参加学生のレベルは高い。学生時代に何かを成し遂げてきた人が多く、そのプロセスでチームプレーを経験している。対人能力はみんな高い。その中できみは周囲に貢献しながら、議論を進めていく必要がある。ほかの学生と比べても十分に優秀な印象を与える必要があるのだ。このＧＤは実務に近いことが多い。**仕事の理解度も同時に見られている**。

GDがおこなわれるのはいつ？ 何次面接かで、見られるポイントは違う

1次面接のGD

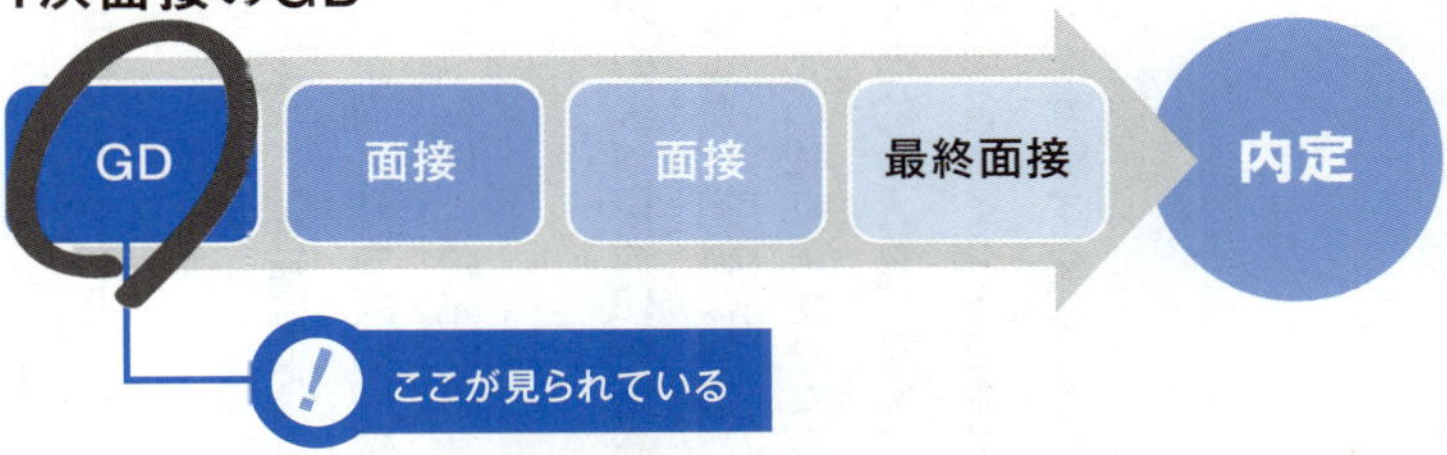

・対人能力、協調性、コミュニケーション力はあるか？
・チームプレーはできるか？

最終面接直前のGD

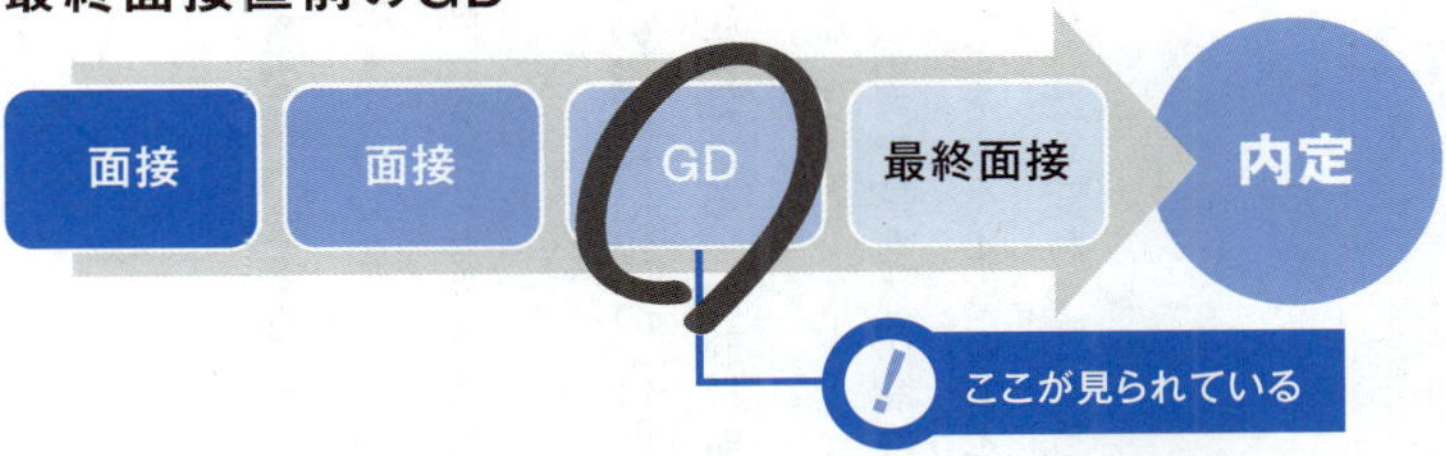

・ほかの学生よりも優秀か？
・倫理観の確認
・発想力はあるか？

GDは開始前から始まっている

GDの重要なポイントは、**「チーム全員の英知を結集して、最高の議論をすること」**だ。すでに伝えたとおり、協力が何よりも大切。敵対することはおすすめしない。全員で協力し合っているチームは、議論の中身、雰囲気、結論、発表のすべてが質の高いものになる。

結果、**参加しているすべての人が優秀に見える**。当然、「全員の選考通過」の可能性は高まる。

一方、敵対し合うとどうなるか。議論は停滞し、殺伐とした空気になる。結論は誰かが強引に決めたものになり、発表もその人の独りよがりなものになる。

すべてのメンバーが自己中心的な人物に見えてしまい、全員、選考で落ちる可能性が高まる。

協力し合うためにも、議論の各ポイントで意識しておくべきことを左ページにまとめた。個人の能力に自信がなくても、これを意識するだけでGDの通過率はまったく変わってくる。

GDで意識してほしいこと

議論の流れ	これを意識しよう
開始前	話しかける。仲よくなっておく。その後のGDの雰囲気がよくなる
1 役割の決定	役割には固執しない。どんな役割でもチームへの貢献を考える
2 時間配分の決定	議論の流れを意識して、タイムキーパーに管理をお願いする
3 前提確認	議論の目的や自分たちが何者かについて「全員」が一致するように
4 定義付け	「『全員』が意見を言えそう」な定義付けをおこなう。議論を活発にするカギだ
5 アイデア出し	仲間の意見を肯定する。盛り上げる。自分も短く、多く、発言する
6 アイデアのまとめ	論理性を重視する。主張の「盲点や矛盾」を「全員」で検討する
7 発表の準備	発表者の思考が整理されるように、「全員」で「全力」で応援する

「全員」で「協力」して結論を導くことを強く意識しよう

当日までに準備するべき3つのこと

1. 情報収集する

ＧＤはその業界に関係のあるテーマが出されることが多い。チームに貢献するためにも、自分がその業界に興味があることを伝えるためにも、最低限のことは調べておきたい。日々チェックしておくべきものは次の４つだ。

①業界のビジネスモデル（どうやって利益を生み出しているのか）
②業界の直近のニュース
③そのニュースが今後、その業界に与える影響についての関連情報
④業界のニュースで頻繁に出てくる専門用語

また、前年の本選考で出されたテーマのチェックもしておきたい。

例えば「当社が海外進出するにあたり、最適な国はどこか」などが出題された場合、これらの情報を持っているだけで、チームに貢献できる情報提供やアイデア出しが可能になることは容易に想像できる。

2. 場数を踏む

議論に参加できる場所に積極的に参加しよう。

次に挙げる場は、ＧＤに近い状況が頻繁に発生し、きみの成長のためにも価値のある場になる。自分に残された時間とそれぞれの活動内容を理解した上で、興味のあるものには挑戦してみよう。

□ディベートなどの授業を積極的にとる
□サークルやアルバイトの会議に積極的に顔を出す
□ビジネスプランコンテストに参加する
□ＧＤセミナーなどの場に積極的に参加する

ＧＤは、通る人はいつも通るし、落ちる人はいつも落ちる。これは、その日までにその人が積み重ねてきた会議の場数に関係がある。挑戦あるのみだ。

3. 意識を変える

ＧＤが得意な人の共通点を挙げておこう。少し乱暴だがこの２つが共通点だと思う。

まずは、これらを意識しながら会議に参加してみよう。

□話すこと以上に、聞くことに意識を向ける

GDが得意な人は、ほかのメンバーが発言している時の姿勢も素晴らしい。次のことを意識して日頃の会議に参加しよう。「相手が伝えたいことを理解する意識で聞く」「相手の目を見て話を聞く」「適度に相づちを打つ」「前のめりの姿勢」「人の意見に肯定的な反応をする」「対立する意見も素直に聞く」

□議論を常に自分が引っ張る意識を持つ

会議の際に次のことを意識しよう。気づいたらGDが得意になっているはずだ。

「発言の回数を増やす」「進行役を買って出る」「対立意見を調整する」「議論が脇道にそれたら軌道修正する」「行き詰まった際に突破口となるアイデアを発信する」「場の空気を明るくする」「書記の役割を積極的に果たし、議論に貢献する」

GD当日に向けて準備してほしい3つのこと

1 情報収集する

・業界のビジネスモデルを理解
・ニュースを読み、自分の意見を持つ
・業界の今後についての情報を集める
・専門用語を調べる

2 場数を踏む

・ディベートの授業
・サークル、アルバイトの会議
・ビジネスプランコンテスト
・GDセミナー

3 意識を変える

・人の意見を聞くことに意識を向ける
・議論を引っ張る意識を持つ

日々の積み重ねでGDはうまくなる。今日からこの3つを実践しよう

オンラインGDの対策ポイント

一次選考の場などでよくあるのがオンラインGDだ。対面との違いを理解し、いいパフォーマンスを発揮できるように準備しよう。

大事なポイントは4つある。

□まずは何より通信環境

オンライン面接と同様、通信環境の問題でそもそも議論に参加できないということは避けたい。人が多い時間帯の大学のWi-Fiや、飲食店のWi-Fiで参加するのは避けよう。

□スムーズな議論のためのルール決め

対面でも同じことが起こりえるが、ほかの人と発言のタイミングがかぶった時に、譲り合いによってタイムロスしないようにする。

次のようなルールを最初に決めておこう。

「最初の発言は名前順にする」「手を挙げてから発言する」

□場の雰囲気づくりをいっそう心がける

画面上では一人ひとりの表情が見えにくい。発言する時も、発言を聞く時も、表情や身振りは「普段の1・5倍」を意識しよう。

特に表情は、真剣になればなるほど硬く、暗くなりがち。

常に口角をあげて明るい印象を維持し続けることを心がけよう。

□議事録でPCスキルをアピール

資料作成やPCでの情報共有に自信があれば、積極的に議事録を取ろう。

事前に、議論すべき項目を書いたフォーマットを、ワードやグーグルドキュメントで用意しておくのがポイントだ。それを活用すればスムーズに書記役になれる。テーマによって論点は変わるので、常に議論の本質が何かを意識しながら臨機応変に対応する。また、書記は発言の意図を汲み、必要なことだけを書く必要がある。

フォーマットに入れておく項目は次の通りだ。

①議論の目的、②自分たちが誰（どんな立場）なのか、③議論するポイント（課題や論点）、④結論に向けてのまとめ（評価など）

Column

GDについてのQ&A

Q 周囲に圧倒されてしまった時は、どうすればいいか

A

これは実によく聞く。コンサルや超難関企業のGDには、学歴も人格も知識面でも驚くほど優秀な学生が参加する。

大切なことは「当日までに準備するべき3つのこと」（300ページ）に書いておいたので、まずはそれを実行してほしい。

加えて、**議論を「聞いて、理解する」こと**が大切。

どれだけ優秀な人たちも、議論に熱中すると何かを見落とす。よくあるのは、そもそもの議論の趣旨からズレていく、結論を導こうとする時に矛盾が発生する、見落としている視点がある、などだ。

社会人の会議でもよくある。常に議論を客観的に観察することを心がけて、気づいたことがあれば、そこに関して発言する。

知識面や論理展開の速さなどで対抗しようとしないことが大切だ。

Q クラッシャーがいた場合、どうすればいいか

A

「自分の意見を徹底的に押し通そうとする」「とにかく周囲の意見を否定する」人のことをクラッシャーと呼ぶ。就職活動を進めていく中で、ほぼ全員が遭遇するだろう。

その人を野放しにすると議論は破壊されてしまうし、雰囲気も悪くなる。なんとかしたいところだ。

やってはいけないことは「敵対すること」だ。きみがその人に対して「ほかの人の意見も聞こうよ」などと言ってしまうと、大変なことになる。きみとクラッシャーの戦場になり、ますます状況が悪化してしまうだろう。

では、どうすればよいか。

「ルールをつくり、クラッシャーを落ち着かせる」というのがおすすめだ。

例えば「せっかくGDなので、誰かの意見とほかの人の意見が違った場合、全員に意見を聞いて、賛成意見が多いほうを採用しない？」や、「テーマについて、全員が必ず1つ以上意見を言うのをルールにしない？ 全員の意見を聞いたほうが、いい議論ができそうだし」など、暴走を止めるルールをつくることだ。全員を相手取ってまで暴れることは少ない。有効に作用するだろう。

Q 一切発言しない人がいたら、どうすればいいか

A

「まったくしゃべらない」「小さくうなずいているだけ」「ひたすらメモを

とっているだけ」の人がいる。

このタイプも就職活動の中で必ず出会うだろう。GDに強い苦手意識を持っている人がこうなる。本人もそれでいいなどとはまったく思っていない。ただ、なんらかの原因で発言ができないメンタル状況か、知識の限界なのだと思う。その人に対して「何か意見ない？」と聞くのは、失敗する可能性が高い。なぜなら、何を発言したらいいか分からないため、黙っているからだ。

であれば、**必ず答えられる質問**をする必要がある。その人が経験していることから答えられるよう、水を向けるのだ。

「パン屋の売り上げを上げる」のようなテーマであれば、「よく行くパン屋はある？　その中でもっとこうなったらいいのに、とかある？」と聞く。「優秀な社員とは何か」であれば「アルバイト先で社員と話すことってある？　優秀だなって思う時ってある？」など。このような質問であれば、答えられるだろう。

Q どの役割をやると、選考を通過しやすいのか

A **役割と選考通過の関係性はまったくない**と断言しておこう。

毎年、さまざまな噂が飛び交う。「進行役が一番リーダーシップを取りやすいので選考通過できる」「発表者が一番目立てるから通過する」など。

完全な誤解だ。

「進行役をやったが、ほかのメンバーのほう

が優秀で、議論をまとめられずに選考で落とされた」という話をよく聞く。

発表者についても同じ。面接官に聞くと「発表はおまけ。結論に至るプロセスでいかに議論に貢献したかを見ています。発表をどれだけ上手にやっても、それだけで選考を通過することはありえません」という。当然だろう。

大切なのは**議論への貢献**であって役割ではない。

Chapter 13

社会人訪問&リクルーター面談対策

企業研究の意味でも、企業へのアピールの意味でも、
重要度が増している社会人訪問とリクルーター面談。
積極的にこれをおこない、何を聞き、
どれだけアピールできたかで、その後の選考の合否にも影響する。
漫然とやってはいけない。ここに書いてあることを実行しながら、
しっかりと準備をして進めていこう。

社会人訪問とは非公式の「選考」だ

社会人訪問とは、企業研究の場だ。志望企業で働いている人に会って話を聞くことにより、説明会では聞けないことや、ネットで調べても分からないことを知ることができる。さらには、会った人の「働く上で感じたこと（喜怒哀楽）」を聞き、自身が働くイメージをより鮮明にすることもできる。

しかしここ数年は、**非公式の「面接」の場**にもなっている。訪問された社員が学生の印象なども会社に報告するよう指示されているところが年々増えている。社会人訪問のプラットフォーム（「ビズリーチ・キャンパス」など）に仕事として登録するよう、社員に指示している企業もある。選考の面接以外の場でも、しっかりと学生の能力や適性と向き合おうとしているのだ。

ある企業では、社会人訪問で評価が高かった学生だけを集めて、非公開のインターンシップや特別セミナー、選考の免除などをおこなっている。

また、ある超大手企業は、社会人訪問の評価が高い人と低い人とで明確に区別して、本選考の面接を進めている。**評価の高い人から順に面接枠を解放し、低い人に残りの枠を解放する**仕組みだ。

となると、スタート時点で「選考の有利・不利」の差が歴然とついてしまう。

つまり、ESが通過したとしても、社会人訪問の評価によって大きなリードにもハンデにもなる。それならばなおのこと、社会人訪問を自身の選考により有利になるよう活用したいものだ。

社会人訪問が「面接」ならば、そこでしっかり自身をアピールし、「ぜひ一緒に働きたい」と思ってもらう必要がある。

このチャプターでは、社会人訪問を「面接の場」と位置づけ、知っておくべきことと注意すべきことにフォーカスして解説する。

きみのちょっとした油断が原因で、社会人訪問が評価を下げる結果にならないように。しっかり準備することで、未来の可能性を広げられるようにしたい。

「知っている」と「できている」は違う。本当にできているか、自問しながら読み進めよう。

社会人訪問では「話す」より「聞く」

1. しっかり自分をアピールできる学生（記憶に残る話ができる学生）
2. 企業研究ができていて、質問が鋭い学生
3. 志望動機が明確で、「第一志望」であることが伝わる学生
4. 社会人の話を聞き、会話を展開できる学生

社会人訪問では、質問すると同時に、自分をアピールする必要がある。

1〜3は通常の選考と同じだ。

本選考のつもりで、しっかりと伝えよう。


気をつけたいのは、必要以上に「面接」として身構え過ぎてしまうこと。

どうしても**自分が話すことに必死になってしまう学生**が多い。

それでは残念ながら落とされてしまう。

4についてだが、社会人訪問は「聞く場」でもある。一問一答の会話ではない。

彼らの話す内容をもとに、どれだけ会話を引き出すことができるか。または、盛り上げることができるか。

相手の表情を見ながら、熱を持って話している時や、キラキラした表情をする瞬間を見つける。相手の信念や価値観に触れるチャンスだ。どんどん質問を繰り出し、話を展開させていこう。

きみがその会社で働くイメージを持つための重要な情報を次々と聞くことができるだけでなく、その社会人にとっても、話していて楽しいため、自然ときみに好印象を抱く。

つまり、高く評価する可能性が高まるだろう。

社会人訪問で志望動機を完成させる

社会人訪問をすることで志望動機もブラッシュアップされる。そこで働く人の生の声はやはり一番参考になる。また、**社会人訪問して聞いた話は、きみ「だけ」が聞いた話になる。**その内容をもとに志望動機を完成させれば、**ほかの学生が語る志望動機と差別化を図れる**のだ。

社会人訪問の際、許される限り、**志望動機を聞いてもらおう。**厳しめにアドバイスしてもらうのが大切だ。考えの甘さや、知っておくべき情報、見えていない点をズバズバ言ってもらおう。採用担当者も同じ点できみの志望動機の甘さに気づく。そして落とす。早めに聞いて対策をとろう。

その際に注意点がある。きみが、その時点で**ベストと思える準備をして挑むこと**だ。活躍している人であればあるほど忙しい。その合間を縫《ぬ》ってきみと会ってくれている。きみが中途半端な準備で臨んだら、本気の指摘や回答は得られないだろう。

社会人訪問での質問例

□組織として目指していること（社内の人は、10年後のその企業の姿をどうイメージしているか）
□企業（と業界）が抱える課題（短期、中期、長期の課題は何か）
□競合他社について（同じ業界の人から見ると、どう見えるか）
□具体的な仕事内容（イメージと実際の仕事は合っているのか）
□そこで働く人々の雰囲気（どんな人が集まっているのか）
□企業の文化（意思決定時にどんなことを大切にしている企業なのか）
□直近の社会情勢や業界動向をどうとらえているか（報道と実際に違いはあるのか）

これらの質問も、年代や役職によって、まったく違う回答をしてくる場合がある。年齢や役職によって見ているポイントが違うのだ。若手は現場には詳しいが、組織の全体像は見えていないことが多い。逆に、管理職は役職が上になればなるほど、中長期的な組織の方向性が見えている可能性が高い。重役の人と会うのはプレッシャーかもしれない。それでも、勇気を出して会いにいこう。自分の人生を決める大事な会社選びなのだから。

社会人訪問では40代、50代がカギ

社会人訪問に慣れてくると、面接で落ちにくくなる。

これは、今まで学生を指導してきて確信していることである。

社会人訪問に力を入れた学生は、大人との会話に慣れている。

結果として、面接の質問にも的確に答えることができるのだ。

例えば、大手広告代理店D社に入ったT君。

彼は社会人訪問のたびに、先輩たちから「今日の僕の甘い部分を、考え方も、立ち居振る舞いもすべて厳しく指摘してください」とお願いした。

自分から申し出たものの、相当ズバズバと言われ、始めた頃は落ち込む日々だった。

しかし、そこでめげないのがT君。もらったアドバイスをノートに記録し、「次はどう伝えればいいか」「どんな知識をつけるべきか」「どんな質問をぶつけたいか」など、自分の甘さと向き合い、改善点を徹底的に洗い出していった。時にはくやし涙を流すこともあったが、日に日に成長していく様子が見てとれた。

そして、訪問した人数が30人を超える頃には、まるで別人のような落ち着きと、風格が漂っていた。話す姿勢、人の話を聞く姿勢、目つき、顔つき、そのすべてが洗練されていた。

「T君なら大丈夫だね」と、我究館コーチ全員が思った。

当然のように第一志望に内定した。

T君が素晴らしかったのは、**年齢が近くて気楽に話せる20代、30代だけではなく、管理職世代である40代、50代とも臆することなく積極的に会っていた**ことだ。

世代によって、雰囲気や考え方がまったく違う。

会話をするのも緊張するし、何を聞いたらよいのかも分からなかっただろう。多くの就活生が、世代が上の人たちへの訪問を敬遠する。そして、慣れていないその世代の方たちと、最終面接で会って、落とされてしまうのである。

ぜひT君のように、練習の場として積極的に社会人訪問をおこなおう。

社会人訪問時の「7つの注意点」

1. 服装は原則スーツで

スーツで行こう。「普段どおりの服装」で、などと言ってくれることも多いだろう。それでも、時間をいただき、お話を聞く場だ。誠意を見せることは大切だろう。

仮に相手がスーツでなくても本選考と同じようにバッチリ決めていこう。**社会人訪問と本選考を区別しない。**社会人が自分のために忙しい中で時間を割いてくださっているのだ。

2. お礼メールは当日に送る

訪問した当日に、必ずお礼のメールを送ること。早ければ早いほどいい。翌日だと「ああ、面倒くさかったんだな」と思われてしまう。感謝の気持ちを行動で示すのは基本中の基本だ。

また、テンプレートのようなお礼メールを送る学生が多い。「ほかの人に送ったお礼メールのコピペなんだろうな」と思われてしまうものだ。それでは逆効果。しっかりと**その日に聞いた具体的な内容に触れながら**「○○さんが話されていた××が大変参考になり、今後の就職活動で活きてきそうです」のように、しっかりと何について感謝しているのかを伝える必要がある。

3. 就職活動の進捗報告をする

「いよいよ、御社の選考が始まりました。精いっぱいがんばってまいります」など、選考の進捗や結果なども報告しよう。人との関係を大切に。僕も今まで数十人の社会人訪問を受けてきたが、これがしっかりとできる学生は10人に1人程度。報告がないからといって、嫌な気持ちはしない（というより思い出すことが少ない）。けれども、報告があるとかなり好印象だ。「この学生に時間をとってアドバイスをあげてよかったな」と思わせてくれる。

4. 第一志望は最低5人訪問する

志望度が高い企業に社会人訪問しないのは言語道断だ。

本選考の面接官の手元に、受験者が訪問した社員の一覧があることも珍しくない。志望度が高い企業であれば、最低5人の社会人訪問をおこないたいところ（理想は20人以上）。

また、人事の評価とは別に、きみが進路を考えるにあたり、社会人訪問は非常に重要だ。

企業の「社風」を知ることができるのが一番だ。自分がどこの業界や企業に合っているのかが分かる。例えば同じ商社でも「三菱、三井、伊藤忠」で社風は全然違う。どこの業界でも同じだ。**複数人と会うことによって、自分がどこの企業と一番合うのかを肌で感じることができる。**

5. 質問する前に知っておくべきこと

大手企業で働いている人は自分の部署の仕事以外について意外と詳しくないことが多い。学生はその企業で働いているのであれば、どんな部署のことでも知っているはずだと思いがち。そのため、様々な部署について質問してしまう。そこで「ちょっとその部署のことは分からないな」といった回答をもらい、会話が続かなくなってしまう。これではもったいない。

部署が違っても聞けることや感じるものはある。例えば**「大切にしている価値観」「仕事のスタイル」「その会社のカルチャー」**といったものだ。全部署に共通する「挑戦する人を評価する」という風土がある会社だとする。その会社の社員は、リスクを恐れずにどんどん自分から手を挙げて仕事を取りに行くだろう。その過程で、成功もあれば失敗もある。さらに感動的な物語もたくさんある。こういったことは、社会人訪問を通してでしか聞けないことだ。

6. 「会っている人」その人に興味を持つ

なぜその会社を選んだのか、その中で働いてみてどうか。何を感じたか、それはなぜか。今はどう思っているか。学生時代に戻るとしたら同じ会社を選ぶか。また、その人が何を考えて仕事をしているのか、何を哲学として持っているのか。何に悩み、どのように解決しようとしているのか。誰だって、自分の働いている会社のことよりも「自分に」興味を持ってくれているほうがうれしいものだ。**会ってくれた人の人生の物語をしっかりと聞かせてもらおう。**

7. 次の人を紹介してもらえるか

「社会人訪問のアポイントを取るのが大変」という話もよく聞く。最近では社会人訪問専用のアプリやSNSの普及などもあり、以前よりもはるかにアポイントは取りやすい。

しかし、僕は最強のツールを「紹介」だと思っている。

社会人訪問の最後に「〇〇さん、本日はありがとうございました。御社に対する志望度がますます上がりました。そこで、もしよろしければ、〇〇さんの同僚の方で××の部署の方がいらっしゃいましたらぜひお会いしたいのですが、ご紹介いただけませんか？」と聞いてみるといい。きみが誠意を尽くした社会人訪問をできているのであれば、きっと紹介してくれるはずだ。

もし「みんな忙しいからな〜」のようにやんわり断られたら、きみには何か失礼があったのかもしれない。その人に「同僚に紹介すると迷惑をかけてしまう」と思わせている可能性がある。

また、きみが「素敵」だと思った人にはぜひとも紹介をお願いするといいだろう。社会人になると活躍している人は活躍している人同士で会話をし、刺激を与え合う。つまり、素敵な人から紹介される人は素敵である可能性が高いのだ。

残念ながら逆もある。会社に不満を持ち、グチばかり言っている人は、同じような人とつるむ傾向がある。こういった人への社会人訪問を繰り返していると、企業の等身大の姿をとらえにくくなるばかりか、就職活動への意欲を奪われてしまうことにもなりかねない。

リクルーター面談とは「面接」である

リクルーター面談とは、**企業がおこなう非公式の面接**のことを指す。現場社員が人事から依頼を受け、リクルーター（採用担当者）として、自社を志望している学生と面会し、学生の印象や評価を人事に報告するというものだ。プレエントリーや会社説明会などに参加した直後などに、リクルーターから連絡がくる。カフェやファミレスなど会社の外で待ち合わせ、1時間程度就職活動の話をするといったものだ。オンラインでおこなわれる場合もある。面接解禁日よりも2～3カ月前の時期に頻繁におこなわれる。

「選考とは関係ない」などと言われることから、学生側はリラックスしてしまうことが多いが要注意だ。内容的には「面接」である。

リクルーター面談は、**銀行、保険、ゼネコン、メーカー**で頻繁におこなわれる。「面接」と同じ仕組みなので通過した場合は、次のリクルーターから連絡がくる。

企業によって異なるが、内定者は5人以上のリクルーターと会っていることが多い。中には10人を超える場合もある。実質の「面接」を複数回突破しているようなものなので、評価が高い学生は、面接解禁日に内定が出る。もしくは数回の選考を経て内定、という流れになる。

リクルーター面談でよく聞かれる質問は、次のようなものだ。


「学生時代にもっとも力を入れたことは何ですか?」

「企業選びの軸は何ですか?」

「当社の志望動機を聞かせてください」

「どんな仕事がしてみたいですか?」

「強みと弱みは何だと思いますか?」

「当社の課題は何だと思いますか?」


お気づきのように、「面接」と何も変わらないのである。

本番のつもりで準備をしておく必要がある。

ここで注意したいのが、本選考と違い、カジュアルな雰囲気で聞いてくることだ。例えば、「学生時代にもっとも力を入れたこと」の聞き方なら「どこのサークルに入っていたの?」「ゼミはどこのゼミ?」「へえ、○○って、知り合いだよ!」「幹部とかやっていたの?」といった調子だ。

油断して、ついつい学生側もカジュアルな回答をしてしまいがちだが、適度な緊張感を保つようにしてほしい。

リクルーター面談時の「5つの注意点」

1. 連絡をもらった時点で、選考が始まっていると考える

電話をする際の言葉遣いは大丈夫だろうか。最低限の敬語は使えるようにしておきたい。メールでやりとりすることが多いので、書き方のマナーを勉強しよう。宛名の書き方、文章の書き出し、敬語の使い方、署名の有無など、ビジネスパーソンの常識を身につけるのだ。「学生だから、できていなくても仕方がない」では、きみの評価は決して上がらない。「学生なのにしっかりしている」と好印象を与えるためにも、**ビジネスマナーは押さえておきたい**ところだ。

2. 服装も選考対象になる

社会人訪問と同じく、「選考に関係ないので、いつもどおりの格好で」と言われることがある。その場合でも、**基本はスーツ**がよいだろう。本選考と同じく、スーツのシワや髪型など、ビジュアル面もしっかりと整えてから臨みたい。

3. 面談までに準備をしよう

本選考の面接と同じような準備をすること。「学生時代に一番力を入れたこと」「自己PR」「志

望動機」は、簡潔に話せるようにしておこう。また、リクルーター面談は、社会人訪問と似た流れで進むので、「何か聞きたいことある?」など「逆質問」の時間が長くとられる傾向にある。**最低20個は質問を準備したい。**

4. 面談時はリラックスし過ぎないようにしよう

リクルーターはリラックスしているだろうが、学生であるきみは適度な緊張感をもって面談に臨もう。とはいえ、その場の空気をつかみ、ある程度盛り上げることも必要だ。緊張でガチガチになっているようでは、相手は会話を楽しめない。会話の流れの中で、**適度なユーモアや印象に残るエピソードをはさみつつ、緩急をつけたい**ところだ。

面談後に「この学生と一緒に働きたいな」と思ってもらえるよう、いい時間を過ごそう。

5. 面談後、リクルーターへの感謝の言葉を忘れずに

忙しい中、時間をつくってくださった方へのお礼の連絡は必ずしよう。社会人訪問と同様、**可能な限り当日中にする**のがベストだ。

どうすればリクルーターに声をかけてもらえるのか

では、どういう人がリクルーター面談に呼ばれるのか。企業との接点がなければリクルーターからも声がかかりにくいが、次のどれかに当てはまればリクルーターにつながる機会は増える。

こんな時は、リクルーター面談につながるチャンスだ。

1．プレエントリー・エントリーした時（特に上位校の学生）
2．「説明会」「セミナー」でいい印象を持ってもらえた時
3．インターンシップで評価が高かった時
4．社会人訪問で評価が高かった時
5．大学のゼミ・研究室の先輩が会いに来てくれた時

1は誰でも……というわけにはいかない。上位校の学生にはリクルーターがつく可能性が高いが、だからといって安心してはいけない。

例えば、就職のナビサイトオープン「初日」にプレエントリーができている学生以外には、リクルーターは声をかけない企業もある。積極的に情報収集し、早めの準備を心がけよう。

2〜**5**については、今から主体的に動けば、チャンスを手に入れることができるはずだ。特に**2**には注意したい。

学生が思っている以上に、人事担当者はきみたちを見ている。どこの席に座るか（当然、最前列が好印象だ）、質問をするか、待ち時間に何をしているか（スマホをいじりながら、ダラダラしていないか）、など。きみという人間を、様々な角度からチェックしている。

志望度が高い企業であれば、前のめりな姿勢で臨み、積極性をアピールしよう。

企業は、自社に対する志望度が高い学生を探している。

そういう意味では、自分から企業側にアプローチしている姿勢を見せるのが何よりも大切なことだ。

リクルーター面談は、1対1ではない場合もある

ちなみに、1対1の面談でないケースもある。

「少人数の特別セミナー」「社員交流会」「意見交換会」などだ。

これらも**すべて「面接」である**ことを、つけ加えておきたい。

我究館生が体験したケースを紹介しよう。「社員交流会」と呼ばれる、4人の学生が現役社員と会話する機会を設けてもらった。終始リラックスした雰囲気で「聞きたいことある?」と声をかけ、学生の質問に何でも答えてくれた(注:これは逆質問面接だ。質問の内容によって志望度を見ている)。

その後、2人の学生だけが次のリクルーターに呼ばれ、残りの2人は落選してしまった。企業側から何も連絡がこなかったのだ。

Chapter 14

絶対に押さえたい
面接の質問46

ここでは面接で聞かれる頻度の高い46の質問と
その答え方を紹介している。
普遍的なものから最近の傾向まで、
聞かれる可能性のあるほぼすべてのパターンを網羅している。
これに答えられれば、面接対策は万全と言ってもいい。
これ以外の質問をされても、この中の質問のバリエーションに
過ぎないので安心して取り組んでほしい。

面接で失敗する2パターン

面接がうまくいかない人の2つの特徴

「結論ファーストで答えなさい、と言われるが、どうすればいいか分からない」「何をどう話したらいいか分からない」などという面接の悩みを学生からよく聞く。今まさにきみもそう思っているかもしれない。

それに対して「論点を整理して、ロジカルに話そう」と言うのは簡単だ。しかし、それでは根本的な解決になっていない。なぜ面接できちんと話せないのか。問題は大きく分けて2つある。

1. 質問の背後にある意図を汲み取れず、質問を理解できていない

2. 自信がなく、余裕を持って臨めていない

実は、これらはいずれも自己分析が足りないことから生じている。

まず、1. に関しては、**そもそも質問をちゃんと聞けていない**から正しく答えられない。なぜここでその質問が出されたのかという質問の背景にある「面接官の意図」が分かっていないので、何を答えればいいのかが分からない。相手がほしいと思っている回答を用意することができず、その回答を端的にまとめた結論を先に言うこともできない。

それは、自己分析が不十分だからだ。自分のことを徹底的に分析して、どの角度から聞かれても、何を聞かれても大丈夫なように準備をしていて初めて、様々な質問に対応することができる。もちろん、質問を想定して準備したとしても、相手が自分の用意した台本どおりに聞いてくれるとは限らず、臨機応変な対応が求められる。

ただ、十分準備ができていれば、たとえ相手の質問が想定外で一瞬戸惑ったとしても、ああ、これは自分のコミットメント力を試しているんだな、経歴の中にある「弱み」をどう克服したかということが知りたいんだな、などと勘が働くようになる。

そして**2**。面接でうまくいかないのは、自信を持てていない、余裕がないからだ。余裕がなければ面接の場で相手の意図を想像しながら、相手の言葉にきちんと耳を傾け、質問を落ち着いて聞くということができない。聞けていないから、的確な答えを用意できない。

そして、結局それも、自己分析が足りないからということになる。自分のことが自分でよく把握できていないから、何を聞かれても答えられないような気がして不安でびくびくしてしまうのだ。自己分析をちゃんとしていれば何を聞かれても結びつけていけるし、質問されたことに対応する答えを返し、なおかつ自己PRを付け加えることさえできる。

だからまず、自己分析を徹底的に突き詰めるのが対策の基本だ。そして、それをさらに面接での回答と結びつけていくために、このChapterでは、46の質問とその意図を、面接当日でも読み切れるようにまとめている。学生が実際に面接で話した実例も多数掲載している。大事な面接が迫っている人でも、今すぐに対策ができるようになっている。

1次面接から最終面接まで、あらゆる場面に対応できる。ここにない質問を受けることがあるかもしれないが、そのほとんどは掲載している質問の派生形に過ぎないから恐れることはない。

前述したように、自己分析ができていれば、そうしたバリエーションに答えるのは決して難しくない。自己分析を深めながら、最頻出かつ基本の質問とその意図を把握しよう。本番前に質問の意図を汲む力を養い、自己分析をさらに磨き上げてほしい。焦らなくていい、一歩ずつ改善すれば大丈夫だ。

きみなら絶対にできる。

質問の意図を正確に把握し、攻略する

面接と言えば、アピールするもの。したがって、何をしゃべるか、どう表現するかといった「発信すること」ばかりに意識がいってしまいがち。

しかし、伝えるということは、「受け手（面接官）が、どういう気持ちなのか」をつかむことである。

伝えるためには、何をしゃべるか、どう表現するか以前に、**「質問の意図（狙い）は何なのか」「何を聞きたがっているのか」**を正確につかむ必要がある。

これは、対面でもオンライン面接でも同様だ。

1. 各質問には面接官のどんな意図があるのか、学生の何を知りたいのか。質問の狙いを把握する

2. 各質問の意図を踏まえ、自分だったらどんな答えをするか、事前に考えておく

このChapterで挙げている質問は、非常にポピュラーであり、必ず聞かれると思ってよい。

ということは、すべて「さあ、どうぞホームランを打ってください」という〝やさしい質問〟なのだ。したがって、これらの質問にうまく答えられないようではマズイ。必ず事前に考えておこう。

注意事項

準備したことをただ話す人は、落とされる

想定される質問に対して、あらかじめどのように答えるかを考えておくことは必要なことだ。しかし、それには次のようなリスクがある。

1. 言葉のキャッチボールがおろそかになる

面接はキャッチボールだ。「しゃべる内容」にばかり意識がいき、肝心な、**「空気を読むこと」や「面接官の気持ちを読むこと」、また、「自然なコミュニケーション」をおろそかにしてはいけない。**

あらかじめしゃべる内容を準備しすぎると、「あれは言えたか、これは言えたか」と、頭の中で自問自答が始まり、面接官と心を通わすことがおろそかになってしまうものだ。

2. 会話の流れにない受け答えをしてしまう

一つひとつの質問に対し、「その質問にはこの答え」とパターン化してしまうと、面接の流れの中で、時にずれた回答をする可能性がある。

例えば、アルバイトの話を語ろうと思っていたが、面接官が興味を示した勉強の話をかなり熱く語っていたとしよう。その場合、アルバイトの話は、面接官が興味を示さない限りは、自分から詳

しく話すべきではないかもしれない。

このあたりは、その場の空気次第。あらかじめ用意しておいたとおりにしようとすると、間抜けになってしまうのだ。

3．つまらない面接になってしまう

あらかじめ用意してきたことを答えていると思うと、面接官は楽しくない。好印象を持たれなくなり評価が下がる可能性がある。そうすると、きみの人間性を知るために「最近イライラしたのはどんなことですか？」などといった用意ができない質問が飛んでくる。

面接官と心を通わせながら、言いたいことを簡潔に伝えるスキル。面接が始まってからの流れを汲み、流れの中でふさわしいことを答えるスキル。これらのスキルが十分でないまま、何をどう答えるかばかりに熱中すると、まともなコミュニケーションにはならない。面接官と心を通わせることなく、間抜けな一問一答をしてしまうことになるだろう。気をつけてほしい。

面接は、**面接官と心を通わせながらも、自分の意見を自分の言葉で、堂々と語るメンタルの強さ**が絶対に必要なのだ。

面接の質問

1 自己紹介と自己PRを30秒でしてください。

くどい自己紹介は悪印象

応募者のコミュニケーション能力や状況把握力を見る基本的な質問。時間管理能力と場の空気を読む力が試される。例えば30秒と指定された場合、その時間を意識しながら簡潔に自己PRのポイントを1～2点盛り込む程度が適切だ。**指定時間を大幅に越えると減点対象となる。**初めての対面面接の1問目という場合も多く、緊張している場合は、「めちゃくちゃ緊張しているんですが」などと正直に伝えることで、面接官との距離が縮まることも。名前や所属以外に、**自分の個性を表現するキャッチコピー、面接で話す内容の補足事項や、ESに書けなかった強みを言っておくのも効果的。**オンライン面接の場合は背景を企業のコーポレートカラーにする、聞いてほしいテーマを表示しておくなどの工夫も好印象。

よい回答例

●●大学、XX学部の△△と申します。学生時代には一歩一歩着実に積み上げる性格から、『タートル△△』と呼ばれていました。コツコツとがんばることが身上です

象徴的な比喩《ひゆ》のあだ名を説明に交えることで、人柄が分かりやすく、簡潔な自己紹介になっている。

いまいちな回答例

私の経歴をお話ししますと、小学校では生徒会長を、中学では委員長を3年間務め……（2分超過）

時間オーバーは大幅に印象を悪くする。時系列の出来事を述べただけで、その人がどういう人なのか焦点がぼやけている。

面接の質問

2 学生時代にもっとも力を入れたことは何ですか(ガクチカ)。

事実より動機を述べる

ほぼすべての面接で必ず聞かれる最重要項目の一つ。単なる経験談や成果の羅列ではなく、その経験を通じて得たものを、企業でどう活かせるかを語ろう。近年は特に「仲間と一緒にがんばったこと」「他者と協働して課題解決に取り組んだ経験」など、**「条件付きガクチカ」**の形で聞かれる傾向がある。何をしたかの事実も大事だが、**なぜそれに取り組んだのか、どういうモチベーションでがんばれたのか、どのような困難があり、どう乗り越えたのか**など、自分らしさが伝わる要素を必ず含めよう。頭のよい学生ほど事実を並べた客観的な説明に終始しがちだが、それでは人物像が見えず、相手の印象に残らない。企業はエピソードから、応募者が実際に働く姿を想像するので、経験と企業の求める人物像や業務内容との接点を意識した構成にしよう。

よい回答例

村おこしの企画運営に力を入れ、現場のオペレーションを考える役に徹し、農産物即売会などを実現させました。この経験を御社の企画業務で活かしたいです

漠然と「イベントをやった」ではなく、その中でどのような役割を担い、志望にどう結びついているかまでが明確。

いまいちな回答例

サークルの広報として、SNSのフォロワー数を3000人に増やし、新入生が50人入りました

ここから人物像は分からない。フォロワー数が増えたことと、新入メンバーが50人増えたこととの因果関係もよく分からず、根拠が弱い印象。

面接の質問

3 志望動機を教えてください。

ベン図の重なりを意識

1次面接では聞かれないケースも近年は増えている。ただし、選考過程のどこかで必ず問われるため、十分な準備が不可欠。そもそも、これを考えずに企業に応募することはできないだろう。重要なのは、企業の長所や強みを「太鼓持ち」的に列挙するのではなく、本質的な企業理解に基づいて自分なりの視点を入れることだ（企業の長所を並べても、「それは言われずとも知っているよ」と思われてしまう）。**その企業の魅力だと感じている点と自分の強みや価値観とがどう一致するのか、自分と企業の強みのベン図が重なる部分を具体的に説明しよう。**企業研究の深さも見られている。実際に社員と接して得た情報や、業界内での企業の位置づけが入れられるとよい。特にB to B企業の場合、仕事内容や価値提供の仕方を理解していることが重要。

よい回答例

インターンシップで旅行会社等を対象にチケットを販売する仕事を知りました。御社ならではの豊富なデータベースをもとに提案・販売する営業の仕事に携わりたいです

その企業の営業の魅力が自然に語られている。

いまいちな回答例

御社は業界でトップの実績があり、私も成長できると思い、ぜひ入社したいと考えました

その企業ならではという特徴が一言も述べられず、加えて自分が成長したいという自分本位な動機になってしまっている。

面接の質問

4 なぜ、この業界(職種)を志望するのですか。

業界理解を示す

業界理解の深さと志望業界を選んだ意思決定プロセスを確認する質問。必ずしも業界を絞る必要はなく、社風や企業のカラーを重視して業界横断的に企業を選んだという回答もありだ。業界を絞っている場合は、**一般論や表面的ではない、その業界の特徴や課題、将来性について十分な理解があることを示す。**業界を絞っていない場合は、その理由や、代わりにどういう軸で企業を選んでいるのかを明確に説明しよう。「自由な社風に惹かれ、そういう企業を中心に受けている」など。その中で、なぜこの業界なのかも重要。その理由には、自身の価値観や強み、キャリアビジョンとの整合性が求められる。学生時代の専攻と異なる業界を志望する場合、その理由を合理的に説明しなければならない。以上は職種についてもほぼ同様。

○ **よい回答例**

材料工学の研究をしており、製造業の技術力に興味がありました。工場見学で、モノづくりを通じた社会貢献に共感し、この業界を志望しました

自分の専攻、その業界に惹かれたポイント、モノづくりを通じた社会貢献までのストーリーができている。

△ **いまいちな回答例**

成長産業で将来性があり、グローバルに活躍できる業界だと聞き、自分も挑戦してみたいと思いました

惹かれた理由がすべて漠然とした抽象的な言葉で語られており、自分の価値観との接点も言及されていない。

面接の質問

5 当社を知ったきっかけは何ですか。

シンプルかつ素直に

深い意図があるというより、企業が自社の採用マーケティングの効果測定の目的で聞いてくることも多い。特にBtoB企業は、BtoC企業のように学生が消費者ではなく、普段の接点がないため、企業をどのように認知したのかを知りたがっている。正直に答えて構わないが、ここではきっかけと志望動機を混同しないことが重要。例えば「OB・OGから紹介された」で十分だが、「なぜその先輩と接点があったのか」という経緯を違和感なく説明しよう。エージェントからの紹介の場合も、なぜその時期にエージェントを利用していたのかなど、自然な文脈で説明できることが望ましい。**つくり込まれた回答や不自然な説明は、かえって印象を悪くする。**例え本音でも、「何となく」といった、消極的な印象を与える表現も避けよう。

○ よい回答例

就活イベントで御社のブースを訪問した際、社員の方から丁寧に事業内容を教えていただき、それをきっかけに興味を持つようになりました

就活イベントでの出会いや、社員に好感を持ったことが、きっかけとして、シンプルで自然な形で説明されている。

△ いまいちな回答例

特に理由はないのですが、就職サイトで偶然、御社の求人を見つけ、事業内容に興味を持ちました

特に理由はない、というのは余計。この場合は事業内容のどこに、そしてなぜ興味を持ったのかを言うべきだ。

面接の質問

6 当社の印象を教えてください。

○ よい回答例

ややや保守的な大手企業という印象でしたが、説明会で若手の意見も積極的に取り入れる社風を知り、ここでぜひ新しい営業方法に挑戦したいと思いました

企業への理解が深まるにつれ、印象が変わったことが、具体的に述べられており、かつ自分のチャレンジ精神とうまく結びつけている。

△ いまいちな回答例

企業理念が素晴らしく、社員の皆さんがとても優秀で、働きやすい環境も整っていて憧れていました

ただ褒めているだけで、表面的な印象でしかない。「働きやすい」も文脈次第では自分本位に聞こえる。憧れているというのも幼稚。

よい意味でのギャップを述べる

企業理解の深さと企業に対する率直な見方を確認する質問。けなす必要はないが、ここでも「太鼓持ち」的な回答は避け、バランス感覚を持とう。**企業のよい面だけに言及せず、自分なりの視点で企業をとらえていることを示す。**表面的な評判や一般的なイメージで語らず、実際に社会人訪問やリクルーターなどと接触したり、企業研究したりして得た印象を中心に話そう。例えば**「最初は○○というイメージでしたが、説明会に参加して△△という面を知り、より魅力を感じました」**など、印象の変化と企業理解が深まる過程を示すのも有効だ。その企業ならではの特徴や、競合他社との差異を踏まえた印象を語れるとなおよい。負の側面や課題について言及する際は慎重に。課題に対してどのように貢献できるかという観点があれば理想的だ。

面接の質問

7 入社後、具体的にやってみたい仕事は何ですか。

なぜできるのか、根拠も述べる

ある意味、難易度が高い質問。希望職種の表明ではなく、その会社でどのような価値を生み出していきたいのかという具体的なビジョンが問われる。企業研究の質も同時に評価される。会社が現在おこなっていない事業や、根幹事業ではない部門を志望するのはアウト。**主力事業や近年力を入れている事業を理解した上で、そこでの自身の役割を描く必要がある。**憧れや興味だけでなく、適性や準備状況も示す。例えばマーケティング志望なら、学生時代の経験や、勉強した内容などの「素養」、インターンシップでの経験や、自主活動でも説得力を高められる。「やりたいこと（want）」「できること（can）」、「やるべきこと（must）」のうちcanがあるかことが重要。他人と同じで不利になるからと、やってみたいことを言わないのはよくない。

○ よい回答例

建設業界では女性管理職が不足している現状があります。リーダー経験を活かして将来は現場監督として活躍したいと考えています

業界の現状や課題を正しく理解し、自分の志望動機がそこに対してぴったり一致している。

△ いまいちな回答例

（売り上げの9割が既存事業の会社で）新規事業部門で、今までにないサービスを生み出していきたいです

会社の現状を理解していないように映る。「うちはそこには力を入れていないからきみは要らないよ」と思われるだろう。

面接の質問

8 企業選びの軸は何ですか。

本音と建前の使い分け

定番の質問。どのような基準で企業を選んでいるのか、その**意思決定プロセスと価値観を見極める意図**がある。本音の軸と建前の軸をうまく使い分けよう。年収やワークライフバランスは重要だが、面接では別の表現を使い工夫して伝える。建前だけでは薄っぺらく聞こえるので、「年収が高い会社」とは言わず、「将来の家族形成も考えて、安定的に成長できる企業を選んでいる」と言うなど、背景にある価値観を示す。ありきたりな軸でも、選んだ理由を自己分析に基づいて深く掘り下げられれば、説得力のある回答にできる。軸と企業の特徴がマッチしているかどうかはむろん、その軸で企業研究しているかも重要だ。「女性活躍」なら、女性管理職比率、育児支援制度など、具体的な事実に基づいて企業を評価できているかが見られる。

よい回答例

離職率の高さを逆手に取り、昇進機会の多さから選んでいます。将来は独立も視野に入れているためキャリアを早期に構築したいと考えています

一見突飛に見えるが、志望動機との関連性が明確で、なるほどと思わせられる。内実があり、しかも独自性がある回答だ。

いまいちな回答例

安定していて、給与水準が高く、働きやすい環境が整っている会社を選んでいます

正直だが、応募者が自分のメリットしか考えずに企業を選んでいるように聞こえてしまう。

面接の質問

9 インターンシップに参加した企業はどこですか。

言わなくていいこともある

就活生の企業選びのプロセスやインターンシップで何を学んだかを確認する意図がある。**ウソはNGだが、参加企業すべてを正直に答える必要はなく、戦略的に情報を取捨選択しよう。**年収の高いところなど、好ましく思われない動機は言及を避けるのがベター。どこからつっこまれても説明できるよう、一貫性のあるストーリーを準備する。例えば、銀行のインターンシップに参加したが、マスコミ業界を受けている場合、軸とのずれを指摘される可能性がある。初期のインターンシップはそもそも職業体験や業界理解のためのもので、多数参加する過程で適性や志向を見極めていったという文脈で説明するとよい。後期インターンシップについては、志望度の低い企業についてはあえて言及しないのが無難。

よい回答例

（コンサルで）●●コンサルと△△銀行のインターンシップに参加しました。金融工学専攻で、フィンテックの技術やそのソリューションに興味があったためです

銀行とコンサルティングと異なる業界であっても、専攻分野やフィンテックというキーワードで矛盾がない回答になっている。

いまいちな回答例

（後期インターンシップで）なじみがあったので●●、XX、△△（食品、ゲーム、出版）などに参加しました

要は身近なBtoCの企業しか受けていないということで、企業理解や自己分析が浅いことが露呈してしまう。

面接の質問

10 社会人訪問はしましたか。

可能な限り数をこなす

志望度と主体性が見られている。**社会人訪問は自発的なアクションがなければ実現できない活動であり、企業は応募者の積極性や行動力を測っている。**同時に業界理解や企業研究の深さを確認する意図もある。実施した社会人訪問の具体的な数や、そこで何が得られたのか、業界理解の深化や自己の適性確認にどうつながったかを説明できるように。多い人は50人程度と会っている。地方在住など、社会人訪問が困難な場合も諦めず、オンラインやSNSを活用した代替アプローチの経験を重ねよう。LinkedInやFacebookなどのプラットフォームを通じて情報収集したり、関係構築をしたりした努力でも、積極性や主体性を十分にアピールでき、都市部で何もしていないよりも印象がよくなる。志望企業は複数の社会人と接点を持つことが望ましい。

よい回答例

地方在住なので、Facebookで連絡を取り、オンライン面談で、XXの業務が今、△△のフェーズにあることなど教えていただきました

地方在住のデメリットを言い訳にせず、積極性をアピールできている。

いまいちな回答例

御社に同じ大学出身のOBやOGがおらず、していません

同じ大学の出身者がいなくても連絡を取る方法はいくらでもあるのに、それをしていない、行動力や主体性がない人間だとみなされてしまう。

面接の質問

11 自分をひと言で表すとどんな人ですか。

まずは100個考えるつもりで

自己理解の深さと、それを簡潔に表現する力を見ている。自分が持ついくつかの面からもっとも適切な面を選び出し、印象的に伝えられるように工夫しよう。**「亀のように一歩一歩着実に」など、具体的なイメージは印象に残りやすい。**ただし、エピソードの裏付けがあることが必須。自分のキャッチフレーズは、生成AIなども活用し、100個程度を考えてみよう。それが自分自身への深い理解を促すプロセスとなる。他者の評価も欠かせない。バイト先、部活動、インターンシップ先、家族など、異なるコミュニティでの評価を集めれば、より客観的な自己理解になる。言動不一致には注意。**内気な印象なのに「ムードメーカー」を自称するなど、第三者の印象と大きくずれる表現は避ける。**企業の求める人物像と自分の特徴を無理に一致させるのも危険。

○ よい回答例

人に何かをしてあげて喜ばれることが自分の一番のモチベーションであり喜びなので、「■■（大学名）のアンパンマン」と呼ばれていました

誰もが知る固有名詞があることで、イメージが浮かびやすい。人からそう呼ばれていたという点も重要。

△ いまいちな回答例

人と話すのは苦手ですがムードメーカーです。営業職でコミュニケーターとして活躍したいと思います

人と話すのが苦手なのに、根拠もなくムードメーカーというのはあまりに無理筋。実際の人物像と乖離していると見なされる。

面接の質問

12 身近な人に、どんな人だと言われますか。

多面的な自分を伝える

自己理解の客観性が見られている。自分が思う自分像と、他者が見る自分像との間には往々にしてギャップがあるもの。**他者評価は信頼度や客観性がより高く、この質問で応募者の自己認識の正確さを確認している。**11同様、多様なコミュニティからのフィードバックを集められれば、より立体的な自分像が見えてくる。友人や家族など、私的な関係の人からの評価も有益だ。ただし、親は自分の願望込みで言う場合があるので注意。また、リーダーシップがある、と言いながら周囲の評価が控えめなど自己PRとの矛盾にも注意しよう。両立する違いなら、多面的な人物像として積極的に伝えてもよい。他者評価のねつ造は禁物だ。こうありたいという自分像をつくり上げても、必ずほころびが出る上、企業とのミスマッチにもつながりかねない。

○ **よい回答例**

面倒見がよいとよく言われます。サークルでは率先して下級生の指導にあたり、アルバイト先でも新人指導を任されていました

何より、アルバイト先でも新人指導を「任された」という、他者の評価に裏打ちされた具体的なエピソードに説得力がある。

△ **いまいちな回答例**

仕切るのが好きで、リーダーシップがあるほうだと思います

自分がそうしたいだけで、実際にリーダーの素養があるという根拠がどこにも示されていないので説得力がない。

面接の質問

13 対人関係で大切にしていることは何ですか。

双方向性が重要

単なる対人スキルではなく、**対人関係における本質的な価値観と実践力を確認する意図**がある。またその考え方が社風やチームワークのスタイルと合致するかどうかも見られている。理論と実践の両面で答えよう。抽象的に述べるだけでなく、実際の行動の具体例を示す。「相手の立場に立って考える」と言うなら、具体的なエピソードと結びつけよう。「正確な言葉遣いを心がけている」「要求をしっかり伝えるようにしている」など一方向のモットーはコミュニケーション観が見えてこず、自分本位に見える。**双方向的なやりとりについての考えを示そう。**対人関係が苦手な場合、それを認識した上で、どのように向き合い改善を図っているかを説明できればよい。本当に対人関係が苦手なら、コミュニケーションの少ない職場を選ぶ手もある。

よい回答例

相手の発言の背景にある感情や意図を理解することを大切にしています。部活では後輩の本音を引き出し、アドバイスして、団体戦を勝ち抜くことができました

自分の価値観とともに、それを行動に移した実践のエピソードがしっかり語られており、説得力がある。

いまいちな回答例

常に論理的に話をするように心がけています

この場合は、自分から他人に対しての働きかけという一方向のベクトルしかなく、対人関係が見えてこない。

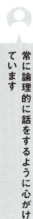

面接の質問

14 長所／短所は何ですか。その短所をどのように克服してきましたか。

短所は戦略的に伝える

自己PRとセットで問われることが多い質問。**自分のネガティブ面や本質的な弱みと真摯に向き合い、それを適切に言語化し、改善への取り組みを述べよう。**長所は自己分析しやすく、性格診断ツール等も充実しているため回答しやすいが、短所は向き合うのがつらいもの。**戦略的な準備が必要。**また、表面的な短所（寝坊など）では不十分で、根本にある課題（責任感の欠如など）を理解し、それを克服するための具体的な行動と、その過程での成長や洞察を説明できることが重要だ。1次、2次面接ではあまり聞かれず、聞かれたとしても、若手の面接官が軽く尋ねてくる程度。だが**最終面接では、人事部長や社長など経験豊富な面接官が深く掘り下げてくる。**うわべの回答や、短所を無理に長所に結びつけようとするアピールは見破られる。

○ **よい回答例**

完璧を求めすぎ、細かいことにこだわりすぎてしまうので、優先順位をつけて柔軟に対応するよう意識しています

短所を克服するために、具体的に何をしているのかということまでが簡潔かつ明確に語られている。

△ **いまいちな回答例**

よく遅刻してしまいますが、他人の遅刻にも寛容に接することができます

遅刻はただでさえ社会人としてはマイナス。それを克服するために何をしているのかが語られていない。

面接の質問

15 「これだけは人に負けない」というものは何ですか。

コミュニティ外の評価がカギ

その人の個性や強みを見極める意図がある。企業は金太郎飴《あめ》のような均質な人材ではなく、何か秀でた特徴を持っているなど、多様な人材を求めている。**自分には特別な強みがないと悩む学生も多いが、認識できていないだけの可能性もある。**例えば、有名大学の学生は、高い学習意欲や、やりたくないことでも粘り強く取り組める力などは、周囲の誰もが持っていて、自分の強みとは思えないだろう。だが、狭いコミュニティの中では当たり前に思えるかもしれないことでも、広い視野で見れば、実は大きな強みとなることがある。周囲の意見を聞くなどして、客観的な視点を取り入れることも有効。**この質問を重視する企業は個性を大切にする傾向があるため、回答の仕方そのものが企業とのマッチング度を測る指標となる。**

○ **よい回答例**

学習意欲の高さです。早稲田大学在学中、授業や課題に真摯に取り組むことはもちろん、●●、○○といった様々な資格試験にも挑戦してきました

有名大学に通っているだけでほかに取りえがないと思っている場合も、資格取得への挑戦など、客観的な事実として強みにできることがあるという例。

△ **いまいちな回答例**

接客のアルバイトで、お客様から『ありがとう』と言われることが多く、接客対応には自信があります

接客でありがとうと言われること自体はそんなに珍しいことではないので、それだけで接客が得意だというのは根拠が薄弱。

面接の質問

16 苦手な人はいますか。そういう人とどのように向き合いますか。

予想外の反応もまずは受け止める

面接の場で直接問われることは少ない。むしろ、リクルーター面談などの場で実践的に態度で示されることが多い。特に、クライアント対応が重要な広告業界、商社、メガベンチャー、マスコミなど、採用枠が少ない企業では、面接官が意図的に圧迫的な態度をとり、ストレス耐性や緊急事態における対応力を測っていることがある。例えば、面接官が寝たふりをしたり、突然予想外の質問を投げかけたり、意地悪く反論してきたりする。**まずは、相手の言葉を受け止め、意図を理解した上で、どのような状況でも適切に対応できる柔軟性を示すこと。**事前に理論と実践の両面から準備する。相手の意図を理解できれば動じることはなくなるだろう。それに対し、感謝の気持ちを持って対応すれば、よりよい評価につながる。

よい回答例

（「それって、単なる偶然じゃないの？」と意地悪く突っ込まれ）ご指摘ありがとうございます。ただ、その時点で自分のできることを精いっぱいするしかないと思って、あくまでくらいついていきました

動揺したり逆上したりせず、落ち着いてまずは相手の言葉を受け止めている。その上で、自分の考えを堂々と述べている。

いまいちな回答例

（右記と同様の突っ込みに）えっ（絶句して沈黙）

予想外の言葉に対して、狼狽してしまっている。どんなことを言われてもまずはいったん受け止める姿勢を見せよう。

面接の質問

17 あなたが今までに一番うれしかったことは何ですか。

結果ではなくストーリーで語る

応募者が何をしたかの事実を知りたいというよりも、その人のやりがいがどこにあるのか、**その人の感情の振れ幅を確認する質問。**例えば甲子園優勝というチームの成果でも、何に喜びを感じたかは人によって異なる。レギュラーで活躍できた喜び、チームメイトのサポートに徹した充実感、チームワークを実感できた感動など、経験のとらえ方は人それぞれ。そこに人柄が出る。評価されやすい結果を出した人が、「それっぽい話」として、その成果を一番うれしかったとねつ造してしまうことがあるが、ウソは見抜かれる。本当に心が動いたことをもとに話すのが鉄則だ。**直近の経験でふさわしいものがなければ、小学生の頃の経験を語るのも問題ない。**なぜその経験が印象に残っているのかの分析が大事。もちろん希少性のある話は強い。

○ よい回答例

全国大会での優勝よりも、実は、練習後仲間と一緒に毎日へとへとになりながら、床を磨き、著名な○○選手が来校した時、体育館を大切にしていることが分かると言ってもらえたことです

全国大会優勝という大きな成果よりも、仲間との掃除体験を特別なものとして語っているところに個性が出ている。

△ いまいちな回答例

XXの部活をやっていて、全国優勝できたことです

なぜ、どのように感情が動いたかの説明がないので、印象が薄い。もし表情や態度に矛盾があればさらに感情が伝わらない。

面接の質問

18 あなたが今までに一番つらかったことは何ですか。

V字での成長カーブを示す

単に苦労を語るのではなく、そこから何を学び、どう成長したかを伝え、強さや考え方の深さを示す。うれしかったこととセットで、より感情のあり方を立体的に示すことにつながり、個性が出やすい。ウソやつくり話は面接官に見破られる。本当に心に残っている経験を選び、率直に語ろう。親族の死など重い体験の場合は、そこから何を学び、人格形成にどのように影響したかを説明する。一方で、人事担当者は感情表現や非言語コミュニケーションも含めて総合的に判断しているため、表情が言葉を裏切ることのないように。**特に、困難を乗り越えた経験は、その過程での感情の動きや、周囲との関係性の変化なども含めて具体的に語ることで、より深い理解を得られる。**これも希少性の高い話は強い（20も参照）。

よい回答例

在学中に起業したことです。資金が足りなくなって諦めようかと思いました。十数社回るうちに、出資者にどういうメリットがあるのかを徐々にうまく説明できるようになり、なんとか出資をとりつけました

つらい経験と、そこから何を学び、どのように成長できたかが語られており、仕事でもそれが活きることが予想できる。

いまいちな回答例

優勝候補だったのに、予選落ちでつらかったです

予選落ちで「恥ずかしくてつらかったのか」「当然と思っていたのに虚をつかれたのか」などなぜつらかったかの理由がない。

面接の質問

19 あなたが今までに一番一生懸命だったことは何ですか。

仕事に没頭できる人材か

企業は、応募者が仕事にも同様の姿勢で取り組むことを期待し、何かに夢中になれる人物なのかを見極めようとしている。「一生懸命」は、単なる努力より、その活動に没頭し、フロー状態になれる体験を指す。企業はそれでこそ最高のパフォーマンスを発揮できると考えている。**なぜその活動に夢中になれたのか、条件や要因を分析して説明する。**ただし、取り組んだことのレベルが低いと評価が下がる。また、長時間・長期間の努力にもかかわらず結果が伴わない場合は、その原因の分析が必要。逆に、結果にインパクトがなくても、プロセスが優れていて、何を学び、どう成長したかを分析して語れれば評価される。小学生時代の経験でもよいが、その後は何もないのかと聞かれるので、のちにどのように活かされているかまで説明できるとよい。

よい回答例

受験勉強です。毎日12時間の学習を続けたのに模試でB判定以下が続きましたが、間違った問題の復習の怠りに気づき、改善を重ね、志望校に合格できました

受験勉強というあまり新鮮味がない話題であっても、自分の学習態度を振り返り改善したことがアピールできている。

いまいちな回答例

部活動のマネージャーとして、欠かさず練習に参加し、選手のサポートを一生懸命やりました

継続的な努力が伝わるが、どのように没頭したのか、という部分が曖昧なので、もう少し具体性がほしい。

面接の質問

20 あなたの挫折経験を教えてください。

挫折経験＝チャレンジ経験

挫折経験が乏しいと、リスクを取れず、チャレンジしない人と評価される。リスクを取らない企業は存在しない。企業は単なる失敗談ではなく、困難な状況への対処能力を知りたい。**挫折の程度よりも、どう受け止め、分析し、克服したかのプロセスや、打たれ強さや立ち直れる力を説明する。**挫折がなくても、チャレンジしながら、常に結果を出してきた場合も評価される。**何もチャレンジしてこなかった場合は、今からでも何かにチャレンジしてみよう。**厳しい営業インターンシップで、苦戦しつつ最終的に成果をあげたことなども立派な挫折経験となる。叱責されアルバイトを1カ月で辞めたなど、**レベルが低い経験は避けるべきだ。**第一志望大学への不合格も、そこから何を学んだか、その後どのようにその経験を活かしたかを語れればＯＫ。

○ よい回答例

2年間温めたテーマの実験で、半年間成果が出ず諦めそうになりました。原因を1つずつつぶし、手法を根本から見直し、学会発表にこぎつけました

2年間温めた、半年間結果が出なかったが諦めなかった、根本の原因までさかのぼって見直した点などは高評価を得られるだろう。

△ いまいちな回答例

サークルの幹事長を務めていましたが、メンバーと意見が対立して、行き詰まり、役職を辞任しました

挫折の内容は具体的だが、そこから立ち直った過程がなく、役職を降りたので、逃げただけのように受け取られる。

面接の質問

21

最近の出来事で、もっとも興味を持ったことは何ですか。それについて、どんな意見を持っていますか。

できるだけ志望業界と近い話題に

企業は応募者がどのような分野に関心を持ち、どのような考えを持っているのかを知ろうとしている。応募企業や業界に近い話題を選ぶことが望ましい。**経済ニュースなどからその企業が関連する業界の話題を取り上げ、それに対する見解を述べることができれば理想的である。**スポーツや政治の話題は、それ自体は興味深い内容でも、企業活動との関連が薄く、「床屋政談」的な印象を与えかねない。こうした回答はむしろ不適切な話題選択による減点のリスクがある。ロケット打ち上げのような全国ニュースレベルの話題で、自身の専門や志望業界に関連するものであれば強い印象を残すことができる。また、ネットニュースだけでなく、様々な媒体から情報を得ていることを示せれば、より幅広い視野を持っていることをアピールできる。

○ **よい回答例**

自動車のEV化が進まない現状に関心があります。御社の新型バッテリーは、環境負荷低減と性能向上の両立を実現し、現状を打破できるのではと推察します

事業内容に直接関わるニュースを挙げ、業界にとってはマイナスに見えても、その企業に活路があることを語れている。

△ **いまいちな回答例**

○○選手がドラフトで雰囲気が合わなさそうなXX球団入団となり、抽選とは皮肉なものだと思いました

語られる自説自体に問題がなくても、話題選択の点で減点になるリスクがある。企業活動に関連した話題にすべきだ。

面接の質問

22 これまでチームで成果を出した経験とあなたの役割を教えてください。

リーダーシップだけが評価対象ではない

学生が組織の中でどのように活躍できるかを見ている。単に一人でがんばった経験ではなく、**チームの中でどのような役割を担い、結果を出したのかを言語化するのが重要だ。**役職がなくても何を考えて行動したのか、どのように貢献したのかを具体的に説明する。役職についていた場合は、自身のリーダーシップのタイプを示すことが効果的。強いリーダーシップで引っ張るタイプなのか、縁の下の力持ちタイプなのか、行動の量で勝負するのか、質を重視するのかなど。「SNSを始めて参加者が増えた」という単純な主張ではなく、どのように戦略を立て、どのように効果を検証したのかまで分析して説明する。また、**失敗から学習した経験**、例えば一人で練習して失敗したあとにチームで成功を収めた経験なども、説得力のある回答になる。

よい回答例

大学院入試の勉強会を立ち上げたことです。過去問分析から学習計画立案まで、役割分担し、私は学習の進捗管理を担当し、全員が第一志望に合格できました

課外活動でのチームワークの経験と、自分の貢献部分が明確に述べられている。結果も出せている。

いまいちな回答例

サークルの広報担当として、SNSを始めたところ、新入部員が前年比で30パーセント増加し、目標を達成できたことです

効果測定がないため、実際にその活動をしたことと、部員増との間の因果関係が明確でなく、説得力に乏しい。

面接の質問

23 なぜ、今の学部を選んだのですか。

「なんとなく」でも理由はあるはず

基本的にはアイスブレイクとしての質問で、深い意図はない。ただし、学部によって質問の重要度は異なる。経済学部や法学部など、汎用性の高い学部の場合深い理由は求められないが、法科大学院だと、なぜ法曹界を目指さなかったのかといった観点から掘り下げられることも。理系の特殊な学部など珍しい学部の場合は、理由を詳しく問われる傾向がある。意思決定の軸を垣間見ることができるという意味では、ある程度の評価ポイントともなる。ただし、学部選択は高校生の時点での判断。その時点での視野の狭さというものがあるために、就職活動時の意思決定ほど重視されない。なんとなく選んだ場合でも、**なぜほかの選択肢を選ばなかったのか**という消去法的な理由も含めて、自身の選択の過程を説明できるようにしておこう。

○ よい回答例

高校時代に陪審員制度がテーマの映画を見て法律に興味を持ち、法学部に進みました。法学の基礎知識をもって経済活動をしたほうが応用範囲が広いと思い、法曹界に進むことは考えませんでした

高校時代のきっかけが具体的に示され、また、法学部でも法曹界に進まない理由を明確に語れている。

△ いまいちな回答例

つぶしが利く学部という理由で選びました

つぶしが利くから、というのが本音なのは分かるが、就職活動で語るには、右記の例のように、言い換えの工夫が必要だ。

面接の質問

24 ゼミや大学ではどんな勉強をしてきましたか。

課題をこなすのは当然

特別な意図があるわけではなく、**学生の勤勉さを測る基準として問われる。**具体的な内容を答えられるかどうかで、その学生の知的能力や真摯さを判断できる。大学では講義にきちんと出て、課題をこなしていることが大前提。大学は勉強するところではないという考え方もあるが、企業では与えられた課題をきちんとこなせること、課題に対して平均的なパフォーマンスを出せることは必須の能力である。大きな成果を出せるかどうかは別として、**会社の歯車として機能できるか、基本的な責務を果たせるかを確認する質問である。**企業カラーによっては「徹夜で麻雀をやっていました」といった、あえて不真面目にふるまう学生を好む場合もあるが、多くの場合はやるべきことをしっかりとやってきた学生が評価されると考えておこう。

○ よい回答例

経営学のゼミでは統計分析の基礎を学び、携帯の位置情報のデータを使って消費者行動の研究をおこないました

専攻分野でどんなことをしていたかが具体的に語られている。理論と実践の両方を勉強していることも示されている。

△ いまいちな回答例

学生時代にはできるだけ勉強以外の経験をすべきだと思い、講義にはほとんど出ていません

まず、勉強をおろそかにするのはよくない。そして講義には出ないかわりにどんな経験をしたかも語られていない。

面接の質問

25 卒業論文のテーマは何ですか。なぜそのテーマを選んだのですか。

興味のある課題テーマと意思決定

特別な意図があるわけではないが、学生の意思決定プロセスを知ったり、テーマ選定の理由や背景を聞いたりすることで、最近の関心事や思考傾向を把握する機会になっている。**面接官は、学生が物事をどのように考え決断を下すのかを見ている。**選んだテーマに対する問題意識の深さ、研究を通じて学んだことやどのように成長したかも重要だ。そのテーマを研究する過程で直面した課題にどのように対処したのか、どのような工夫や努力をしたのかといった点もアピールできるといい。卒論がない場合や、まだ卒論をスタートしていない時期の場合は正直に答える。スタート前の場合、テーマだけでなく、なぜそのテーマに興味を持ったのか、どのような社会的意義があるのか、研究を通じて何を明らかにしたいのかまで考えられているとよい。

よい回答例

ナッジによる食品ロス削減の研究です。コンビニのアルバイトで消費期限切れの商品を大量廃棄しているバックヤードを見た経験から課題意識を持ちました

アルバイトでの経験が卒論のテーマ選定に結びついていることが、具体的に示されており、説得力がある。

いまいちな回答例

まだテーマは決まっていません。所属が因果推論の研究室なので、その方向性で書くつもりです

テーマが決まっていない段階でも、専攻のどのあたりの領域で書こうとしているのかの具体性がほしい。

面接の質問

26 留年したのはなぜですか。

留年したことで得られたものは

留年すれば必ず問われる。実は、卒業年度はあまり重視されない（生涯賃金の観点では年齢が上のほうが企業は雇いやすい）。正直に答え、原因をどう分析し、どう行動変容したかを説明することが重要だ。「単位が取れなかった」「必修を取っていなかった」と言ったり、「先生との相性が悪かった」などの他責的な回答をしたりするのはNG。留学やバックパッカーなどはポジティブなイメージもあるが、突飛な行動をする人物と思われる可能性も。だが、今や7～8人に1人は就職留年をする時代で珍しくはない。この場合も正直に説明し、**経験から何を学んだかを伝える。**メンタルヘルスが原因の場合も正直に説明し、受け入れてくれる企業を見つけるほうがよいだろう。この質問に限らず、ウソやごまかしはご法度。「報連相」ができないと判断される。

○ **よい回答例**

目標のない学生生活を送っていたからです。その分自分を掘り下げる時間があり、△△ではなく、XXが向いていると気づき、この業界への志望につながりました

マイナスポイントになりそうな状況でも、自己分析や就職の軸の発見につながったという流れが自然な回答になっている。

△ **いまいちな回答例**

先生の「アカハラ」で単位をもらえなかったからです。講義にも出て、課題も提出したんですが……

事実だったとしても、他責的な印象。留年したが、レポートに説得力が必要だと気づき、次年度は書き方を工夫するようになったなど言い換えが必要。

面接の質問

27 なぜ専攻を活かした業界に就職しないのですか。

方向転換した理由は何か

よく聞かれる質問。**とくに専攻分野と異なる職種を選ぶ理由について、十分な自己分析ができているかどうかが問われる。**特に理系学生が文系職種を志望する際の定番で、学生の自己理解や意思決定プロセスを確認している。専攻領域とは異なる選択でも、その過程で得た知識や経験をどのように活かしていくのかという視点が重要。**専攻分野での経験を通じて気づいた自身の適性や、将来のキャリアに対する展望を具体的に伝える。**安易な理由、消極的な理由での方向転換ではなく、しっかりした意思決定プロセスを経ているかが評価のポイント。研究活動を通じて自身の適性や志向を理解し、異分野への転換を決意したケースは好印象を与える。

○ **よい回答例**

理学部の応用物理専攻ですが、そこで学んだ論理的思考を活かしつつ、対話を通じた課題解決をしたいと御社の●●ソリューション事業部を志望しました

人との対話をしたいと転向の理由が示され、同時に専攻で学んだことをどのように活かせるのかも語れている。

△ **いまいちな回答例**

（文系企業の総合職で）DX人材を募集されていて、情報工学という自分の専攻を活かせると思いました

漠然とDXだからという理由しかなく、なぜその企業なのかが語られていない点で説得力がない。

面接の質問

28 サークル（ゼミ・部活）ではどのような役割でしたか。

組織での役割と活躍の可能性は

学生時代のエピソードを聞き出すための質問。単なる役職ではなく、実質的な役割や貢献を確認することが目的。面接官は、**その人の組織の中での振る舞い方や、与えられた環境の中での思考プロセス、役割を与えた時の行動特性、その人らしさを見極めようとしている。**組織の中でどのように主体性を発揮したのか、その行動がどのような成果につながったのかという因果関係が重要。なお、大きな組織では、いてもいなくても変わらないメンバーが一定数存在するため、自身の存在意義や貢献をうまく言えないようなら、あえて話さないほうがよい場合もある。サークルや部活での経験にこだわる必要はなく、戦略的に「サークルではないのですが」と前置きし、友人との活動や地域活動など、違った切り口から回答することも可能だ。

よい回答例

役職についていたわけではありませんが、サークルで、幹部に新入生獲得の企画を提案し、前年比30パーセント増の入部を実現しました

役職につかずとも、サークル内で自分がどのように貢献したかが、具体的な成果とともに語られている。

いまいちな回答例

特に役職にはついていませんでしたが、ムードメーカー的な存在でした

ムードメーカーであったことを証明できるような具体的なエピソードの補強がないため、説得力のない回答になっている。

面接の質問

29 今まで一番困難だったことは何ですか。

「困難」へのメンタル耐性は

何を困難と感じるかは人によって異なり、人柄や価値観が垣間見える重要な質問。人間関係なのか、責任の重圧なのか、目標達成へのプレッシャーなのかによって、その人物の特性や課題に向き合う姿勢が分かる。単に体力的にきつかったという回答は本質的な困難とは見なされない。**困難と同時にどのように乗り越えたかという点もセットで聞かれる。**困難を乗り越える際、周囲とどのように協力関係を構築したか、どのような工夫や努力があったか、その経験をどのように次につなげようとしたのか、得られた教訓や、それが現在の自分にどのように活かされているのか、さらには入社後の業務にどのように応用できると考えているのかまで言及できると、より説得力が増すだろう。

○ **よい回答例**

退部が相次ぎ士気が低下したことです。個別面談を重ね、活動の意義を共有しなおし、それ以上の部員減を食い止めました。チームビルディングに多少の自信を持てるようになりました

具体的な困難の内容に対し、それにどのように対処し、どのような効果があり、仕事にどのように活かせそうかまでが語られている。

△ **いまいちな回答例**

朝練がきつかったですが、根性で乗り切りました

肉体的なつらさはあまり評価されない。また、根性だけでは具体性がなく、困難とその対処法という因果関係も語られていない。

面接の質問

30 どんなアルバイトをしましたか。そこから何を学びましたか。

ビジネス文脈での経験は

ガクチカと同様の意図を持つが、特にビジネスの文脈での経験を問う質問。アルバイトは金銭を得る目的でおこなう社会活動で、サークルやボランティアでの経験とは異なる。**社会人としての基本的な姿勢や心構えをどれだけ学べたかも評価ポイント。**スターバックスコーヒーなど、アルバイトにも体系的な教育をおこなう企業での経験はやはり評価が高い。作業内容だけでなくどうコミットしたか、見出した課題や改善点と取り組んだ成果を具体的に説明する。離職率改善や売り上げ向上など具体的な成果ならなおよい。**塾講師など、よくあるアルバイトでは、何を学んだか、どこにやりがいを感じたかで差をつける。**子どもと向き合う、純粋に成績を伸ばす、ほかの講師の教育など、切り口はいろいろある。水商売関係での経験は企業風土を見極める。

よい回答例

居酒屋でアルバイトリーダーとして働き、アルバイト同士の飲み会を頻繁に企画して離職率を40パーセント改善しました

アルバイトにおける自分の役割や、そこで見出した課題、そのソリューションまでが具体的に述べられている。

いまいちな回答例

子どもが好きなので、塾講師のアルバイトをしていました

塾講師のアルバイト経験で何を学んだか、どういうところにやりがいを感じていたかが具体的に述べられていない。

面接の質問

31 趣味について詳しく教えてください。

「好き」や「得意」の熱量を伝える

アイスブレイクとして機能するもので、減点ポイントではない。面接官は回答者の人柄や価値観を探っている。ここで話す内容に面接官との共通点があれば会話を広げられる。**趣味の内容より、その趣味に対する熱量や話し方といった「非言語」の部分が注視されている。**その人がオフタイムにどのようなことにエネルギーや時間、お金を使うかを示しており、本質的な部分が垣間見える。読書、映画鑑賞などよくある回答はその人の個性をアピールできない。ただし、企業によっては突飛な趣味よりも、平均的な趣味を持つ応募者を好ましく思う場合もある。趣味の内容自体は基本的に自由だが、「ナンパ」「ホストクラブ通い」などは保守的な企業では不適切。**ウソはよくないが、企業の業態や文化を考慮し戦略的に開示する内容を選択しよう。**

よい回答例

最近はビリヤードにはまっていて、週末は友人と技を競い合いながら、戦略的な思考を楽しんでいます

なぜそれをしているのか、どのようなところに魅力を感じているのか、また本人が楽しんでいる様子が伝わってくる。

いまいちな回答例

読書が好きです。映画も見ます

どのようなジャンルが好みなのか、最近何を読んだり見たりしたのかなどの具体性がなく、没個性的で、熱量が感じられない。

面接の質問

32 なぜ、この資格を取ろうと思ったのですか。

「必修だったから」では残念

資格に対する本質的な関心やそれを選んだ価値観、キャリアビジョンとの一貫性を確認する質問。**資格取得の過程で得られた知識やスキルを、どのように業務に活かしていくのかという具体的なビジョンを持っていることが重要。**ＩＴパスポートや簿記など、業務に直結する資格は、大学のカリキュラムの一環として取得している場合も多い。このため、資格を活かした具体的な将来像を説明できるようにしたい。ＴＯＥＩＣ®は比較的高得点であっても、あまり差別化要因にはならない。就職活動のためだけに取得したことが明らかな資格は、取得動機を工夫して伝える。世界遺産検定やダイビングなどの趣味的な資格は、個性や人となりを補強する説明になる。その分野に興味を持ったきっかけ、自分にとってどのような意味があるのかを語ろう。

○ よい回答例

御社でもDX要員が不足しているとのことですが、最新技術への関心から情報処理の勉強を始め、その入り口としてITパスポートを取得しました

企業の状況となぜその資格を取ったかという自分の興味との関連が過不足なく述べられている。

△ いまいちな回答例

大学の必修科目だったので、ITパスポートを取っています

必修だから取ったというのでは弱い。志望分野との関連やそれによって仕事にどのように活かせるかを語れていない。

面接の質問

33 英語はどの程度できますか。

実績がなければ具体的に「計画」を語る

英語力は外資系企業や海外展開が主力の企業では大前提。特に外資では英語面接が実施されるので、話せないのに話せると言うなど、実力以上の回答をすると即座にウソが露見する。3～4カ国語が当然という企業もあり、面接官も高い英語力を持っている。ただ、本来、企業が求める英語力は、海外の人たちと交渉したり、チームワークを築いたりするコミュニケーション能力を指す。海外展開が主力の企業でなければ、英語力そのものはプラスアルファの要素でしかない場合も。**現時点で英語力が不十分でも、「今は●●ですが、△月までに○○を目指して勉強しています」などと計画をアピールする。**「できません」ではなく、入社までの目標と、そこから逆算した学習計画、既に取り組んでいるといった説明をすると有効だ。

よい回答例

（海外業務が多い企業で）TOEIC®600点ですが、入社までに800点以上を目指し、ビジネス会話の習得のためオンライン英会話を毎日続けています

自分の現在地を正直に述べた上で、設定した目標に対し、そこに至るまでの具体的な計画と取り組み状況を示せている。

いまいちな回答例

TOEIC®900点です（実際は700点）。英語力には自信があります

ウソをついてはいけない。また、ただTOEIC®の点数が高いだけでは自信があるというには根拠が不足している。

面接の質問

34 体力に自信はありますか。

体力への自分なりに自信を自分なりに表現する

特にハードな働き方もあり得る会社でリクルーターからよく問われる。**ない、とは言えないので、「自信がある」と言うためにも、運動部での活動歴やスポーツ経験、日常的な運動習慣など、具体的な根拠を示す。**外見的に体力がなさそうに見える場合はなおさらだ。体力面の課題を認識しているなら、その改善に向けた具体的な取り組みや意欲を示そう。体力はストレス耐性や持続的な業務遂行能力、さらに、チームワークやコミュニケーションにも影響を与えると考えられており、重要な評価項目。**長時間労働や深夜勤務が当たり前と想定される職場では体力面での適性は特に見られている。**企業や職種によって求められる体力には幅があるので、本当に体力に自信がなければ、要求される体力レベルを慎重に見極め、マッチングを再考しよう。

よい回答例

週3回のジョギングを習慣にしています。早起きが苦手だったのですが朝のジョギングのおかげで生活リズムが改善できました

自分の体力や生活習慣の改善を具体的にアピールできており、企業で働くのに十分な体力があることが示されている。

いまいちな回答例

体力はありますが、深夜残業は避けたいと考えています

体力があることの根拠がない。単に残業をしたくないと言うのは働きたくないという意思表示だと受け取られる可能性がある。

面接の質問

35 入社後のキャリアビジョンとして、5年後15年後の自分の姿をどう描いているか教えてください。

最終面接で頻出の質問

特に最終面接で頻出であり、自己分析と企業分析がどれだけできているかが見られている。回答次第でどれだけ腰を据えて働きたいのかが分かる。**漠然とした将来像ではなく、企業の特性や業界の動向を踏まえた現実的なビジョンが求められる。**ビジョンに向かって着実に歩むための具体的なステップや、必要なスキル、経験の積み重ね方についても考えを持っていることが望ましい。**重要なのはプランとビジョンを混同しないこと。**例えば「将来的に海外でMBAを取得したい」というのはプランであり、それを通じて何を実現したいのかがビジョンだ。また、30歳や50歳時点での具体的な姿を問われることもあるので、その時点での会社の状況と自身の役割について、企業のIRや経営計画を確認し、ある程度整合することを語る。

○ よい回答例

御社の第●期中期経営計画では、積極的なアジア展開の指針が示されています。5年後にはアジアのどこかの拠点に赴任し、15年後には、アジア市場開拓の中核を担いたいと考えています

企業の戦略を理解した上で、こうしたいという自分の思いがそれと重なる形で具体的に説明されている。

△ いまいちな回答例

将来的にMBAを取得したいと考えています

プランとビジョンを混同している。MBAを用いて、何をすることでどの事業にどのように貢献するかという要素が必要。

面接の質問

36 希望の配属先に行けなかったら、どうしますか。

企業は社員の希望をかなえる場ではない

基本的な回答としては、**「(一人前になるためにも)まずは配属された部署でがんばる」という姿勢を示す必要がある**が、その際の具体的な心構えや行動指針を説明できることが重要だ。例えば、企画職志望で営業職に配属された場合、将来的に希望職種に異動できるよう、与えられた業務で信頼を積み重ねていく意欲を示すなど。一方で、職種に執着がない場合は、企業の社風や理念に共感している点を強調し、どの部署でも活躍する意欲を示す。軸がないととらえられる可能性もあるため、中でもやってみたい仕事の具体的なビジョンを持っておく。職種別採用の場合は配属に関する質問の重要性は低くなるが、部署や担当業務の違いへの対応力を問われる可能性もあるので、企業理念への理解や組織への貢献意欲を示そう。

○ **よい回答例**

まずは配属先で成果を出し、将来的に希望職種で活かせる経験を積みたいと考えています

無難な回答。基本的にはこのようにどこに配属されても、そこでがんばれる人材であると企業に示すことが重要だ。

△ **いまいちな回答例**

マーケターとして働くことを目標にずっとがんばってきたので、それ以外には考えられません

自分の思いばかりが語られている。企業は社員の希望をかなえる場所ではないので、企業にどう貢献できるかの視点が必要。

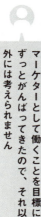

面接の質問

37

当社の課題は何だと思いますか。

仮説を謙虚に伝え、検証する

企業理解と業界理解の深さを測る質問。特に業界理解が重要で、**競合他社との比較分析を通じて、志望企業の強みと弱みをどれだけ的確に把握しているかが問われる。**ネット情報だけでなく、自分なりの視点を持ちつつ、その視点が業界や企業の実態と乖離していないかどうか、社会人訪問や説明会の質疑応答で検証しよう。地政学的観点、業界特有の課題など、多角的な視点も必要。ただし、個人による不祥事などへの言及は避ける。ビジネスモデルや戦略の課題の指摘が好ましい。赤字部門の指摘も可能だが、その際は企業戦略の意図を理解しておくこと。面接の最後の逆質問などで自ら立てた仮説を確認するのも効果的。**競合他社からヒアリングした情報は、情報収集の努力も評価される。**誰にも会っていないと努力不足と判断される。

○よい回答例

海外拠点と人員が少ないことが課題だと考えます。NPO法人で、異なる人種の人々とチームを組んだ経験を活かし御社の海外展開に貢献したいです

事業について具体的な理解が示され、その上で何が必要かという指摘と自分のできることが併せてアピールできている。

△いまいちな回答例

御社の社員が起こした不祥事で企業イメージが悪化していることが課題だと思います

不祥事について指摘するのはあまり得策ではない。また課題に対して、自分がどう貢献できるかも示されていない。

面接の質問

38 この業界は今後どうなっていくと思いますか。

時事問題を把握しているか

これも業界理解の深さを問うもので、社会情勢、政治動向、世界情勢などを踏まえた未来予測力が重視される。面接官は、**応募者が業界の将来像をどのように描き、その中で自身がどのような役割を果たしていきたいと考えているかを見ている。**「△△教授が言っていたのですが」といった一面的で安易な引用は避けるべきだ。情報収集力や、それを論理的に組み立てる思考力も重要な評価ポイント。一般予測と同じような回答でも、その根拠が明確で論理的であればよい。市場規模予測だけでなく、ビジネスモデルの変化や、新規参入者、地政学、政権、技術革新の影響、またDXによる業界構造の変化なども重要な観点。**短期的な変化から中長期的なトレンドまで、時間軸も複数の視点で考察できることが望ましい。**

○ よい回答例

国内市場は縮小傾向ですが、東南アジアの人口増、中印でペットにお金をかける人が増えているというXXのデータから、アジアでの需要拡大が見込まれます

人口動態と業界動向を示すデータを提示した上で、需要拡大を予想しており、ある程度説得力がある回答。

△ いまいちな回答例

有名コンサルが書いたビジネス書で読んだのですが、この業界はこれからも拡大し続けると思います

1つの固有名詞だけでは説得力がないし、その人が言ったから、自分もそう思うというのは幼稚な印象を与える。

面接の質問

39 あなたが入社したら、当社にどんなメリットがありますか。

「成長したい」「勉強したい」では受け身

自己理解と企業理解の擦り合わせができているかを確認する質問。多くの就活生が見落としているが、**採用における企業側のメリットを考えることは就職活動の大前提である。**このようにストレートに聞いてくれるところは少なく、この考えができているかどうかは常に見られていると意識しておこう。もちろんほとんどの学生は企業で働いた経験がなく、企業側も実際に働かせてみないと分からない部分がある。この際、**「成長したいから」「勉強したいから」という理由だけを述べると、自分本位に映る。**その成長でどのように貢献できるかを具体的に説明しよう。就活生はえてして自信がないものだが、それは仕方がない。企業の課題や目標を理解した上で、自分の強みがどのように貢献できる可能性があるのかを語れればよい。

○ よい回答例

アルバイトでの営業経験を活かすことができます。そして、御社の営業部門にて新規顧客獲得で成果を出したいと考えています

自分がしてきたことを企業の当該部門でどのように活かせるのかを具体的に語れているので、仮説であってもこれでよい。

△ いまいちな回答例

成長意欲があります。○○部門ではいろいろなスキルを身につけられそうで、その部分で貢献します

成長したい、スキルを身につけたいという自分本意な言い方が先に立っており、企業のメリットが見えてこない。

面接の質問

40 10年後のあなたは、どうなっていますか。

30歳前後のキャリアパスは

応募者のキャリアビジョンだけでなく、生活面も含めた将来像を把握しようとする質問。30歳前後になる10年後の姿について、単なる役職や仕事内容だけでなく、ライフプランも含めてどのように考えているかを確認する意図がある。ただし、回答する際は企業研究とセットであることが重要だ。例えばその企業では30歳前後で管理職になれるのか、あるいはずっと一般社員という前提で考えるべきなのかも理解しておく。会社を度外視して純粋に人としての将来像を聞く企業もある。いずれにせよ、単なる夢物語ではなく、その企業での現実的なキャリアパスを踏まえ、自分の目指す姿を描くこと。役職や待遇面だけでなく、どのような価値を提供できる人材になっているかという視点も重要。

よい回答例

営業部で顧客開発を進めつつ、その過程で見出したアイデアをもとに、企業内起業の制度を利用して、新規事業の提案ができればと思っています

実際の業務が理解できており、社内の制度にも通じた上での自分の将来像をうまく語ることができている。

いまいちな回答例

30歳で部長になりたいです。海外でMBAも取得したいです

自分のやりたいという願望だけが述べられており、企業の業務内容や方向性との関連がまったくない。

面接の質問

41 あなたの夢は何ですか。

会社と個人の方向性に矛盾はないか

より長期的かつ本質的な志向を確認する意図がある。実際に夢があるかというよりも、**その人の将来像と、その企業の発展の方向性に根本的な矛盾がないかがチェックされている。**企業の理念や事業内容との整合性をある程度意識しておく。その夢が業界や企業と直接結びついていなくても、ある程度の関連性があればよい。企業で働くことを「手段」ととらえ、夢を「目的」として考える場合がそれだ（もちろんそれを露骨に企業に言う必要はない）。業務を度外視した夢を語ることを認める企業もあれば、より業務に直結した夢を求める企業もある。例えば「部下から信頼される社員になりたい」といった比較的小さな夢でも、会社の方針に沿っていれば問題ない。ただし、その業界や会社では実現が難しい夢の場合はミスマッチと判断される。

よい回答例

（地域密着型の金融機関で）お客様の課題解決を通じて、地域社会の発展に貢献できる人材になることです

企業の方向性と、自分のやりたいことが重なっており、長期の夢として、自然かつ説得力のある内容。

いまいちな回答例

銀行員として働きながら、二足のわらじでアフリカで難民支援活動をしたいと思っています

アフリカでの難民支援ならNGOに行ったほうがいいのでは、と思われてしまう。企業の事業内容とそぐわないのでいまいちだ。

面接の質問

42 ほかにどんな会社を受けていますか。選考はどの程度進んでいますか。

戦略的に答える必要あり

この質問の回答には戦略が必要だ。**ウソはＮＧだが、逆にすべて正直に話す必要もない。**どの企業に何を言うかをあらかじめしっかり決めておく。**同業他社の選考状況を話す際は特に慎重に**（例：三菱ＵＦＪ銀行の選考状況を三井住友銀行には言わない、など）。ただし、銀行と広告業界、などまったく異なる業界でも、就職活動の軸がしっかりしていることを示せれば問題ない。むしろ、その軸の説明が論理的で説得力があれば、分析力や思考力の高さを示すことができる。軸のつくり方が雑だと業界理解や自己分析が浅いと見なされマイナスポイントになる。優秀な学生の場合には、企業はほかの企業での進捗を非常に気にする。この質問への回答次第で次の施策（リクルーターの配置、食事会への招待、研修参加など）を検討することもある。

○ よい回答例

サービス業でのアルバイト歴が長いため、顧客志向の企業文化を持つ会社を軸にしています

業界に限らず軸をつくっている例。自分がしてきたことと、なぜその軸なのかの説明に矛盾がなく説得力がある。

△ いまいちな回答例

いろいろなことに興味があるので、幅広い業界を受けていて広告代理店も商社も銀行も受けています

漠然とした回答で、どんな就活軸なのかの説明がなく、自己理解も企業理解もできていないことが露呈している。

面接の質問

43 当社に落ちたら、どうしますか。

強い志望度を伝えるチャンス

この質問も回答には細心の注意が必要だ。**失礼な印象を与えないよう配慮しつつ、企業風土や面接官のキャラクターも踏まえて適切な回答を心がける。**早期選考であれば「本選考を受けさせていただきます」と言えるが、本選考の場合はさらに工夫が必要だ。この質問をされる時点で、志望度の低さが疑われているなど当落線上である可能性が高いため、強気の姿勢で答えるのも戦略の一つ。**なお、「もう1年就職活動を継続します」は、実際にそうなる可能性もあるため、必ずしもウソにはならない。**面接官それぞれの好みによっても「正解」は変わってくるので、「御社が後悔するような人材になれるよう成長します」といった強気の回答も含め、複数パターンを用意しておくといい。ただし、どのような回答であっても、企業への敬意を示すことは必須である。

よい回答例

御社で活躍できる人材になれるよう、さらに成長して再度チャレンジさせていただきます

早期のインターンシップや、本選考が始まっていない比較的早い段階では、この回答が無難な場合が多い。

いまいちな回答例

ほかに内定をもらっているので、そちらに就職します

切り口上な言い方になってしまっており、感じが悪い。相手の企業に対して、敬意が感じられないのはNGだ。

面接の質問

44 すでに内定したところは、どこかありますか。

基本は正直に言ってOK

基本的には優秀さのアピールになり、内定を持っていることは言って問題ない。「あの会社が内定を出しているなら」と企業を安心させる効果もある。ただし、同業他社の内定は慎重に考えたい。**明らかに社風が違う、あるいは業界二番手を受けていて、一番手の内定を持っている場合など、その企業が「うちは選ばれないのでは」と考えかねない状況では言わないほうがいい。**内定なしや、選考状況について聞かれたら、なぜそうなのか、自分の戦略や考えを論理的に説明する。12月からのスタートなら年明けに内定がなくても構わないが、12月までどのように過ごしたかが問われる。企業によっては、この情報を基に追加施策（業界理解が浅いならセミナーへの招待、自己分析が足りなければリクルーターの設定など）を検討する場合もある。

○ **よい回答例**

商社2社から内定をいただいていますが、ASEANについて研究したので、東南アジアを主戦場とする御社の海外展開の方針により強く惹かれています

具体的な自分の専攻と企業の事業方針とが重なっており、何が魅力に映っているかという点に説得力がある回答。

△ **いまいちな回答例**

（三菱UFJ銀行で）三井住友銀行さんから内定をいただいていますが、御行の社風がより自分に合うと感じます

業界のトップクラスで、社風がまるで違う企業同士。根拠なく社風が合うと言っても、言われた側には説得力が感じられない。

面接の質問

45 当社は第一志望ですか。

「YES」と答えるのが礼儀

大前提として、まず相手への礼儀、面接のマナーとして「はい」と答えよう。例えば誰かとつき合いたいと思って、「本当はAさんのほうが好きだけど、アタックしても無理そうだから、あなたにした」とは絶対言わないのと同じだ。単に「第一志望です」と言うだけでは不十分。他社の選考状況も必ず聞かれるので、**なぜ第一志望なのか、相手が納得するような本質的な自己理解と企業理解に基づいた理由を説明できるようにしておく。**「今、内定を出したらどうしますか」と聞かれる可能性もある。第一志望でなかったとしても「辞退します」と軽々しく答えてはいけない。**そのタイミングでは御社が第一志望だというかたちに持っていく。**他社の選考状況次第で、考えが変わったと言って、おわびして辞退することはあとからいくらでもできる。

よい回答例

はい、（競合他社と比べて）御社は顧客第一主義をより強く打ち出しておられ、そこに共感しています

第一志望である理由が競合他社と比べた際の企業理念にある、という点をアピールできており、自然な展開。

いまいちな回答例

はい、でも他社からも内定をいただいているので、今後決めていきたいです

受けている企業に対してあまり積極的でない態度で、失礼かつ、「この人はうちには来ない」と思われてしまう回答。

面接の質問

46 最後に何か質問はありますか（逆質問面接）。

目の前の面接官のことを聞く

「ありません」という答えはあり得ない。その会社に興味がないという意思表示ととられてしまう。もちろん、わざわざ面接の場で聞くまでもない情報を聞くのもNG。思い浮かばない場合は、**面接官に対して、その人がその企業や今のキャリアを選んだ理由を聞くというやり方がおすすめ。**その人が新卒入社であろうと、中途入社であろうと、その人にしか話せないことを話してくれる。志望動機をより洗練させるための示唆を与えてくれるだろう。**聞かれたほうも自分のことなら話しやすいし、しゃべりがいがあるので喜んで応じてくれる。**事業内容などについて自分の仮説を質問し、実際どうなのかを聞くのも好印象だ。面接のたびにその答えを自分の企業分析や志望動機のなかに取り入れることで、より核心に迫る質問もできるようになる。

よい回答例

（面接官に対し）なぜ、この会社に入社され、今のキャリアを歩まれたのですか

この質問はその人にしか話せないエピソードを引き出せる。面接官としても話しやすく、その後の面接でもエピソードとして語りやすい。

いまいちな回答例

御社の年間休日数について教えていただけますか

公表数字であることが多く、ここで聞く内容ではない。非公表でも、説明会の質疑や社会人訪問などで聞くべきだ。

Chapter 15

内定者はみんなやっている模擬面接

自分の将来を決める面接。
それにぶっつけ本番で臨んでいるようでは、
結果を出すことは難しい。
事前の練習があって初めて、
面接の場で本領を発揮することができる。
第一志望内定者は、平均30回程度の模擬面接をおこなっている。
きみも必ず取り組んでから本番に臨もう。

模擬面接がもたらす12のメリット

内定者は例外なく面接前に「模擬面接」をやっている。

スマホの前で実際の面接で話す様子を撮る。そして撮影した動画を見ることで、自分の改善点を発見する面接練習のことだ。

少し面倒くさそうに思えるかもしれないが、少しの勇気とちょっとのマメさがあれば意外と簡単にできる。しかもその効果は絶大である。強くおすすめしたい。


そのためにも、**模擬面接**のやり方を押さえておこう。

ほとんどの場合は友達同士となるだろうが、実は社会人と一緒にできると最高だ。

しかも実際に**活躍している社会人**がベストである。そういう人であれば、企業で求められるものも分かっているだろうし、大人の視点で物事を見てもらうのは、非常に意味のあることだからだ。

また、録画することを強く強くすすめる。自分の模擬面接をチェックできるし、ほかの人にもチェックしてもらえる。

模擬面接をやるとどんな差が生まれ、どんなメリットがあるのかは左の表のとおりだ。

模擬面接のメリット

1. 場数を踏むことで自分のペースをつかむことができる
2. 自分を上手に伝える能力を鍛えることができる
3. 面接中の自分はどんな状態で、どんな様子かが客観的に分かる
4. 自分のアピールは、何が有効で、何が有効ではないのかが明確になる
5. 面接でしゃべる内容について、整理できる
6. どんな受け答えが効果的なのかが、明確になる
7. 面接官から見た自分の印象が手にとるように分かる
8. 面接官の視点が理解できる
9. 面接官が求めているものが確認できる
10. 他人の様子を見ることで、自分の振る舞いを直せる
11. ほかの人の面接のいい点を参考にできる
12. 面接の全体像がしっかりと把握できる

**面接を受ける側だけでなく、
面接官役もやってみよう**

面接官役もやってみよう

面接を受ける役と面接官役の両方を必ず経験しよう。

模擬面接を受けるのも大事だが、実は面接官をやることも非常に重要である。模擬面接のメリット6、7、8、9、12については、面接官役をやってみることで、面接を受ける以上によく分かっていくものである。ぜひ、面接官役も率先してやっていこう。

ただ、これまで面接官をしたことがなく、うまく面接官役ができないという学生もいる。そこで、そのコツを紹介しておく。

よくあるのが、「深掘りする質問ができない」という悩み。その際は「なぜ?」と聞くことが重要だ。面接官役をしていて「なるほど」と思った瞬間があったら、そのまま聞き流さないようにしよう。

機械的になってもいいので、すかさず「それはなぜですか?」と聞くようにしよう。これを繰り返すことで、面接を受ける役の答えを深掘りできる。

それ以外にも「質問が思いつかない」ということもあるだろう。この時は、そもそも面接で何を聞くのかを思い出そう。それは、能力と人間性だ。話を聞きながら「この人はどういう人なのか」

と「なぜそうなのか」を整理しよう。

あらかじめノートやメモ用紙に枠をつくっておき、模擬面接を進めながら埋めていくのも有効だ。その時に、疑問や納得できない点が出てきたら、それについて聞いていこう。

学生同士では、志望動機よりも自己PRについての模擬面接が有効だ。学生の立場では、志望動機が仕事で再現性のあるものなのか見極めるのに限界がある。最低限、学生の目線からでも納得感の高いものに仕上がっているか確認しておこう。

一方で自己PRであれば、より深掘りしていくことができるはずだ。しっかりした受け答えができていると、面接官役だけでなく、面接を受ける役も納得して話せるようになる。これが重要だ。

ちなみに、我究館では模擬面接が当たり前のように連日繰り広げられている。面接を受ける役、僕やほかのコーチ陣と共に面接官をやる役、模擬面接をチェックする役、この3つの役割を必ずローテーションで回し、面接力アップを図っている。ぜひ、きみたちにも実践してみてほしい。

模擬面接は、分析してこそ力になる

模擬面接をおこなったら、**必ず分析やフィードバックもおこなおう**。

この分析は必ず複数人でやろう。一緒に模擬面接をおこなった人や仲間とやろう。そしてできれば社会人（それも活躍している社会人がいい）と一緒に分析することを強くすすめる。

本番では、きみたちの面接を判断するのは、その会社で活躍している社会人である。だからこそ、分析やフィードバックの際には、社会人の目でもチェックしてもらいたい。

さて、実際に自分の面接を分析するには、どのようなポイントを見なければならないのか。ここはちょっと難しいので、詳しく説明したい。面接分析の際に重要なチェックポイントは、左のとおりである。

6つのチェックポイントを意識して繰り返し模擬面接をおこなおう。

模擬面接
分析チェックポイント

1. 話している人(自分)は、その面接でどんな人だと思われたのか

◆自信の度合いはどう見えたか？
- どこまで自分は活躍できると「信じ切っている」人か
- 現状の自分に、どれだけ自信がある人か

◆意識はどう見えたか？
- リーダーシップがある人か
- 自立性を重んじる人か
- プロ意識を持っている人か
- 先を見ている人か

◆性格はどう見えたか？
- 全力を出せそうな人か
- 絆を大事にできる人か
- 枠にとらわれていない人か

◆頭のキレはどう見えたか？
- 問題意識の高さはどうか
- アイデア力はどうか(ユニークなアイデアを出せる人か)
- コミュニケーションの察しはいいか

2. その人の特にダメな点(意識、性格、頭のキレなど)は？

3. 2は、面接のどのような点(表情・態度・声・話し方・間のとり方)から、感じられたのか

4. 各質問に対する答え(話した内容)から、どんな人だと思われたのか(特にネガティブな視点で)

5. もう一度同じ質問がきたら、今度はどのように答えるのか

6. 5のように答えたら、それに対してさらにどんな突っ込みの質問が出るだろうか。その質問に対しても、答えを準備する

模擬面接は最低でも5回以上やる

最近では、模擬面接を体験できる就職セミナーなどが多数存在しているが、実は模擬面接は**1回やっただけではほとんど意味がない**と思っていい。

1回ぐらいでは、「緊張した」とか「全然しゃべれなかった」という状態を確認するだけで、その後の改善にはつながりにくいのである。

模擬面接は、最低でも5回はやりたい。週に1回程度でもいい。その代わりコンスタントに何度も繰り返してもらいたい。きみの面接力は飛躍的に上がっていくだろう。

なぜ、何度も繰り返すことが必要なのか？　それは、

□**1〜4回目の模擬面接：面接に「慣れる」ため**
□**5回目以降の模擬面接：改善ポイントを「修正する」ため**

という模擬面接の特徴があるからだ。これらを考えると、実質的に面接力を上げるためには、最低でも5回以上こなすこと。そこで初めて自分の改善ポイントを修正できるようになる。

面接を突破するための「模擬面接分析」をおこなおう！

❶模擬面接

面接を受けている自分の姿を動画で撮って見てみる

分析は1人でやるより、仲間や先輩とやろう

❷分析

6つのチェックポイントにそって、模擬面接を客観的に分析し、対策を練る

自分のものだけでなく、ほかの人の面接動画も研究しよう

模擬面接分析・6つのチェックポイント

1. 話している人（自分）は、その面接でどんな人だと思われたのか

2. その人の特にダメな点（意識、性格、頭のキレなど）は?

3. 2. は、面接のどのような点（表情・態度・声・話し方・間のとり方など）から、感じられたのか

4. 各質問に対する答え（話した内容）から、どんな人だと思われたのか（特にネガティブな視点で）

5. もう一度同じ質問がきたら、今度はどのように答えるのか

6. 5. のように答えたら、それに対してさらにどんな突っ込みの質問が出るだろうか。その質問に対しても、答えを準備する

週に1回程度、最低でも5回は、「模擬面接→分析」を繰り返そう！ほとんどの人が見違えるような進歩を見せる。恥ずかしがらずに実行あるのみ！

仲間の面接動画も研究しよう！

　できれば、**自分の動画を見るだけでなく、仲間の動画も一緒に見てほしい**。「人のふり見てわがふり直せ」である。

　さらには、志望企業に内定した先輩、それも難関企業に内定した先輩をじっくり研究してもらいたい。研究しながら、時にはその先輩のモノマネまでしてみよう。ばからしいと思うかもしれないが、これが効果絶大なのだ。

　話し方や間のとり方、表情・振る舞いなど、また言葉では何とも表現し難い「雰囲気のつくり方」などを、映像と音声からバッチリ吸収できるのだ。

　いいものはどんどん吸収して、自分のものにしていこう。

Chapter 16

内定者はみんなつくっている「面接ライブノート」

面接は受けっぱなしではいけない。
面接が終わったらすぐに
面接ライブノートをつくることをおすすめする。
そして、自分の面接のよかった点と修正すべき点を、
その場で見つける。
選考中にどれだけ改善を繰り返せるかが、
内定の有無につながるのだ。

「面接ライブノート」とは何か

まずは399ページの実物を見てほしい。

このように、どこの会社の何次面接なのかを書くことから始まり、面接官の様子、雰囲気、そして面接官の質問内容、自分の答えた内容、面接官一人ひとりの反応、できればほかの学生のしゃべった内容までも、**可能な限り詳細に、忠実に再現する**のが面接ライブノートである。

詳細かつ忠実に面接を再現したこのようなノートをもとに、

「面接官はきみのことをどんな人だと考えているのか?」

「どんな印象を持っているのか?」

を正確に把握するのだ。

さらには今回の面接では伝え切れなかったアピールポイント、露呈してしまった弱点や短所、マイナスな印象を、次回の面接で挽回すべく対策を打つのである。

だからこそ、面倒くさがらずに、細かく丁寧にノートに書き込もう。

この緻密さが後々大きな差となって表れてくるのだ。

またその会社の面接で、残念ながら落ちてしまった時でも、当然、面接ライブノートは有効である。ほかの会社の面接に向けて、具体的にどこをどう直すべきかを徹底的にチェックするのだ。

逆に、非常にうまくいった面接、最高の出来だと思った面接でも、面接ライブノートをつくろう。どんなにうまくいった面接でも、必ず反省材料はあるはず。しかも面接では、受ける側の感触と面接官の印象はズレていることが多々ある。

学生は、「もうバッチリでした！」と喜び勇んでいても、実は面接官の評価は、そうでもなかったりすることは非常によくある。

出来のよかった面接こそ、ライブノートをつくって、クールに分析すべきである。

そして本当にいい面接を繰り広げた場合は、

□具体的に面接中の何がよかったのか
□どんな話が有効だったのか

を面接ライブノートを使って把握しておくことが、次回以降の成功につながる。

— □ ×

・〇〇業界ならびに〇〇株式会社の将来はどのように考えているか
銀行は低金利下で厳しいと言われている。最近の貯蓄から投資の世の中の流れの中で、〇〇業界は未来が明るいと思っている。昨今はネット証券やIFAなども台頭してきているが、〇〇は業界で圧倒的に優位性があるし、〇〇として対面型提案を重視していたり、お客様の役に立ち続けている。その中で貯蓄から投資を牽引しているし、これからもしていくと思う。

・ネット証券は拡大していかないか？
もちろん拡大はしていくと思うし、自分のような資産形成層はネット証券のほうが手軽で手数料も低いので魅力を感じるだろう。ただ〇〇などの独立系証券会社は、また少し違う。ラグジュアリーホテルとカプセルホテルのような関係かと思っている。カプセルホテルに対しての需要は増えるが、ラグジュアリーホテルへの需要はなくならないし、そこの資産運用層のニーズは必ず増えていく。ネット証券は伸びるが、そこの脅威は〇〇は感じていないのではないか。

・今日の日経平均の終値は分かる？
勉強不足で確認できていない。

・困難に立ち向かった経験はあるか？
大学受験の経験。高校２年生の夏から始めたが当時は成績がよくなかった。ただ何か目標を自分で立ててクリアしたいという想いがあり、第一志望を目指し努力した。

・尊敬している人の特徴は何か
相手の目線に立てる人。

・そのようになりたいか？
なりたいし、今もなれるよう努力している。

・一番幸せと感じる瞬間はどのような時か？
自分が納得してやりたいことをやっている瞬間。例えば趣味が筋トレなので筋トレをしている時や、大学での自分がやりたい勉強をしている時など。

・入社したあと理不尽なこと言われるかもしれないけど大丈夫そうか？
言われてもそれが自分の成長につながると思うので大丈夫だと思っている。

・〇〇のビジネスは、１＋１＝２ではなく、自らの付加価値や会社の付加価値を上げて、３や４にして提供していく。過去の経験で１＋１＝２ではなく、それ以上にした経験はあるか
中学の時に体育祭のリーダーを務めた経験。２×２×２×……＝∞にした。中学校の３学年の男子全員で足並みを揃えて行進する集団行動をしていた。そこで人数も200人くらいいるので統率を取るのが難しかったし、思うようにみんなも動いてくれなかった。ただ成功させたいという気持ちや、みんなで一体になるという素晴らしいビジョンがあるということを語り続けていたことにより、みんなに伝わり、練習も進み本番は成功した。ふつうにまとめるとしたら１＋１＋１＋……＝200になるが、よりよいビジョンを追い求めたことにより全員の個体値が２になり、プラスではなく掛け算になっていったと思っている。それは数字を増やすような経験だった。

・あと質問は３つです。あなたを動物に例えるなら何ですか
ライオン。ライオンの肉食で獰猛なイメージというよりは、今までの多様な価値観の人をまとめたり、一人ひとりと向き合ってまとめてチームにしてきた経験がある。その中で、百獣の王と言われるように、ライオンキングの崖の上に立っているライオンのようなイメージで、色々な動物がいる中で上に立ちみんなに声をかけ吠えているようなイメージを自分の中で浮かべた。

・何か私に対してオススメの本もしくは映画があれば教えてください
『交渉学』という本。慶應の教授が書いており、法律の教授なので、法廷の中での交渉をビジネスに活かしていけるという内容。この内容自体がおもしろいし、ビジネスで相手と交渉していくには、相手を打ち負かすのではなく、お互いウィンウィンで利益があるような交渉がいい交渉であり、それができるのがいいビジネスマンだという内容で、すすめたい。

・その本から何を学んでほしいか
法律視点なので、違った切り口で交渉を学べると思う。

・最後の質問です、〇〇の内定が出たらどうしますか
いただけたら就職活動は終わりにし、入社までに何か勉強出来ることをしたいと思っている。

面接ライブノートの例

○月○日　○○株式会社　本選考○次面接

○○株式会社　本選考　面接

①面接時間　**40分**

②面接形式　**個人オンライン**

③面接官の様子や特徴　**営業部の課長の方、30代後半。特に笑顔はなく全体的に厳かな雰囲気でおこなわれたが、面接が終わってフィードバックをいただいた時は、少しくだけた感じで話していただいた。本当に○○へ入る意志があるかどうか、また、その意志は強いかどうかをしっかりと確かめられているように感じた。面接の会話のキャッチボールの速さはかなり速く、頭の回転の速さも同時に見られているように感じた。**

・学生時代にもっとも力を入れて取り組んだことは何か
○○でのアルバイトの経験、60人のスタッフのリーダーを大学2年の冬から務めている。そのうち半分が外国人という多様な環境の中、チームをマネジメントして課題を解決した。

・課題は何だったか
クレームが急増した課題。原因は外国人スタッフへの教育不足、コミュニケーション不足だった。

・どう克服したか
3点おこなった。まずは外国人スタッフ目線で教育マニュアルや制度を改革した。次に価値観の相違がある中で、現場で協働することによって行動で示し距離を詰めた。最後に、リーダーとして店舗課題を顧客満足の達成のために解決したいという熱や想いを朝礼などで語り続けた。これにより外国人スタッフを含めた全スタッフがチームとなり、課題に向かって全員で努力した。それにより3カ月でクレームは減り、店舗運営も効率的になった。

・実施期間はどのくらいか
3月にクレームが6倍に急増し、3カ月かけてこの取り組みをおこない6月に減らすことができた。

・なぜそんなにクレームが多くなったか
外国人に対する教育不足などもあるが、外国人スタッフが増えていることも状況としてあり、それも原因の1つだった。

・なぜ外国人スタッフをそんなに採用したのか
人手不足という状況が続いており、地域間でも競合同士でスタッフも分散しており、外国人を多く取らざるを得なかった。

・なぜ○○でバイトを始めたか
接客をしたかったことと、色々な成長や経験ができるという父の推しもあった。

・○○株式会社の志望動機は何か
まず○○業界は、無形商材であり個人の信頼や人間力が重視されるため、自分の軸とマッチしていると思い志望した。中でも○○は刻一刻と変化するマーケットの中でより主体性が求められることに魅力を感じた。その中で○○は、ウェットな育成環境や、業界一位だからこそできる仕事や提案の幅広さの中で身を置き成長したい。また今まで出会った社員が知性があり仕事に対して情熱がある魅力的な社員の方と共に働きたいと思った。

・お父さんは○○株式会社に行くことに何か言うか
いい人が多いと前向きに考えてくれている。

・うちに入ってからのビジョン、どう活躍していきたいと考えているか
具体的に事業分野やこの課題といったことは学生時代に見つけることができなかったが、成長できる環境に身を置きいろいろと勉強、努力していくことで、金融のプロになっていきたい。また、昨今の社会情勢の中、直接金融のトップとして社会をリードしていけることに魅力を感じ、その一員として働いていきたい。

・営業がしたいのか?
はい。

・あなたを採用するメリットは何か
自身の強みは向き合う力だと思っている。その定義は3つあり、自分と向き合う、他人と向き合う、社会と向き合うということ。自分に関しては、大学受験の経験、他人に関しては○○でのアルバイトの経験がある。社会に向き合うことに関しては会社に入ってからだと思っている。この力を活かして、まずは営業においてお客様の役に立ち、会社にも貢献していきたいと思っているので、採用するメリットがあると思う。

面接ライブノートの8つのメリット

面接ライブノートをつくるとどんなメリットがあるのだろうか。

面接ライブノートのメリット

1. 自分の話した内容を整理できる
2. 自分のどんなアピールが有効で、どんなアピールが有効ではないのかが確認できる
3. 今回の面接で足りなかったこと、弱かったこと、イマイチだったことを把握できる
4. 「次回以降、どうすべきか」という対策を立てられる
5. その会社の面接における特徴・流れ・雰囲気を確認することができる
6. その会社の面接官の好み・嗜好（どんな話がウケるのか）を把握することができる
7. その会社が今年はどんな人材を求めているのかが推測できる
8. その会社が持つ、他社との違いについて判断できる

これらのメリットの重要性が分かるだろうか。

面接の評価は、蓄積されていくものだと思ってほしい。

たとえ2次面接を通過したとしても、1次面接の評価が低くて、さらに2次面接の評価もイマイチだとすると、3次面接の際に、よほどの高い評価を受けなければ落とされる、という崖っぷち状態にいることを知っておくべきだ。

面接というものは、そのように面接官や人事担当者の間で、評価が蓄積されていくのである。だからこそ、面接ライブノートをつくって、次回は何をアピールして、どんな印象を残すべきかを考える必要があるのだ。

特に難関業界・人気業界には必須だと思ってほしい。

難関業界・人気業界には、ただでさえレベルの高い学生が集まってくる。集まる学生の数が多いので、その分会社は強気で面接できるのである。

面接ライブノートをつくって、しっかりと次の面接につなげることがいかに大事か、何となくでも分かってもらえただろうか。

面接ライブノートは「すぐに」「細かく」「忠実に」書く

面接ライブノートのつくり方について説明する。

基本的には、面接ライブノートは次のような手順で作成しよう。

「ちょっと細か過ぎるよ」と思う人もいるだろう。しかし、これぐらいでちょうどいい。これぐらい細かく書いておくと、「どこで面接の流れが変わったのか？」とか、「自分の発言の何が面接官の心に響いたのか？」が、正確に把握できるのである。ぜひがんばってつくってみよう。

専用のノートを用意してもいいし、パソコンを使ってもいい。

面接ライブノート作成手順

1. 面接が終わったら、すぐに面接ライブノートの作成に取りかかる

2. 日付、会社名、何次面接かを記入する

3. 部屋の様子、ドアや机、イスの配置はどんな感じで、面接官や学生は何人かを正確に書く

4. 面接官の特徴や、集団面接の場合はほかの学生の様子をできるだけ細かくノートに書いていく

5. 面接官の質問内容をなるべく正確に書く。微妙な言い回しや「間」についてもなるべく細かく書いていく

6. 質問に対して自分が話した内容を、忠実に再現する。自分自身の話し方（「感情を込めた」とか「早口でしゃべり倒した」など）や言い間違えたところ、詰まってしまったところなどもリアルに再現する

7. 面接官はどんな反応をしたのか（「笑った」のか、「うなずいた」のか、「沈黙した」のか、「首を傾げた」のかなど）、面接官の心の様子までも書きたいところ（「きっと共感してくれている」とか「顔には出していないが内心ムッとしている」など）

8. 反省ポイントや、どう答えるべきだったかを記入

9. 大学の先輩や社会人にチェックしてもらって、出てきた反省ポイントやアドバイスも、しっかり記入する

自分の発言内容を、完全に再現する。
※つっかえたところや言い直したところ、間違えたところなども克明に記述すること。

私の誇りは、何といっても場数の多さであります。
学生時代は格安ツアーを大学のサークル向けに
販売する旅行代理店や、海外でのボランティア
活動、クラブでのイベントや大学の入試業務、
そして、電気工事のアルバイトまで、数多くのことを
経験してきました。ええと…
それらの経験を通して学んだものは

（以下、いつものコアに続く）

（面接官Aは笑顔で頷いているが、面接官Bは難しい顔。
眉間にしわ）

とにかく詳細に、リアルに、
克明に再現すること!

反省!

入りにインパクトが
なかったのかも。
やはり面接の前の
空き時間に行った
ことを最初に話せば
良かった。
それと話がやや長かった。

必ず自分自身の反省を記入すること。
「もっとこうすべきだ」というポイントを明確にする。

面接ライブノートは必ず社会人にチェックしてもらうこと!

面接ライブノートの例

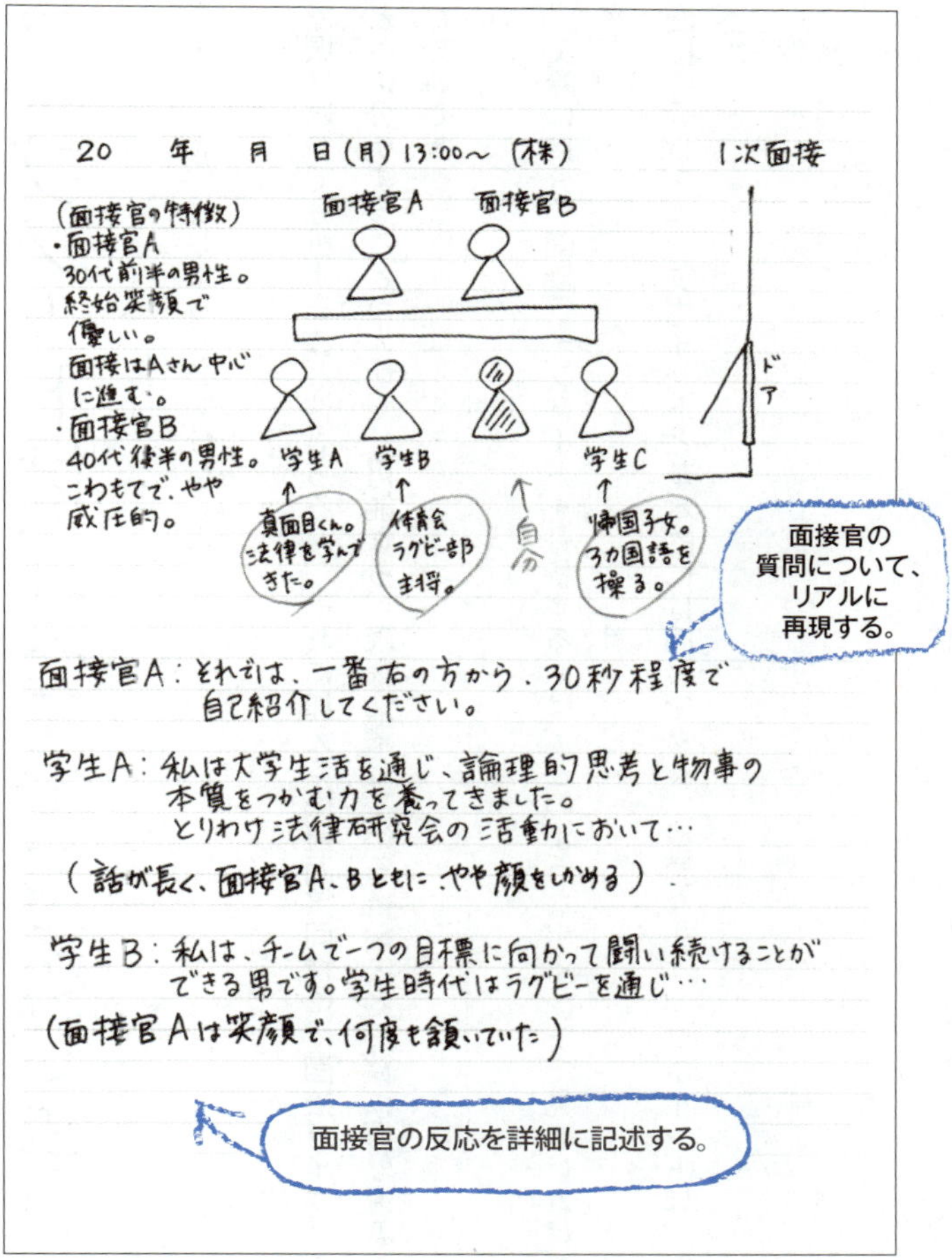
20　年　月　日(月) 13:00～ (株)
1次面接
(面接官の特徴)
・面接官A
30代前半の男性。
終始笑顔で
優しい。
面接はAさん中心
に進む。
・面接官B
40代後半の男性。
こわもてで、やや
威圧的。
面接官A
面接官B
ドア
学生A
学生B
学生C
真面目くん。
法律を学んできた。
体育会
ラグビー部
主将。
自分
帰国子女。
3カ国語を
操る。
面接官の
質問について、
リアルに
再現する。
面接官A：それでは、一番右の方から、30秒程度で
自己紹介してください。
学生A：私は大学生活を通じ、論理的思考と物事の
本質をつかむ力を養ってきました。
とりわけ法律研究会の活動において…
(話が長く、面接官A、Bともに、やや顔をしかめる)
学生B：私は、チームで一つの目標に向かって闘い続けることが
できる男です。学生時代はラグビーを通じ…
(面接官Aは笑顔で、何度も頷いていた)
面接官の反応を詳細に記述する。

面接ライブノートは、社会人と分析しよう

面接ライブノートを作成したら、必ず分析しよう。

自分自身で振り返って分析することはもちろん、それに加えて模擬面接同様に、面接ライブノートも第三者と共に分析することが大切だ。可能なら、**現在活躍している社会人と一緒に振り返る**ことがもっとも有効である。

それでは、実際に自分の面接ライブノートを分析するには、どのようなポイントで見なければならないのか。

実は模擬面接の分析チェックポイントと基本的には同じである。重要なチェックポイントは、左のページのとおりだ。

面接ライブノート 分析チェックポイント

1. 話している人(自分)は、その面接でどんな人だと思われたのか

◆自信の度合いはどう見えたか?

・どこまで自分は活躍できると「信じ切っている」人か
・現状の自分に、どれだけ自信がある人か

◆意識はどう見えたか?

・リーダーシップがある人か
・自立性を重んじる人か
・プロ意識を持っている人か
・先を見ている人か

◆性格はどう見えたか?

・全力を出せそうな人か
・絆を大事にできる人か
・枠にとらわれていない人か

◆頭のキレはどう見えたか?

・問題意識の高さはどうか
・アイデア力はどうか(ユニークなアイデアを出せる人か)
・コミュニケーションの察しはいいか

2. その人の特にダメな点(意識、性格、頭のキレなど)は?

3. 2 は、面接のどのような点(表情・態度・声・話し方・間のとり方)から、感じられたのか

4. 各質問に対する答え(話した内容)から、どんな人だと思われたのか(特にネガティブな視点で)

5. もう一度同じ質問がきたら、今度はどのように答えるのか

6. 5 のように答えたら、それに対してさらにどんな突っ込みの質問が出るだろうか。その質問に対しても、答えを準備する

面接ライブノートで
特にチェックしたい3点

次の3点をチェックしておこう。

1.面接官は「きみの弱点」をどうとらえているのか

弱点とは、マイナスの部分のことではない。「学生最高レベル」を基準とした場合に、きみのどの点がその「最高レベル」に達していないと面接官が思っているか、である。

最終面接以外は、安易に「素晴らしい学生だ」と太鼓判を押すことはまずない。必ず面接官は「どこが弱かったか、何が最高レベルに達していないのか」を見抜こうとする。その面接官の心理を、面接ライブノートから探るのだ。

2.もうひと言、突っ込んだ意見を言い損なっているところはないか

そもそも面接における言葉のやりとりは大きく分けると次の2つである。

①自己PR系（自分のコア・自分の経験のアピール）および志望動機系（自分のコア）

②やりたいこと系（どんな仕事をしたいか、企画）

特に②については、具体的にもう一歩踏み込んだ意見を出したいところだ。

「具体的に例を挙げてもいいですか。（間を置く）例えば……」

というように、意見があるならば一般論で止めることなく、具体的に述べていくことが大切だ。

このように必要な場所で、しっかりと具体的に展開できているかを、ライブノートでチェックするべきである。

3. 自分の言いたいことが、誤解なく伝わっているか、どう表現すればよかったのか

話した内容を他人に（できれば社会人に）読んでもらう。そして、誤解が発生しているところを指摘してもらう。

例えば、次のようなアドバイスをもらおう。「リーダーシップをアピールしているけど、巻き込んだ人数が少ないから、面接官はむしろその力がない人と判断している。なので、人数は少ないけれど、一人ひとりの個性が強かったから難易度が高かった、というふうに話すべきだね」。このようにして、自分が伝えようとしていることが誤解なく伝わるように表現を修正していくのだ。

具体的な面接ライブノート分析

左のページの手書きのライブノートを見てほしい。これは某テレビキー局に内定したS君の面接ライブノートだ（これはS君のライブノートの一部であるが、正直言って、奇跡的に1次を突破したようなものだ。1次面接では、探り合いの部分があったのだろう）。

S君は気合が入り過ぎていたため、変に穏やかな「コミュニケーション」を意識してしまい、突っ込みが足りない。アピールできるのに、自分からアイデアのディテールについて話を展開していない。面接の中身が薄い。のめり込めていない。その結果、制作志望としてのセンスもアピールし切れていない。

おそらく1次面接を突破したといっても、Sではなく、Aマイナスの評価であろう。ギリギリ1次突破というところか。

こういうことが、面接ライブノートを読むだけで分析できるのである。

これらの反省を受け、**ノートを読み、対策を練りに練った**。そのため、2次面接や最終面接では、「これ以上ない」というレベル、「絶対に落ちるはずがないレベル」のベストな面接ができたのだ。

面接ライブノートの効果&威力、ご理解いただけただろうか。ぜひ、きみもつくってみよう。絶大な効果があることを約束する。

某テレビキー局に内定した、S君の面接ライブノート

1次面接

一次

面接官 2人対 自分 1人
○社員A子さん ― モデルのはなに激似。にこやか。話しを展開する役
○社員B夫さん ― 育ちの良い慶応ボーイ風。ひたすら俺を見る。聞き役。

― はじめまして！ よろしくお願いします!!

A ― はい。はじめまして。

B ― はじめまして
A ― 自己紹介お願いします。（30秒）

― 大学 学部の です！

私は笑いと感動に救われた男です！

人をいかに楽しませるかを追求することで楽しく生きてきました。

ときには「ものまね除夜の鐘」なるイベントを企画し、ときには「勝手に箱根駅伝」なるイベントを通して笑いと感動を提供させてもらいました。

今度は全国に楽しいコンテンツを見せることで、テレビの前の人が楽しい人生を送るキッカケを作れたら幸せですね。

Aさん笑顔でこっちを見る。

Bさん ESを凝視。

A ― へぇー ものまね除夜の鐘ってどんなことしたの？
― 大晦日の除夜の鐘に合わせて ものまねを披露するっていうイベントです。
A ― キャハハ、一発ネタだねー（笑）！
― 紅白に変わる年末の新たな風物詩を作りたくて地元の神社でやったんです。
30発目まではカンタンだったんですけど、それ以降が大ウケ
A ― アハハー
― 108発目が終わったのはもう朝の9時でした（笑）
A ― ハハハー、年越し終わったよーみたいな（笑）

B ― 今までで一番苦労したことは何ですか？
― ハイ。小さなころに父親と別れて学校も転校したことです。
母も働いて家にいなかったし、友達も最初はいなかったので淋しくて
そこで、笑いを取って楽しませようと！ そうすることで友人が増えました。
だから笑いの力にはホントに感謝しています!!
B ― なるほどねぇ
A ― 好きなタレントっている？ 教えて
― 最近は「笑い飯」の二人が好きですね
A ― いいよねー、「めちゃイケ」にも出てた。ホント オモシロイよねー
― あの二人は型破りなところが魅力ですね。今までの漫才のフォーマットにしばられていなくてカッコイイです。
B ― うん
― 彼らは売り方次第でカリスマになれるハズです!!
もっと の週刊誌とかに彼らの笑いへのコダワリとか、社会問題への意見とかを語らせるようなインタビューを載せて年輩の方にも注目されるようになれば、北野武に次ぐカリスマになれると思いますし、彼らで高視聴率をとれる番組もできるんじゃないかと思います。

Aさん、Bさんの顔つきがマジになった。


B ― 作りたい番組ってある？

― プロレスをもう一度ゴールデンタイムでやりたいですね!!

B ― ほぉ
― 今のプロレスを見てると、カリスマ不在ですし、ストーリーもないので淋しい。

プロレスっておじいさんから幼稚園まで夢中になれる娯楽の王者のハズです。

二枚目のスターを発掘して、女性読者にも登場させて、幅広いファンを獲得するんです。構成作家にストーリーを書いてもらってドキュメンタッチの青春群像として見せれば今よりもシビれる番組になります!!

あとがき

きみは今、この本を読み終えて、どのような気持ちだろうか。もしかしたら、新たな不安を感じているかもしれない。

業界の動向や志望企業のことを知れば知るほど、知らないことがこれほど多くあるのかと感じているかもしれない。そして何よりも、「無知の知」という言葉があるように、自分自身についても分かっていないことが多くあることに気づいただろう。

しかし、これだけは忘れないでほしい。不安を感じているのは、きみだけではないということを。就職活動という大きな節目をむかえるすべての学生が、そして人生の岐路に立つ多くの人たちが、不安と向き合いながら前に進もうとしている。

その行く先を決める指標となるものが、我究で導き出した「夢」や「志」なのだ。

それを抱いているかどうかで、10年後、20年後の人生は大きく変わっていく。

人生は、誰が何と言おうとあっという間に過ぎていく。

今という時間の積み重ねが未来をつくり、過去の解釈をも変えていく。

我究によって自身の弱みを知り、向き合う。そして、それを放置するのではなく、いかに強みに変えていくかで、その後の人生は大きく変わっていくものだ。まるで今まで一つのジェットエンジンで飛んできた飛行機が、もう一つのエンジンに火をつけ、より高く、より遠くへ飛翔するように。

今、自分自身のことを誰よりも知っているのは、間違いなくきみ自身だ。就職活動を機に徹底的に自分と向き合い、本当にやりたい仕事とは何かを追求してきたのだから。

磨かれた言葉でエントリーシートを書き上げ、胸を張って面接官の前に立ってほしい。

「やった後悔」よりも「やらなかった後悔」のほうが1・5倍大きいという。

だから、就職活動に真剣に取り組んでみてほしい。

本書は、1万人以上の我究館生たちが積み重ねた努力の結晶だ。

彼ら／彼女らの挑戦が、次の一歩を踏み出そうとするきみの力となれば幸いだ。

キャリアデザインスクール・我究館館長　杉村貴子

［著者］

杉村太郎（すぎむら・たろう）

（株）ジャパンビジネスラボ創業者、我究館、プレゼンス創業者・元会長。

1963年東京都生まれ。慶應義塾大学理工学部管理工学科卒。米国ハーバード大学ケネディ行政大学院修了（MPA）。87年、住友商事入社。損害保険会社に転職し、経営戦略と人材育成・採用を担当。90年、シャインズを結成し、『私の彼はサラリーマン』でCDデビュー。

92年、（株）ジャパンビジネスラボ及び「我究館」を設立。就職活動に初めて“キャリアデザイン”の概念を導入し、独自の人材育成「我究（がきゅう）」を展開。94年『絶対内定95』を上梓。97年、我究館社会人校を開校。2001年、TOEIC®/TOEFL®/英会話/中国語コーチングスクール「プレゼンス」を設立。08年にハーバード大学ウェザーヘッド国際問題研究所客員研究員に就任、日米の雇用・教育問題と政策について研究。11年8月急逝。

著書は「絶対内定」シリーズ、『新TOEIC®テスト900点 新TOEFL®テスト100点への王道』（共にダイヤモンド社）、『ハーバード・ケネディスクールでは、何をどう教えているか』（共著、英治出版）、『アツイコトバ』（一部電子書籍はダイヤモンド社より発行）等。

キャリアデザインスクール・我究館

心から納得のいくキャリアの描き方と実現をサポートする就職・転職コーチングスクール。1992年の創立以来、30年以上にわたり全業界に1万人以上の人材を輩出。

日本を代表するコーチ陣が、就職、転職、ロースクールや医学部進学、MBA留学、資格取得等、次の成長の機会を模索し、その実現に悩む人々をバックアップしている。

絶対内定2027　エントリーシート・面接

2025年4月28日　第1刷発行

著　者——杉村太郎、キャリアデザインスクール・我究館
発行所——ダイヤモンド社
〒150-8409　東京都渋谷区神宮前6-12-17
https://www.diamond.co.jp/
電話／03･5778･7233（編集）03･5778･7240（販売）

装丁————西垂水敦（krran）
本文デザイン･DTP——谷関笑子（TYPEFACE）
校正————三森由紀子
製作進行——ダイヤモンド・グラフィック社
印刷・製本—勇進印刷
編集協力——奥田由意
編集担当——工藤佳子

ISBN 978-4-478-12230-3